21世纪
经济管理新形态教材
营销学系列

# 新媒体营销

## 理论、策略与实践

主　编◎池毛毛　谢雄标

副主编◎王　飞　马海燕　周　敏

清华大学出版社

北京

**图书在版编目（CIP）数据**

新媒体营销：理论、策略与实践 / 池毛毛，谢雄标主编. -- 北京：清华大学出版社，2025.8.
(21 世纪经济管理新形态教材). -- ISBN 978-7-302-70172-9

Ⅰ . F713.365.2

中国国家版本馆 CIP 数据核字第 2025G69R96 号

责任编辑：吴　雷
封面设计：李召霞
责任校对：王荣静
责任印制：刘　菲

出版发行：清华大学出版社
　　　　网　　　址：https://www.tup.com.cn，https://www.wqxuetang.com
　　　　地　　　址：北京清华大学学研大厦 A 座　　　　邮　　编：100084
　　　　社 总 机：010-83470000　　　　　　　　　　邮　　购：010-62786544
　　　　投稿与读者服务：010-62776969，c-service@tup.tsinghua.edu.cn
　　　　质 量 反 馈：010-62772015，zhiliang@tup.tsinghua.edu.cn
　　　　课 件 下 载：https://www.tup.com.cn，010-83470332
印 装 者：三河市人民印务有限公司
经　　销：全国新华书店
开　　本：185mm×260mm　　　　印　张：14.5　　　字　　数：328 千字
版　　次：2025 年 9 月第 1 版　　　　　　　　　　印　次：2025 年 9 月第 1 次印刷
定　　价：49.00 元

产品编号：099503-01

# 前　言

随着互联网及相关技术的飞速发展，特别是人工智能和新媒体技术等新兴技术的兴起，去中心化和智能化时代应运而生。消费者的媒介接触方式日益多样化，注意力也呈现出碎片化的趋势。在这种背景下，传统硬广在触达和转化消费者方面的效果逐渐减弱。这给传统营销带来了巨大的冲击，同时已给营销从业者带来了新的挑战。因此，迫切需要一本能够适应当前形势的新媒体营销教材。

本书旨在帮助读者系统了解新媒体营销的理论基础、策略规划与实践应用，以应对这一新时代的挑战和机遇。本书共分为三个篇章，分别为：①新媒体营销理论基础，包括新媒体营销概述、新媒体营销思维、新媒体用户洞察以及新媒体营销数据分析方法；②新媒体营销策略，重点聚焦三种主流策略，即内容营销、社群营销与智能营销；③新媒体营销工具与实践，主要涉及一些主流新媒体营销工具，包括微博、微信、短视频、直播以及其他工具。三个篇章逐层递进，从理论到策略再到实践，旨在帮助读者系统掌握新媒体营销的整体框架。

每章分为六个板块，具体包括：①学习目标，明确需掌握的本章理论知识和应用能力；②案例导入，通过与章节内容相关的热点案例引入，启发读者思考；③理论知识正文，详细介绍主要知识框架和关键点；④本章小结，简要总结和归纳章节内容；⑤关键术语，列出关键术语及英文对照，帮助理解；⑥课后习题，提供思考题以加深对理论知识的理解。

本书内容安排由浅入深，涵盖理论知识与实践指导，旨在满足三类主要读者的需求：①高校相关专业的本科生与研究生，本书将为他们建立系统的新媒体营销理论体系，奠定坚实的基础，同时为其未来实践提供指导；②新媒体营销工作者，他们虽然具有一定的实践经验，但常常缺乏系统的理论体系和知识归纳，本书旨在帮助他们梳理理论逻辑，将实践经验与理论相结合，从而形成对知识更全面、深入的理解；③传统企业管理者与从业者，面对新媒体的发展和消费者需求的变化，许多传统企业正面临营销转型的挑战，本书将帮助他们系统深入地学习新媒体营销知识，以推动企业转型，保持企业竞争力。

本书的编写人员由中国地质大学（武汉）池毛毛教授领导的新媒体营销课程教学团队构成。具体执笔人如下：第 1 章由池毛毛、李文静、马海燕编写；第 2 章由池毛毛、王俊晶、马海燕编写；第 3 章由池毛毛、郭润晗编写；第 4 章由池毛毛、彭婧文编写；第 5 章及第 6 章由谢雄标编写；第 7 章至第 9 章由王飞、池毛毛编写；第 10 章至第 12 章由周敏编写。全书大纲由池毛毛、谢雄标教授拟定，最终统稿和定稿由池毛毛教授负责。感谢中国地质大学（武汉）工商管理系及新媒体营销课程教学团队的所有成员对书稿编写的大力支持！

在编写过程中，本书参考和引用了大量文献资料和研究成果。由于篇幅限制，书后仅列出主要参考文献，如有遗漏，敬请谅解。由于技术迭代迅速，新媒体营销技术和方法不断更新，本书难免存在不足之处，恳请专家和读者提出宝贵意见，以便我们持续改进和更新。

编　者

2025 年 7 月

# 目　录

## 第三篇　新媒体营销工具与实践

# 第一篇

# 新媒体营销理论基础

## 第 1 章

# 新媒体营销概述

## 学习目标

1. 了解新媒体的概念。
2. 掌握新媒体营销的概念、特征及其与传统媒体营销的区别。
3. 了解新媒体营销的相关理论。
4. 了解新媒体营销的现状与发展趋势。

## 案例导入

### 蜜雪冰城玩转新媒体营销"土"出圈[①]

蜜雪冰城是有着高性价比品牌基因的茶饮品牌,其因《蜜雪冰城主题曲 MV》的魔性洗脑宣传引发了一场全民狂欢的事件营销。那么蜜雪冰城是如何巧妙运用新媒体营销使其"土"出圈,打造爆款营销事件,构建品牌社媒话题营销策略的呢?

蜜雪冰城首先将营销视角定位至新媒体渠道,利用网络和新媒体优势投放宣传,将营销投放到了流通范围最广的新媒体渠道,使营销在最低成本的情况下获得最大收益。官方在各大平台活跃,通过收集二创作品、发布相关活动、赠送神秘礼品等方式借主题曲之势,以神秘感吸引眼球,将自身的热度最大化地利用。此举不仅火了主题曲,也提高了品牌知名度,宣传品牌的同时还让用户拥有更好的参与感和体验感。其次,在选择投放的新媒体平台上也有所侧重。基于品牌调性和流量的考虑,蜜雪冰城选择了强大的引流平台抖音和 B 站作为主要的营销宣传阵地。最后,巧妙运用新媒体营销的传播特性和营销特点促进宣传,实现品牌与消费者的价值共创。

在传播特性方面,借助互联网新媒体传播优势,将消费者变成传播过程中的媒介,结合合适的营销手段促进病毒式传播,从而形成市场需求逐渐扩大的营销效果。不仅如此,新媒体营销具有互动性、普及性、多元性的特点,蜜雪冰城主题曲在抖音收获了几十亿的播放量后,网友们自发发布二次创作神曲,使其在消费者间扩散开来,形成社交传播的初级趋势。官方也通过对相关视频发表评论的方式鼓励二次创作的网友,从而激励大量网友自行发布,减少宣传成本的同时形成良性循环,蜜雪冰城就此"霸屏"。借助

---

① 微博易易姐. 深度解析蜜雪冰城的社媒营销操作[EB/OL]. (2021-08-24) [2024-10-18]. https://xueqiu.com/3588057429/195278584.

新媒体的营销特点，充分引导用户生成内容（User Generated Content，UGC）以实现价值共创。价值共创是指以个体为中心，由消费者与企业共同创造价值。蜜雪冰城通过主题曲制造的营销热点，配合网友们的自发二创扩大知名度，再结合线下门店的促销策略和网友打卡体验视频实现了品牌与消费者之间的价值共创。

在采用新媒体营销的方式后，蜜雪冰城准确定位消费群体，秉承让消费者"花小钱，买好货"的策略，将消费者主体定位为经济消费能力较弱的年轻人群体，也优先获得年轻人群体的喜爱。同时注重市场推广场景契合线上线下用户群，线上各大平台的推广是其推广的核心场景，宣传方式与产品定位贴合；线下的售卖场景设计与宣传保持一致，采用下沉市场的"low 场景"，符合下沉市场场景需求，实现市场定位、线上宣传与线下销售三者的一致性。

数据技术支撑下的去中心化时代，必然会带动传播领域下的媒体多元化和受众碎片化，使得传媒产业的生态重构呈现核心路径瓦解和边缘路径崛起的趋势。而走边缘路径的蜜雪冰城借助互联网新媒体营销的成功，不仅仅只是靠一个出圈的视频，而且是同时在对自身产品有清晰定位的情况下，根据受众的心理，把握住新媒体营销的特征，注重时机宣传来实现的。

在本章中我们将思考以下问题：新媒体营销是如何在数字化时代崛起的？它与传统媒体营销有哪些本质区别？网络社会理论、网络经济理论等对于我们理解新媒体营销有何帮助？我们将如何利用新媒体营销的现有优势，并预测其未来的发展方向？让我们一同探索这个充满挑战与机遇的新媒体营销领域吧！

# 1.1 新媒体营销产生的背景

## 1.1.1 媒体与新媒体概述

### 1. 媒体的概念

"媒体"一词是拉丁语 Medius 的音译，也常被翻译为"媒介"。广义的媒体泛指人们用来传递信息与获取信息的工具、渠道、载体、中介物或技术手段。马歇尔·麦克卢汉的观点认为："从社会意义上看，媒介即讯息。"媒介也是人类感官的延伸，如文字是媒介，文字和印刷媒体的结合便是人类视觉能力的延伸。狭义的媒体指传统的四大媒体，即电视、广播、报纸和期刊（杂志），它们是人类社会产生的早期媒体形式。

### 2. 新媒体的概念

1967 年，美国哥伦比亚广播电视网（CBS）技术研究所所长 P. C. 戈尔德马克（Peter Carl Goldmark）发表了一份关于开发电子录像（Electronic Video Recording，EVR）商品的计划书。他在计划书中将"电子录像"称为"New Media"，"新媒体"概念由此诞生。《新媒体百科全书》的作者斯蒂夫·琼斯认为："新媒体是一个相对的概念，相对于图书，报纸是新媒体；相对于广播，电视是新媒体；'新'是相对于'旧'而言的。新媒体又是一个时间的概念，在一定的时间段内，新媒体应该有一个稳定的内涵。新媒体同时又是一个发展的概念，科学技术的发展不会终结，人们的需求不会终结，新媒体也不会停留在任何一个现存的平台。"

新媒体是相对于传统媒体而言的，是指基于数字网络出现之后的媒体形态。"新媒体"的概念在技术和媒体的互动发展中创新并动态变化，如互联网的门户网站、应用论坛、电子邮件等在 20 世纪 90 年代刚兴起时被称为"新媒体"。因此，要准确地界定新媒体，必须以历史、技术和社会为基础综合理解。现阶段的新媒体更多指的是基于计算机信息处理技术，通过宽带无线、有线、卫星网络等各种现代传播手段，传播数字化文字、声音、图像信息的媒体。新媒体时代以数字化、网络化为主要媒体特征。随着技术的发展，新媒体传播载体日新月异，传播方式日益多元，内容更为丰富，受众选择更为主动。新媒体区别于传统媒体的本质在于：人人都可以是生产者，人人也都可以是传播者。

## 1.1.2　新媒体营销的崛起

新媒体的传播理念、方式、内容及表达形式都为社会带来了前所未有的影响，在革新传播、促进发展的同时也不断改变着人们的生活方式及思维习惯，这些为企业利用新媒体开展营销活动奠定了坚实的基础。

### 1. 受众个性化凸显

从传播受众的角度来看，传统媒体通过传播实现信息的大众化覆盖，属于大众传播。囿于信息和媒介的局限性，受众对信息没有选择权。相比之下，得益于媒体的多样性和传播的便捷性，新媒体能为受众提供个性化服务，抓住特定群体的特定需求，不断增强用户对于媒体的黏度，从而实现针对性强的小众化传播，以取得良好的传播效果。这也为新媒体营销满足消费者个性化需求奠定了基础。

### 2. 信息传递方式的改变

新媒体改变了传统媒体获取信息必须同步的特点，实现了传播与接收的异步性，人们获得了接收信息时间上的自主性。与此同时，新媒体赋予人们获取信息的选择权和管理信息的控制权。通过互联网中的各种搜索引擎，人们可以在庞大的网络数据库中各取所需，同时也可以创造信息的内容、改变传播的形式。此外，互联网技术的发展也使人们能够自由地选择以何种方式、通过何种媒介来获取某种信息，或是根据自己的喜好在网络上与不同的人群讨论兴趣相投的话题，形成新媒体的用户社群，为新媒体营销的社群营销等方式提供可靠的支撑。

### 3. 沟通方式的转变

从营销和传播的双重视角来看，传统的营销模式是一种单向沟通，是由企业向消费者单向传递信息的过程，而企业很少接收到来自消费者的信息，如消费者需求、使用体验等。单向信息传递会在很大程度上造成企业生产的产品和消费者的需求不匹配，从而产生企业生产与市场需求脱节等问题。在新媒体营销模式下，企业和消费者之间的沟通是双向的、有互动的，这样不仅企业能够向消费者传递自己的产品信息和价值理念，消费者也可以向企业表达自己的诉求，告知对企业产品和服务的需求，帮助企业做出调整和改变，进而在动态调整的状态下实现企业和消费者的供需对等。

# 1.2　新媒体营销的概念和特征

## 1.2.1　新媒体营销的概念

在 Web2.0 的新环境下，网络时代的到来促使互联网进入新媒体传播的时代，企业逐渐重视新媒体传播媒介，在此基础上，营销思维随之改变。与此同时，广大网民和消费者的体验、沟通、创新、社交等迅速增长的需求加速了营销变革。

艾瑞咨询发布的《2020 年中国新媒体营销策略白皮书》明确了新媒体营销的概念。新媒体营销是指以广告主、营销服务商、多频道网络（Multi-Channel Network，MCN）机构、关键意见领袖（Key Opinion Leader，KOL）和新媒体平台等为主要产业链构成并共同支撑运作的，以 KOL 为主体，在社交平台、内容平台、短视频平台等新媒体平台上开展的内容化营销活动。

新媒体营销是一种营销方式或营销手段，是企业开展商务活动过程中的一种重要的网上商业活动，是企业营销战略的关键环节。本书将新媒体营销定义为在电子化、信息化及网络化环境下，借助互联网技术、移动媒体以及数字媒体技术，以新媒体平台（如微信、微博等线上社交平台、电子刊物、网站或软件、网络视频等）为营销渠道，以现代营销理论为理论基础，针对企业提供的产品、服务等内容宣传企业的品牌、价值形象或促销信息等，以最大限度地满足企业和客户的要求，进而实现企业开拓市场和增加盈利目的的过程。

## 1.2.2　新媒体营销的特征

新媒体营销是企业基于互联网数字技术、网络技术等技术环境，依托新媒体平台等传播媒介开展的具有经济效益或传播效益的新兴营销活动，是技术环境、传播媒介和营销模式组合的产物。作为在更迭迅速的社会环境中茁壮成长的主流营销模式，新媒体营销以其自身的多重优势在技术环境、传播媒介和营销模式的组合中脱颖而出。基于此，本书依照新媒体营销概念中的三大要素，分别从技术环境视角、传播视角和营销视角剖析新媒体营销的特征，主要体现在技术环境视角的普及性和全球化，传播视角的多元性、互动性和高效性，营销视角的经济效益和传播效益等方面。

1. 技术环境视角

新媒体营销依托技术环境的良好发展，得益于互联网技术和手机等移动传播媒介的普及，并伴随新媒体受众的全球化、企业产品和服务的全球化，形成了新媒体营销触达全球的特点。

1）普及性

（1）互联网的普及。新媒体借助互联网而产生，得益于数字技术、网络技术、移动技术等技术的发展，通过无线通信网络、互联网等新兴现代传播渠道向受众传递数字化信息。新媒体以信息技术为基础，依赖于互联网的发展而存在。近年来全球互联网普及率持续上升，2024 年 8 月 29 日，中国互联网络信息中心（China Internet Network Information Center，CNNIC）发布的第 54 次《中国互联网络发展状况统计报告》显示，截至 2024 年 6 月，我国网民规模为 10.9967 亿人，互联网普及率达 78.0%。在互联网系统不断完善、新媒体发展不断成熟的基础上，新媒体逐渐成为人们日常生活中不可缺少的一部分，新媒体营销模式也应运而生并具备了良好的普及条件。在此情况下，新媒体营销伴随互联网的普及迅速进入大众视野，逐渐走进消费者的日常生活。

扩展阅读 1.1　第 54 次《中国互联网络发展状况统计报告》

（2）手机的普及。新媒体以其本身具有的便利化和平台化特点，得到了广大受众的喜爱。手机等移动传播媒介的出现和普及，以及其具有的便捷、稳定、适用性广的载体特点，为新媒体营销的存在和迅速发展奠定了物质与技术基础。国家统计局发布的《中华人民共和国 2023 年国民经济和社会发展统计公报》显示，我国手机上网人数为 10.91 亿人。由此可见，手机移动端互联网使用人群数量庞大，普及率高。这也为新媒体营销的传播提供了良好的发展平台，使新媒体营销能极易传达到大众视野。

2）全球化

在信息全球化的背景下，各国间万物互联、深度融合的特点逐渐显现，新媒体受众范围扩展至全球，用户数量庞大。知名数据机构 Statista（研究型数据统计公司）发布的报告显示，截至 2024 年 4 月，TikTok 全球下载量已超过 49.2 亿次，月度活跃用户数超过 15.82 亿，成为全球第五大最受欢迎的社交 App。无论是新媒体平台的海外拓展和广泛应用，还是全球受众的信息互通，都为新媒体营销的发展奠定了传播基础。在经济全球化的背景下，制造业企业不仅可以将其产品销往全球，服务业也逐渐面向全球跨越国家边界，走向国际市场。在信息和经济全球化的双重作用下，新媒体营销借助技术、平台、受众三者的全方位普及，实现了触达范围扩展至全球的营销传播效果。

2. 传播视角

借助新媒体传播的优势，新媒体营销从传播视角来看具备应用载体、传播媒介、呈现形式、传播内容的多元性，企业与消费者间的互动性，信息传播的及时性，覆盖范围的广泛性，信息丰富性等信息维度的高效性特点。

1）多元性

新媒体营销的多元性体现在应用载体的多元性、传播媒介的多元性、呈现形式的多元性与传播内容的多元性。

（1）应用载体的多元性。网络媒体作为新媒体的主要形态，PC 互联网已然具备全媒体的属性和地位，成为世界信息传播不可或缺的重要渠道；移动互联网则借助手机、平板电脑等移动终端成为便携式传播载体的新兴媒体形态。建立在数字电视基础上的电视新媒体［如 IPTV（交互网络电视）］和公共场所的户外新媒体（如城市户外电子显示屏）也是新媒体营销的重要应用载体。除此之外，基于虚拟现实技术（Virtual Reality，VR）和增强现实技术（Augmented Reality，AR）的 VR、AR 设备凭借其实时交互和超越现实的感官体验为新媒体营销提供了新颖独特的应用载体。

（2）传播媒介的多元性。传播媒介的多元性体现在新媒体平台的多样性，如微博、微信等社交平台，哔哩哔哩、抖音等长、短视频平台，以及基于用户原创内容的自媒体平台和关键意见领袖（KOL），它们已成为营销活动中备受企业和消费者喜爱的传播媒介。

（3）呈现形式的多元性。企业在互联网时代开展新媒体营销，可以使用文字、图片、视频、音频、H5动态页面等多种载体，设置多元化的呈现形式，强化消费者对营销信息的关注度。

（4）传播内容的多元性。在新媒体时代，"人人都是传播者"的时代特征给予每个人发声的机会，由于网络具有开放性的特点，传播内容越来越新颖。传播内容也呈现出信息碎片化、广度和深度增强等特点。同时，企业根据自身需求开展的内容营销策划方式也更加新颖。

2）互动性

新媒体营销的互动性可以从消费者角度、企业与消费者的互动及消费者之间的连接与交互三个维度诠释。

（1）消费者角度：自主选择信息，实现互动性。新媒体营销的消费者可以对信息进行自主选择，在被动接收营销信息的同时也主动对信息进行筛选和分类，选择对自己有价值的营销信息。这是互联网时代新媒体营销的互动性，从本质上来说它与新媒体的互动性特点是相同的，都能够提高信息传播的效率和信息的利用率，而新媒体营销的互动性则能够增加营销的针对性，提高营销效率和消费者的满意程度。

（2）企业与消费者的互动：沟通由单向变为双向。新媒体营销使得企业与消费者之间的互动由单向变为双向，建立互动渠道的同时实现了实时交互。互动性强的特征改变了传统营销只能由企业到消费者单向传播的劣势，建立了企业与消费群体间相互交流的渠道，便于进行及时的交流，并获得消费者的反馈。接下来，企业及时调整产品结构和营销模式，抓取新媒体的后台数据并进行数据挖掘，进而发现消费群体的潜在购物需求，同时利用获得的数据在消费群体中准确定位购物目标单一的消费者，在营销的同时给予消费者个性化的体验，实现精准营销。

（3）消费者之间的连接与交互：在新媒体盛行的时代，消费者之间的互动也为新媒体营销的发展奠定了互动性的基础特征。互联网背景下，庞大的移动端用户成为企业推广和实施新媒体营销的目标受众。消费群体覆盖广泛，营销影响巨大；同时由于大量用户的聚集效应，消费者极容易对营销内容产生共鸣，从而使营销内容大规模传播。普通消费者在信息沟通和资源互动的基础上形成角色分化，使得消费者不仅仅是产品购买者，更是产品信息的传播者，能够基于个人社会关系网络传播产品信息。

扩展阅读1.2　2024年泛娱乐社交出海报告

3）高效性

（1）信息的传播、接收速度快。新媒体营销的传播速度主要体现在两个方面：一是传播途径，二是表现手法。从传播途径上来说，新媒体营销传播的方式符合用户的使用偏好，进而使用户主动成为内容信息的传播者，加快信息的传播速度；从表现手法上来说，新媒体能够让用户实时接收信息，还可以让用户对信息做出实时反馈。

（2）覆盖范围广。移动网络及移动设备的普及，使信息的实时性及跨越时空的传播成为可能。新媒体营销实现了随时随地的信息传播，营销效率大大提高。同时，营销信息依托网络和平台运行机制，能不受时间和空间限制地覆盖世界各地的目标消费人群，实现跨地域传播。

（3）构建数据库。新媒体营销依托互联网技术，通过新媒体平台的用户注册信息、身份验证、消费记录、兴趣爱好、浏览轨迹等，可以进行全方位的用户信息梳理，形成清晰的消费者画像。与此同时，新媒体营销人员可以利用新媒体平台自带或第三方提供的数据分析工具，更精准地实施产品或品牌的营销推广。

**3. 营销视角**

**1）营销成本相对较低**

新媒体营销的低进入门槛是其营销成本相对较低的原因之一。相较于传统媒体营销需要与专业机构和传统媒体洽谈合作而言，新媒体营销通过低成本的营销就能实现营销的目的。

相较于传统媒体营销而言，新媒体营销所需的时间成本低，能在短时间内达到营销传播的效果，大大降低企业运营所需投入的时间，成为获取时间机会、降低时间成本的高效工具。

新媒体不仅提供了低成本的平台，而且促成了低成本的传播。相较于传统媒体时代的巨资推广，新媒体时代的内容创意成为吸引关注和促进传播的主要原因。不仅如此，企业还可以通过网络社交媒体进行低成本的舆论监控。

**2）营销创意空间大**

新媒体的发展使病毒营销、精准营销、数据库营销、反向沟通、事件营销等各种新的营销方式与营销方法不断涌现。企业在运用这些方法时，可以在与用户进行互动、沟通的同时实现广告的焦点渗透与精准营销。此外，新媒体也在不断拓展新的营销传播方式和手段，企业可以将更多创造性的元素融入营销传播的过程中。

**3）客户定位精准、转化率高**

个性化产品和服务已逐渐成为消费者热衷追求且乐意消费的潮流。在新媒体时代，企业可以借助各种工具得到海量的用户信息，通过数据分析清楚地了解并掌握不同用户的不同需求。基于此，企业可以绘制用户画像，精准地找到目标用户，推算用户的消费需求或消费潜力，从而使营销更加精准。

**4）用户创造产品**

新媒体能引导用户创造产品，分享利润，"哔哩哔哩"便是新媒体营销中用户创造产品的典型代表。UGC 指用户原创内容，即用户将自己原创的内容通过互联网平台进行展示或者提供给其他用户。在 UGC 模式下，网民不再只是观众，而是成为互联网内容的生产者和供应者，这样，体验式互联网服务便得以更深入地进行。在此模式下，企业提供销售平台让用户创造内容或产品，与用户共享利润，既保证了产品的多元化和品牌的创造力，又拥有了大量忠实、可靠的宣传者，实现了营销的共赢。

**5）潜在价值**

（1）企业形象。随着移动互联网时代的到来，新媒体凭借其得天独厚的优势，逐渐成为企业形象塑造的重要手段和途径，甚至成为很多企业形象宣传的首选。在新媒体环境下，越来越多的公司正在通过新平台建立自己的品牌，向用户提供信息并塑造企业形象。

（2）品牌价值。新媒体使品牌传播和品牌建构更加精准有效。传统媒体的广告效果难以评估，而新媒体营销的"精准"，使得它可以大胆地宣布"按效果"收取广告费用。依据流量数据衡量品牌价值也成为新媒体营销记录营销效果的方式。

## 1.2.3 新媒体营销与传统媒体营销的区别

本节从传播视角和营销视角对比分析新媒体营销与传统媒体营销的区别。传播视角主要从传播媒介、传播者、传播方式和传播速度四个维度对比分析，如表 1-1 所示。营销视角主要从营销目的、用户管理和管理特点三个维度对比分析，如表 1-2 所示。

表 1-1    新媒体营销与传统媒体营销在传播视角的区别

| 维度 | 新媒体营销 | 传统媒体营销 |
| --- | --- | --- |
| 传播媒介 | 新媒体平台 | 传统媒体平台 |
| 传播者 | 所有人 | 权威媒体组织 |
| 传播方式 | 双向性、互动性、互动形式多样化 | 单一性、内容形式多样化 |
| 传播速度 | 快 | 慢 |

表 1-2    新媒体营销与传统媒体营销在营销视角的区别

| 维度 | 新媒体营销 | 传统媒体营销 |
| --- | --- | --- |
| 营销目的 | 以用户价值为核心 | 以促成交易为目的 |
| 用户管理 | 海量信息、用户画像精细 | 简单信息、用户画像粗糙 |
| 管理特点 | 直接销售、反馈周期短 | 层级式销售、反馈周期长 |

1．传播视角的区别

1）传播媒介

传播媒介作为传播信息和内容的载体，在企业营销活动中承担着传播营销信息和促进策划落地的责任。新媒体营销的传播媒介包含以互联网为传播渠道、具备传播属性的社交媒体平台及平台上活跃的关键意见领袖等。而传统媒体营销的传播媒介则是包含广播、电视、杂志、户外大屏等的传统媒体平台。新媒体营销弥补了传统媒体营销传播范围具有地域性限制及媒介内容之间单一沟通的缺陷，逐渐成为快节奏时代企业和消费者青睐的营销方式。但需要指出的是，无论是新媒体营销还是传统媒体营销，所要达成的目标是一致的。因此，将传统媒体与新媒体整合利用进行宣传不失为一种可靠的营销策略。

2）传播者

传播者是传播活动的发起人，也是传播内容的发出者。在新媒体环境中，每一位新媒体用户都可以选择成为信息的传播者，同时也成了信息的接收者。因此，对新媒体的使用者来说，传播者和受众的关系是平等、相互尊重的，二者都是信息传输的主体，其所面临的客体都是信息等传播内容，而不再是各自的对方。由此可见，互联网中的每一位参与者都有权利成为信息传播者，且可以利用新媒体途径进行新媒体营销。而在传统媒体环境中，商家只有通过权威媒体组织才能进行信息的传递和媒体营销的开展。

3）传播方式

新媒体营销的传播方式具有双向性和互动性的特点，且互动形式多样。通过新媒体传播的信息，每个人都可以对其进行评论或转发等，信息发布方通过新媒体平台可以及时、高效地与对方沟通，且沟通形式丰富多样。双方的互动性有利于企业及时了解市场动向和消费者需求，以便及时调整市场策略。

传统媒体营销的传播内容形式多样，但传播方式单一。通过传统媒体传播的信息，信息接收方只能被动接收，不能对信息进行公开评价和二次发布，信息发布方与接收方不能通过传统媒体进行及时高效的沟通。单一的传播方式虽然不利于企业和消费者之间的互动，但适合企业品牌和产品的强曝光。单一传播方式多以广告的形式出现。

现阶段，企业通过新媒体发布的广告都可以通过浏览、点赞数据、评论情况等直接评估广告效果，同时企业账号可以在评论区与消费者进行互动。

4）传播速度

传统媒体的信息传播速度相对较慢。鉴于传统媒体营销需要通过传统媒体平台进行传播，因此需要与专业的权威媒体组织洽谈合作，从营销信息确定到信息发布再到消费者接收信息需要的时长较长。伴随着新兴技术的革新和新媒体平台的演进，信息的发布与接收都可以在新媒体平台以极快的速度完成。近年来盛行的直播带货更是实时传递营销信息，以精准地触达每一位消费者，促进产品销售。

2．营销视角的区别

1）营销目的

在传统媒体营销的过程中，企业以促成交易为目的，通过展示产品信息的方式，刺激消费者需求，吸引消费者购买。而新媒体营销则以用户价值为核心，强调顾客参与价值创造。营销渠道永远是围绕顾客服务，为给顾客创造最大价值而设立的，产品满足需求的程度则是成功营销的基础条件。伴随着消费升级，高端化、品质化、个性化产品已成为当前消费热点，营销的核心思维是突出"价值稀缺性"，无论是产品差异化还是品牌差异化，都要创造与众不同的稀缺价值。围绕商业价值创造，营销渠道的发展应服从和服务于营销的核心思维，如直播和网红经济极大地刺激了消费，给商家带来销量、获客、产品推广等多重经济效益。营销渠道的创新，实现了顾客价值的新创造，增强了消费新活力，激发了消费新动能。

2）用户管理

传统媒体营销在用户管理方面呈现的特点是收集用户的简单信息，形成粗糙的用户画像并进行简单的粗略计算。传统媒体营销因无法与用户取得直接沟通，无法直接掌握消费者的信息，对于消费者画像的描述只能通过媒介渠道的地理位置、人流量信息、购买媒介信息等进行简单的粗略估算，无法开展精准营销活动。而新媒体营销通过新媒体平台的后台数据可以获取用户的大量有效信息，帮助企业拥有海量数据，形成精细的用户画像，同时进行精确的数据分析。

3）管理特点

传统媒体营销的渠道管理是层级式销售，反馈周期长；新媒体营销的渠道管理是直接销售，反馈周期短。新媒体营销借助平台社交网络"点对点"的优势，营销渠道变得直接且简单，可以进行直接销售。渠道结构几乎不存在环节成本，并且新媒体构建的渠道创新不仅没有放松对渠道的控制，反而与管理结合得更加紧密。网络触角影响着每一个渠道和渠道中的每一个组成部分，直接或潜在地不断引发企业、竞争者、经销商、顾客等产生自身需求，引发他们认同的可满足需求的方式变化。企业获取客户发布的关于产品的信息，发掘低成本的客户信息反馈、舆情监测等具有价值的数据，进而分析客户的消费喜好、购买能力、消费习惯等信息，帮助企业制定行之有效的营销策略。企业也可以建立社交平台，并通过加强与用户的互动沟通，拉近与消费者的情感距离，提升消费者参与感，引导消费者喜好，强化他们的品牌忠诚度。

# 1.3　新媒体营销的基础理论

## 1.3.1　网络社会理论

网络社会，即信息时代的社会，网络社会中以互联网为主的信息网络和现实网络高度整合。"网络社会"一词，由学者狄杰克于 1991 年首次提出，他认为网络社会是由各种不同网络交织所形成的，而网络也决定了社会的走向和目标。

1. 理论内涵

在社会学视域下，网络社会本质上是一种数字化社会关系结构。

1）网络社会的技术本质是以数字化交互方式实现互联

网络社会数字化特征的形成源于两个方面：一是结成网络社会的物理要件是信息设施、通信设施、计算机设备和数字化信息；二是网络社会结构的形成以信息技术、通信技术和网络技术通过数字化整合与互联实现。

2）数字化决定网络社会结构具有中观的技术特质

社会学观点认为，社会结构指社会整体的基本组成部分之间较稳定、有序的关系网络。网络社会群体与现实社会群体、网络虚拟组织与现实社会组织之间因数字化互联和虚拟特征的存在，呈现出较大差异。因此，网络社会中观的技术特质对现实社会微观结构的重组与再造能够产生深远影响。

3）数字化决定着网络社会关系的虚拟性

数字化的技术本质使现实社会不可能的关系变得可能，这不仅突破和改变了现实社会交往与互动在时间、空间上的限制，而且使社会关系复杂化，使社会角色扮演走向多元，提高了社会关系速率。

2. 主要特征

1）开放性

网络社会是开放的社会，其接纳来自世界各地的使用者，不受时空限制，因此所有的网民可以通过多种类型的交往方式和不同的人进行交流。网络社会接受一切评论、创意和信息，但它并不完全是脱离现实社会的虚拟存在，而是以客观现实为依据的。

2）虚拟性

网络社会虽未脱离现实社会，但区别于现实社会的最显著特征是虚拟性。相较于现实社会中的直接与真实个体进行交流，网络社会基于人与机器的交往间接实现人与人的交往。在虚拟的网络社会里，作为网络主体的人的形象、身份被数字化，加之网络交际存在中间转折，因而网络社会形成的网络关系的真实性无从保证。

3）共享性

网络社会的出现为人类提供了一个信息共享的平台，所有网民均可以分享信息和知识。随着上网人数的增加，人们分享的内容会越来越丰富，网络信息就像滚雪球，随着分享内容的不断丰富而迅速扩大。

4）自由性

网络社会打破了现实社会中空间上的限制，突破了国家、地区间的各种文化和制度上的障碍，极大地拓宽了人们的自由生活空间。但自由并不意味着没有约束，网络社会已成为亿万民众的精神家园，维护网络生态、营造风清气正的网络空间需要我们共同努力。

## 1.3.2　网络经济理论

### 1. 理论内涵

目前对网络经济的界定有很多观点，具有代表性的观点包括以下几种。

第一种观点认为，网络经济是基于网络技术发展的、以多媒体信息为特征而形成的一种新经济潮流和形态，是信息化社会的最集中、最概括的体现，其基础条件是互联网。网络经济的发展是信息技术快速发展的结果，它使世界经济在互联网上以数字形式发生联系后极大地改变了面貌，也称为数字经济。

第二种观点认为，网络经济是人类历史上的一次经济革命，是一次影响深远的社会生产方式革命，代表着人类从工业经济社会向信息、数字和知识经济社会转型。

第三种观点认为，从狭义上来讲，网络经济即指现代通信网络、电子计算机网络等各种网络部门及部门内的一切经济活动；从广义上来理解，网络经济是指建立在由现代通信网络、电子计算机网络及各种资源配置网络所形成的综合性全球信息网络基础之上，全国乃至世界范围内的一切经济活动。

第四种观点认为，从经济形态层面上来看，网络经济依赖的是以数字化信息网络为依托的全新的生产力，信息成为重要的生产要素，这有别于游牧经济、农业经济和工业经济；从产业发展层面上来看，网络经济的主导产业是信息服务业和信息技术业，但任何产业都将信息化、数字化和网络化，因而这不是单一的产业概念，而是整体经济范畴。

综合有关网络经济的各种观点，发现越来越多的学者认为网络经济实际上不仅仅是一种经济现象或是一种技术现象，而是一种全新的技术—经济范式。因此，首先，在技术维度，网络经济是以信息和互联网技术为支撑的经济形态，与"数字经济" "互联网经济"有相似的内涵；其次，在宏观经济发展维度，网络经济是信息技术和全球化迅速发展作用下宏观经济运行出现的新特点；最后，在生产方式变革维度，网络经济是人类历史上又一次经济革命的产物。上述三个层次构成了对网络经济本质的全面认识，最核心层是互联网与信息技术的大力发展，为网络经济的形成奠定了基础；中间层是经济运行层，即由技术渗透与应用产生的经济形态转变；最外层是技术—经济范式维度，体现了网络经济对整个社会进步与发展形成的巨大推动作用。

2. 主要特征

1) 全球化

从空间维度来看，网络经济的市场没有地域或国界限制，更容易形成全球一体化。从资源维度来看，互联网体系因近乎无限的信息存储空间可以便捷地检索和迅速地传输，使不同地域的经济联系更加便利。

2) 智能化

在网络经济发展时期，信息技术等高科技的进步和因特网的繁荣是网络经济的基础，基础数据与信息的收集和整理是网络经济的宝贵财富，经济发展水平很大程度上取决于智能化水平的高低，各类具备智能功能的产品不断涌现，并且加速了生产、交换、分配等各种经济活动环节的智能化。

3) 高效性

网络经济是一种直接经济模式，以接近于实时的速度收集、处理和应用大量的信息，加快了整个经济体系的运转速度。同时，网络经济具有消除中介的特征，使生产者与消费者的界限愈加模糊，极大地提高了劳动生产率和降低了交易成本，促使"无边界"世界市场的形成，加快全球经济一体化的进程。

4) 高渗透性

迅速发展的互联网信息技术具有极高的渗透性功能，使得信息服务业能够迅速向第一、二产业扩张，加速了三大产业之间的融合，使得产业界限变得模糊。现阶段我们能够发现信息技术产业已经广泛渗透到传统产业之中，并产生了巨大的融合效应。

5) 虚实结合

网络经济的运行特点是虚实结合，尽管交易在网络中完成，但是其基础仍然是现实经济。因此，现阶段呈现出的网络经济更多的是与传统经济相融合而发展起来的网络经济。

## 1.3.3 网络营销相关理论

1953 年，尼尔·博登在美国市场营销学会的就职演说中提出了"市场营销组合"（Marketing Mix）这一术语，其意是指市场需求或多或少地会受到所谓的"营销要素"的影响。为了寻求一定的市场反应，企业要对这些营销要素进行有效的组合，从而满足市场需求，获得最大利润。美国营销学学者杰罗姆·麦卡锡教授提出把这些要素分为四类，即产品（Product）、价格（Price）、渠道（Place）和促销（Promotion），这便是著名的以满足市场需求为目标的 4P 理论。他认为一次成功和完整的市场营销活动，意味着以适当的产品、适当的价格、适当的渠道和适当的促销手段，将适当的产品和服务投放到特定市场的行为。该理论提出的背景是产品生产旺盛、市场竞争相对较弱的卖方市场环境，处于自卖方市场向买方市场转变的情境，因此该理论侧重于产品导向。

20 世纪 90 年代，随着市场竞争日趋激烈，媒介传播速度越来越快，4P 营销理论受到的挑战日益增多。1990 年，美国学者罗伯特·劳特朋提出了与传统 4P 营销理论相对应的 4C 营销理论。以追求顾客满意为目标的 4C 理论以消费者需求为导向，重新设定了市场营销组合的四个基本要素，即消费者（Consumer）、成本（Cost）、便利（Convenience）和沟通（Communication）。它强调企业在营销过程中要根据消费者需求考虑生产与市场营销活动，产品策略需要向消费者价值转变，即应该把追求顾客满意放在第一位，价格策略需要转向消费者成本，渠道策略要优先考虑消费者便利性，促销策略需要转向与消费者互动交流，以消费者为中心实施有效的营销沟通。该理论强调消费者导向，是社会进步与消费升级促进企业营销策略转变催生的理论。

在 4C 理论的基础上，以建立企业与消费者良好的关系为核心，美国学者唐·舒尔茨提出 4R 理论架构，它阐述了四个全新的营销组合要素，即关联（Relevance）、反应（Reaction）、关系（Relation）和报酬（Reward/Retribution）。该理论着重于顾客忠诚度的建立，其中关联不仅是指企业与消费者之间产生的关联，还包括企业与竞争者、供应商、政府部门以及社会团体之间的关联；反应是指企业对消费者需求的反应程度；关系是指企业与消费者之间长期而稳固的关系；报酬是指企业通过增加顾客购买商品或服务的总价值和降低其购买成本，提高顾客的让渡价值。该营销理论认为，随着市场的发展，企业需要在更高层次上以更加有效的方式在企业与顾客之间建立起新型的主动性关系。

进入 20 世纪 80 年代，随着高科技产业的迅速崛起，高科技企业及产品与服务不断涌现，营销观念、营销方式不断丰富与发展，学界也形成了独具风格的新型营销理念。我国学者吴金明等综合性地提出了 4V 营销理论，即差异化（Variation）、功能化（Versatility）、附加价值（Value）、共鸣（Vibration）。2010 年前后，我国营销专家刘东明提出 4I 营销理论，即趣味原则（Interesting）、利益原则（Interests）、互动原则（Interaction）、个性原则（Individuality）。4I 营销理论不仅是实施电商社会化媒体营销的理论基础，更是新媒体营销的突围方向，可帮助企业加深营销深度。

## 1.3.4　体验营销理论

美国哥伦比亚大学的伯恩德·施密特教授在著作《体验式营销》一书中提出，体验营销是站在消费者的感官、情感、思考、行动、关联五个方面，重新定义、设计的一种思维方式的营销途径。与传统营销相比，体验营销关注的是顾客体验，突破传统上的"理性消费者"的假设，认为消费者消费时是理性与感性兼具的，顾客因理智和因追求乐趣、刺激等一时冲动而购买的概率是相同的。

在体验经济时代，企业在提供产品与服务的基础上，需要构建消费者与产品相互作用的体验桥梁。在实施体验营销时，企业可以从以下几个方面展开。

首先，重视消费过程的感性特征。企业不应仅将消费者默认为完全理性的人，在承认消费者购买的理性因素的同时，要注重消费者的情感因素对购买的影响，帮助消费者创造极致的产品体验，从而提升体验营销成功的可能性。

其次，强调互动性，增强企业与消费者的价值共创。体验营销中的互动性是其主要特征之一，它改变了传统营销中消费者被动接受产品的方式，在产品的生产与创造过程中，消费者能够参与产品的研发设计，成为产品价值的共创者。

再次，强调主观性，创造个性化需求。体验营销具有一定的主观性，消费者因年龄段、价值观和受教育水平的差异对产品的外在因素和体验感受不尽相同。与传统营销不同的是，体验营销关注消费者的差异性与主观性，从而创造个性化需求。

最后，强调持续性，注重消费者消费过程的全阶段。体验营销是贯穿在消费者整个消费活动当中的，包括购买前、购买过程以及完成购买后的时间段。在购买行为前，消费者可以通过多种数字化、信息化的方式对产品形成初步的印象体验，通过印象在其购买过程中直接体验，在完成购买行为后，体验的感受也不会马上消失，会在消费者的记忆中保留一段时间，甚至消费者还会对这种印象重新回忆、重新评价。因此，在体验营销中体验的创造并不是短暂的。

## 1.3.5　数字创新理论

### 1. 数字创新的定义

目前对数字创新的界定尚未达成共识。在数字产品维度，数字创新被认为是组合数字与物理成分以生产新产品的过程。在创新结果维度，数字创新是指通过数字技术的使用创造出新产品、商业流程及商业模式。在创新过程维度，数字创新是指在创新过程中运用数字技术。从综合维度来看，数字创新即在创新过程中采用信息（Information）、计算（Computing）、沟通（Communication）和连接（Connection）技术的组合，包括带来新的产品、生产过程改进、组织模式变革以及商业模式的创建和改变等。这一定义包含三个核心要素：第一，数字技术，包括如大数据、云计算、区块链、物联网、人工智能、虚拟现实技术等；第二，创新产出，包含产品创新、过程创新、组织创新和商业模式创新；第三，创新过程，强调创新过程中对数字技术的应用。

### 2. 数字创新的特征

要厘清数字创新的特征，需要回到数字技术本质属性上来。数字技术具有数据同质化（Data Homogenization）和可重新编程性（Reprogramming）。数据同质化是指数字技术把所有声音、图片等信息均操作为二进制数字 0 和 1 进行处理，在这个操作化的过程中，具有二进制特征的数据被同质化处理；而可重新编程性是指数字技术使得对数据进行处理的程序同样作为数据进行存储和处理，这一性质使得对程序的编辑或重新编程变得更加容易。这两个本质属性使得数字技术具有可供性，即不同的组织和个体可以利用同样的数字技术来实现不同的目的。例如企业针对用户在手机上使用社交媒体收集的大数据进行分析可以实现降低成本或者个性化定制等不同目的。

由于数字技术的数据同质性、可重新编程性和可供性，现有研究认为数字创新有如下两个特性。第一，数字创新具有收敛性，数字创新使得产业边界、组织边界、部门边界甚至产品边界等变得模糊且重要性降低。如整合了数字技术和传统物理实体产品的智能产品突破了原有产品使用范围，新的数字化产品边界不再明确。第二，数字创新具有自生长性，是指由于数字技术是动态的、自我参照的、可延展的、可编辑的，数字创新可以持续不断地改进、变化。最典型的例子是诸如 App 等纯数字产品可以根据用户的反馈及运营过程中出现的各种问题进行实时迭代创新。

### 3. 数字创新的分类

根据创新的类型，可以把数字创新进一步分为数字产品创新、数字过程创新、数字组织创新和数字商业模式创新。

#### 1）数字产品创新

数字产品创新指对特定市场来说非常新的产品或服务，主要包含纯数字产品（如 App）以及数字技术与物理部件相结合的产品（如智能家居产品）两大类。纯数字产品的创新有如下三个特征：第一，具有虚拟无限产品空间，理论上在虚拟空间里可以进行无限次更新迭代；第二，可以针对不同的消费者需求轻易地进行重新整合和重新使用；第三，极大依赖于数字基础设施（如网络、数字创新平台等）的发展和支持。而另一类数字产品创新是通过将物理部件与数字技术相结合进而改变了产品的体系架构，使其具有数字实体特性。例如，智能产品一般包含物理部件（如传统机械部件）、数字部件（如软件应用）和互联部件（如无线连接协议）三个部件。数字部件和物理部件的结合让物理部件自身价值得以强化，互联部件则让产品有可能连接到互联网上所有相关信息和基础设施进而提升智能产品的价值。基于此，智能产品创新有如下三个方面的特征：第一，智能产品的创新需要组织建立一整套全新的技术基础设施，这一基础设施包括产品硬件、软件应用、通信系统以及产品云等；第二，智能产品的创新模糊了不同类别产品的边界；第三，智能产品的创新过程需要拥有不同知识主体的人员共同参与。

#### 2）数字过程创新

数字过程创新指数字技术的应用改善甚至重构了原有创新的流程框架。在数字经济时代，创意产生、产品开发、产品试制与制造以及物流和销售等环节都可能被数字技术颠覆。例如，在产品研发阶段，数字仿真以及数字仿生技术的支持使得企业研发成本大大降低。数字过程创新总体上有如下三个方面的特征：第一，数字过程创新的时间边界和空间边界变得模糊；第二，数字技术让过程创新和产品创新之间的边界变得模糊；第三，数字技术的可重新编程性使得在数字过程创新中出现许多衍生创新。

#### 3）数字组织创新

数字组织创新指数字技术改变了组织的形式或者治理结构。实际上，数字技术能够影响诸如交易处理、决策制定、办公工作等企业治理的方式，甚至改变企业的形态。例如，阿里巴巴在 2015 年为适应数字经济而启动了中台战略，重构了组织模式和运行机制。此外，组织流程、组织文化、组织变革等均受到数字技术的显著影响。

#### 4）数字商业模式创新

数字商业模式创新指数字技术的嵌入改变了商业模式。商业模式指描述价值主张、价值创造和价值获取等活动连接的架构，数字技术的嵌入可以通过改变企业价值创造以及价值获取的方式进而改变企业的商业模式。通过自动化和数字增强、数字化扩展以及数字化转型能够实现数字商业模式创新。其中，自动化和数字增强指使用数字技术增强现有商业模式。数字化扩展指企业使用数字技术支持新的业务流程进而改变原有商业模式，这些新的业务流程补充了现有的活动和流程。数字化转型指企业利用数字技术开发出新的商业模式以替代传统的商业模式。

# 1.4 新媒体营销的现状与发展趋势

## 1.4.1 新媒体营销的发展历程与现状

1. 发展历程：概念引入阶段、Web2.0阶段、飞速发展阶段

第一，概念引入阶段。1967年美国率先提出"新媒体"概念，将信息技术与固有传媒形式融合在一起，如互联网与电视、互联网与广播等。我国在互联网体系逐步完善背景下引入"新媒体"概念，在20世纪末针对该概念进行研究。第二，Web2.0阶段。网络用户不仅可接纳流通在互联网内的信息，还可成为信息缔造者，自主创设信息并予以流通，使信息技术更加大众化、普及化、个性化、多元化，为新媒体市场拓展奠定基础。第三，飞速发展阶段。在信息技术不断成熟的背景下，加之电子商务平台稳步发展，新媒体营销概念为更多主体所接纳，微信、微博、抖音等新媒体平台成为电子商务新战场，使配套新媒体营销方案更为丰富，企业在获得更多电商市场经济效益的同时助推新媒体营销体系发展。

2. 用户增长现状：移动社交市场稳健发展，新媒体用户渗透率已达九成

中国移动社交的用户规模庞大且逐年增加。iiMedia Research（艾媒咨询）数据显示，2020年中国移动社交用户规模已然达到9.24亿人，较2019年增长7.1%。《中国移动互联网发展报告（2022）》显示，截至2021年12月底，中国手机网民规模达10.29亿人，全年增加了4373万人。同时，短视频和在线直播用户也均保持较快的增长态势，这为新媒体营销提供了较好的流量基础。根据CNNIC数据，截至2021年12月，我国短视频用户规模为9.34亿，占网民整体的90.5%。

3. 市场发展现状：企业投入增加，"全员短视频"态势显著

从新媒体营销的市场需求来看，近几年企业在新媒体平台的投入正在逐年增加，越来越多的企业开始在新媒体平台布局，组建新媒体营销部门以加大对新媒体营销的投入。"全员短视频"的态势不仅表现在用户侧，还表现在品牌营销侧。企业青睐短视频营销，因其用户规模大、使用时长长、流量巨大，同时短视频平台还建成了从品牌曝光到种草转化的交易闭环，可以让企业迅速收获下单转化。同时，短视频平台上的原创内容层出不穷，可以服务不同行业广告主的投放需求。

4. 销量分析：新媒体营销产品销量可观，"直播带货"加快实体商业向数字化转型的步伐

直播作为新媒体营销形式，具有即时性、互动性强等特点，已成为各大企业进行新媒体营销的必选途径。直播电商带货的行业规模接近万亿市场，保持较高增速水平。由"一带一路"TOP10影响力社会智库——网经社电子商务研究中心发布，根据网经社

扩展阅读1.3 《2023抖音生活服务综合行业洞察白皮书》

"电数宝"电商大数据库编制而成的《2022 年度中国直播电商市场数据报告》显示，2022 年直播电商行业交易规模达到 35000 亿元，同比增长 48.21%。

## 1.4.2　新媒体营销的发展趋势

### 1. 全媒体形态融合发展，"智媒"发展前景广阔

目前，传统媒体与新媒体正逐渐融合，边界越来越模糊，不同形式的媒介之间的互换性与互联性不断加强，媒体融合发展的趋势将不断深化。信息技术革命使媒体迎来巨变，人工智能与 5G、大数据、云计算、区块链、物联网等新兴技术纵深融合，媒体环境逐渐移动化、泛媒体化、视频化、平台化，"智媒"（智能媒体）应运而生，机器写作、个性化推送、传感器新闻等成为"智媒时代"的重要产物。《中国智能媒体发展报告（2020—2021）》指出，从政策扶持到学术研究，2020 年中国智媒发展亮点频现。以"新基建"为基础，媒体智能化升级转型按下了"快进键"。"智媒 + 行业"呈现强力"出圈"态势，"智媒 + 文旅""智媒 + 会展""智媒 + 政务"等创新应用产品，以及智媒与智慧城市、物联网等领域的融合创新，彰显了智媒在经济建设领域的巨大潜力。

### 2. 内容创作者经济与网络营销服务机构发展迅猛

内容创作者经济是指内容创作者自主发布网络内容并通过发布的内容获得盈利的经济方式。当前，全球社交媒体创作者市场拥有超千万的用户数量，市场规模更是庞大。与关键意见领袖不同，内容创作者经济的主体也可以是网络达人或者普通用户。元宇宙的发展促使数字资产的理念深入人心。用户生产的视频内容正成为创作者上传的热门内容类型。随着数字营销的矩阵化和跨屏化，连接商家和平台的中介服务将越来越多元。

### 3. 短视频与直播平台更趋日常化、专业化、垂直化

中国社会科学院新闻与传播研究所及社会科学文献出版社共同发布的《新媒体蓝皮书：中国新媒体发展报告 No.13（2022）》中指出，短视频和直播赛道仍是促进网络发展的中坚力量。电商拓展了视频平台的业务类型，成为提升平台经营收入的重要来源。但是，内容建设才是视频平台的核心。短视频平台凭借不断开拓专业化和垂直化内容延长用户停留时间。生活记录类、知识讲解类、行业分析类、治愈解压类等更新快、互动性更强、参与感更好的内容比例提升。

### 4. 技术赋能营销策划，促进新媒体营销进入新阶段

首先，人工智能技术、区块链技术及 5G 时代的到来，能更好地解决短视频在个性化推荐、版权保障、应用场景等方面的问题；其次，视频超清技术、元宇宙等技术将赋能内容生产，将短视频竞争引向新阶段。2021 年抖音宣布支持 2K 播放，快手全面支持全景 4K 视频和直播播放，B 站已上线 8K 超高清视频画质。各大平台升级底层技术，视频画质集体升级，这将带动短视频步入超清时代。此外，抖音和快手纷纷升级内容创作工具，快手发布云剪、云直播，主打智能化；抖音上线剪映专业版 2.0，加速内容生产工具的技术迭代。

### 5. 元宇宙赋能新营销，成为虚实结合的新渠道

互联网流量见顶，元宇宙提供了触达消费者的新渠道。元宇宙概念下，虚拟偶像柳

夜熙在抖音一战成名，光速走红。虚拟人在大热的元宇宙概念下，很快引发流量。元宇宙概念点燃虚拟人 IP 火焰，短视频等新媒体形式进军元宇宙或成各赛道的下一个流量高地。元宇宙与直播的结合将成为企业实施新媒体与新技术融合的营销方式。当虚拟与现实的边界变得日益模糊，品质直播呈现的将不仅仅是现实世界的声音与画面，更是基于真实人物叠加虚拟环境的 MR 直播，甚至是由数字人物和虚拟环境组成的元宇宙直播。高度沉浸式的直播体验除了具备极强的视觉冲击力，还可以让观众从旁观者变成参与者，企业与目标群体之间的交互将存在更多的可能性。在"元宇宙元年"的 2021 年，越来越多的品牌开始尝试利用元宇宙概念及相关技术进行品牌传播和用户运营。无论是在新媒体营销的变革方面，还是在品牌经营的应用方面，元宇宙已然成为未来发展的光明方向。

## 本章小结

本章主要介绍了新媒体营销的基础知识，针对新媒体营销产生的背景，首先介绍新媒体及其带来的营销效果的改变，其次介绍新媒体营销的概念、特征、与传统媒体营销的区别及相关基础理论，最后阐述新媒体营销的现状及未来可能的发展趋势。

## 关键术语

新媒体（New Media）
传统媒体（Traditional Media）
互动性（Interaction）
高效性（Efficiency）
全球化（Globalization）
多元性（Pluralism）
MCN 机构（Multi-Channel Network）
关键意见领袖（Key Opinion Leader，KOL）
用户原创内容（User Generated Content，UGC）
虚拟现实技术（Virtual Reality）
增强现实技术（Augmented Reality）
市场营销组合（Marketing Mix）
元宇宙（Metaverse）

## 课后习题

1. "流量池"是指抖音系统将所有视频用户按照地域、兴趣爱好等标签细分的用于蓄积和管理流量的虚拟容器或平台。利用抖音的"流量池"分配机制，你将如何进行新媒体营销？

2. 营销领域有哪些相关理论？传统的营销理论在现阶段的新媒体营销中仍然适用吗？为什么？

3. 元宇宙（Metaverse）最初是科幻小说《雪崩》中的一个概念，描绘了一个庞大的虚拟现实世界，人们利用数字替身来控制、竞争以提高自己的地位。结合新媒体营销的产生和兴起过程，谈谈你对元宇宙营销的看法和展望。

4. 新媒体营销与传统媒体营销在触达方式上有何不同？请举例说明新媒体营销在提高用户参与度方面的优势。

5. 描述一个你认为成功的新媒体营销案例，并分析其成功的关键因素。

即测即练

自学自测　　扫描此码

## 第 2 章

# 新媒体营销思维

## 学习目标

1. 了解用户思维、平台思维、社会化思维、大数据思维的内涵和理论基础。
2. 具备新媒体时代下用户思维、平台思维、社会化思维、大数据思维的应用能力。

## 案例导入

### 喜茶的新媒体营销思维[①]

"喜茶"是中国新式茶饮品牌，以创新的口味和独特的品牌形象迅速在年轻消费者中走红。截至2023年底，喜茶门店数已突破3200家，估值超过80亿元。喜茶会员总量超1亿，成为行业首个私域用户规模破亿的茶饮品牌。尽管"喜茶"依然是线下实体的饮品店，但它的营销策略、品牌传播、顾客互动等都充分运用了新媒体营销思维。

新媒体营销思维的核心就是用户思维。喜茶深知企业应该了解自身的品牌定位和目标消费群体，不同的社交平台有着不同的用户群特征，企业应根据自身定位和客户群特征来选择适合的社交平台。喜茶的目标客户是追求新鲜体验和生活品质的年轻群体，他们活跃在各大社交媒体平台上。因此，喜茶利用社交媒体平台进行品牌宣传，通过微博、小红书、抖音等平台发布新品信息、与用户互动和开展营销活动，成功地吸引了大量年轻消费者的注意。

平台思维方面，喜茶用跨界合作的方式来扩大品牌影响力。截至2024年初，喜茶与超过100家知名品牌进行了跨界合作，如与时尚品牌、电影、艺术展览等进行联名活动，这显示了喜茶在资源整合和跨行业合作方面的能力。通过这些联名合作，喜茶不仅增加了自身的品牌曝光度，也借助其他品牌的平台力量，增强了自身的市场竞争力。

社会化思维方面，喜茶利用社会化工具和媒体重塑与用户的沟通关系。在社交平台上，喜茶账号发布的内容多为原创，包括新品上市、节日主题活动、顾客互动等，这些内容不仅能够吸引用户的眼球，还能激发用户的参与热情。喜茶还经常与用户进行互动，比如通过举办线上活动、用户投稿等方式，让用户参与到品牌建设中来。这种互动性的营销方式极大地增强了用户的品牌忠诚度。

---

① 深圳美西西餐饮管理有限公司. 喜茶 HEYTEA--唯一官网[EB/OL]. (2023) [2025-02-27]. https://www.heytea.com/cn.

大数据思维方面，喜茶注重精准营销。在选择联名品牌、推出新产品、制定营销策略时，喜茶依赖于对市场数据的分析。例如，喜茶会分析消费者的购买行为、偏好趋势、反馈意见等数据，以确定哪些产品或联名活动更有可能受到市场的欢迎。通过这种方式，喜茶能够更精准地满足消费者需求，提高营销效率。

喜茶的火爆打破了互联网时代"营销已死"的言论，它让我们看到借助新媒体进行营销可以事半功倍，体现了新媒体营销思维在现代企业中的重要性。企业应紧跟新媒体技术的发展，不断创新营销方式，以适应市场的变化和消费者的需求。同时，企业还需要不断学习和实践，掌握新媒体营销的各种技巧和方法，以实现品牌的长远发展。

然而，随着新媒体技术的发展，企业不断迎来新的机遇和挑战，企业还需要思考应具备什么新媒体营销思维来应对未来发展。本章将围绕用户思维、平台思维、社会化思维与大数据思维等四种重要的新媒体营销思维进行学习。

# 2.1　用　户　思　维

## 2.1.1　用户思维的内涵

新媒体发展给营销人员带来了新的机遇和挑战。一方面，营销人员可以利用新媒体渠道与用户建立更加即时、紧密的联系，通过新媒体营销活动与用户进行更多的互动，从而获取更多的第一手需求和反馈，推动产品和营销策略的改进；另一方面，用户同样可以利用新媒体渠道发声，曝光其在消费、使用产品或服务的过程中遇到的问题，而这些负面信息一旦发酵，就有可能引发企业的公关危机，对企业的发展产生不利影响。因此，如今的营销人员必须从用户的角度进行思考，既要满足用户的多样化、个性化需求，也要防止用户在消费、使用产品或服务的过程中可能出现的负面情绪对企业的营销活动造成负面影响。

新媒体时代的来临，将用户的重要性提升到了新的高度。由于新媒体"人人皆可发声"的特性，用户在商业中的参与度和影响力得到了空前的提升，在企业及其营销活动中有了更大的话语权。因此，营销人员必须具备良好的用户思维。简而言之，用户思维就是"以用户为中心"，站在用户的角度考虑问题，时刻为用户着想，针对用户的各种个性化、细分化需求，提供具有针对性的产品或服务，真正做到"用户至上"。

## 2.1.2　用户思维的理论基础

用户思维的三个法则是产品和服务营销的重要理论，包括服务好长尾人群、兜售参与感和用户体验至上。以下三个法则均要求企业从用户的角度出发，设身处地地在用户需求、参与和体验方面为用户群体着想。

1. 用户需求：服务好长尾人群

长尾理论（The Long Tail）由美国《连线》杂志主编克里斯·安德森在 2004 年 10 月提出。该理论认为，由于成本和效率问题，过去人们只能关注重要的人或重要的事，如果用正态分布曲线来描绘这些人或事，人们只能关注曲线的"头部"，而忽略需要更多精力和成本才能关注到的曲线"尾部"（如长尾人群）。例如，在销售产品时，商家关注的是少数 VIP 客户，无暇顾及在人数上居于大多数的普通消费者。而在新媒体时代，由于关注的成本大大降低，人们有可能以很低的成本关注正态分布曲线的"尾部"，关注"尾部"产生的总体效益甚至会超过"头部"。

服务好长尾人群是对目标市场和目标人群的定位，关注长尾人群的诉求是确保产品和服务能够受到消费者欢迎的保障。新媒体促进小众转变成长尾，让非主流成为主流。营销人员要充分重视真正的"长尾"群体，了解他们的心态，在归属感、存在感和成就感上下功夫，意识到互联网长尾经济的厉害，且任何一类人通过新媒体聚合起来的能量都是巨大的。

### 2. 用户参与：兜售参与感

参与感指用户不仅出现在产品的最终购买、使用环节，更参与到产品研发、设计、营销等环节中，从而对产品、企业及其营销活动产生的特殊情感。兜售参与感可以让消费者有一种身临其境的感觉，让产品和服务升级成为消费者生活的一部分，成为一种情怀，并借此吸引消费者以提高其对品牌的忠诚度。

在新消费浪潮来临的今天，产品创造是一个用户需求逆向回溯的过程。在这个过程中，用户既是消费者，也是创造者。因此，好产品的设计需要企业和用户共同创造价值，即价值共创。用户价值共创的实现路径有五条：①用户需求共创，指贯穿产品生命线，从产品需求、设计、测评、推广到销售，产品打造的每一个环节都可以由设计师和用户共同完成；②用户产品共创，指让用户直接参与到产品的设计中，在这个过程中，协同产品部和设计部，挖掘用户需求和外观喜好，征集用户创意，验证产品设计方案；③用户评测共创，指招募用户进行产品评测，帮助产品进行迭代，输出用户评测报告，为产品做口碑营销和背书；④用户传播共创，指通过用户共创，在产品众筹、营销阶段为产品定制个性化推广内容，间接培养首批用户；⑤用户营销共创，指通过共创任务，利用用户自己生产的营销内容或品牌活动的互动内容为产品养成首批用户，从而提高销售转化率。在新媒体时代，用户有了更多的参与渠道，也有着更强的参与热情、意愿和能力，使得用户通过新媒体方式可以更好地参与共创过程。

### 3. 用户体验：用户体验至上

新媒体营销行业也属于体验经济的一种，消费者购买了产品和服务，自然需要非常良好的用户体验，如此才能让这些产品和服务通过新媒体让更多人了解到。三重体验法可以让营销者从感官上迎合用户，从情感上打动用户，从行为上满足用户。首先，亚里士多德把人的感官分为五种：视觉、听觉、触觉、嗅觉和味觉。用户对世界做出的许多体验回应也是如此，直接通过感官而不需要通过大脑分析，就能做出体验回应。其次，必须以用户为本，从用户精神需求的根源出发，贴合用户需求，注重产品细节，打造人性化、有温度的产品。最后，良好的行为体验，就是要让用户觉得这款产品简

扩展阅读 2.1 用户思维的典型案例——汇美集团

单、好用。满足需求是用户购买商品的原始驱动力。体验是消费行为的催化剂，只有为用户带来让其满意的体验，才能增加用户对于产品的认可度和忠诚度，从而塑造出真正意义上的好产品。

## 2.2　平 台 思 维

### 2.2.1　平台思维的内涵

在新媒体营销中，平台思维是一种基于平台生态系统的战略思维方式，强调通过构建多方互动的平台实现价值创造与共享。这种思维模式升级了传统的互联网流量思维，具体体现在以下几个方面：首先，平台思维不仅关注流量获取，更强调用户之间的互动与合作，通过共同参与提升价值；其次，平台利用网络效应，使得用户基数的增加能够显著提升企业整体价值和影响力，而不仅仅是增加流量；再次，数据驱动的核心在于深入分析用户行为和需求，从而精准优化营销策略，提升个性化体验；最后，开放性与灵活性允许第三方开发者和服务提供商的参与，使平台更具适应性，能够快速响应市场变化。这些升级使企业在竞争中不仅能获取流量，更能构建持续的用户生态，提升市场份额。

### 2.2.2　平台思维的理论基础

以平台为导向的经济变革为社会和商业机构创造了巨大的价值，理解平台思维可从网络效应和商业生态圈两种视角出发。

1. 网络效应

平台作为新兴企业组织形式，具备典型的双边市场特征，表现为双边（供给侧和需求侧）用户利用平台提供的服务进行交易或匹配，一边用户所获得的效用取决于该平台上另一边用户的规模和质量。平台企业的快速扩张与网络效应密切相关，网络效应指一个平台的用户数量对用户所能创造的价值的影响，包括同边网络效应、跨边网络效应和数据网络效应。其中，同边网络效应指平台一边用户数量的增加会对该边用户的效用产生影响。例如，在游戏平台上遇到的玩家越多，你在使用它时获得的乐趣就越多。跨边网络效应表现为平台一边用户数量的增加会影响另一边用户的效应。例如，Uber（优步）连接了大量的司机和乘客，形成了一个正反馈循环：想要打车的人越多，就能吸引越多的司机加入 Uber，同样，司机越多，打车的人就越多。当用户效应随着其他用户的加入而增加时，网络效应就会凸显。数据网络效应是一种新形式，与同边网络效应、跨边网络效应一样，用户越多，技术就越有价值。但在这里，价值不是来自同行的数量，也不是来自许多买家和卖家的存在。相反，这些影响源于技术的本质：人工智能通过强化学习、预测和反馈来改进。随着智能的增加，系统可以做出更好的预测，增强其实用性，吸引新用户并留住现有用户。更多用户意味着更多响应，从而进一步提高预测准确性，从而形成良性循环。

## 2. 商业生态圈

基于平台企业在双边市场甚至是多边市场内积累的用户资源，平台还能建立起以自身为中心的平台生态系统。此时，平台企业是商业生态圈中的主要生态位成员，是平台商业生态圈内服务传导的核心组织，其他各类组织成员在平台界面中形成交易互动的动态网络关系。商业生态圈的演化和扩展与平台型企业拥有的平台领导权息息相关，在平台商业生态系统中引导着平台内多边市场主体进行资源互动与要素流动，引领平台商业生态圈的成长与演化。除了提供双边市场功能外，平台生态系统还能够为平台企业增加新功能，包括促进基于平台的创新和非交易性互动等。这些功能可以为平台供给侧提供服务，如电商平台为商户提供需求分析功能，也可以为平台需求侧提供服务，如电商平台为消费者提供搜索与推荐服务，提高消费者的购物效果与销量。

此外，平台生态系统还能整合整个产业，甚至实现跨产业的整合，打造以自身平台为核心的产业生态系统。此时，平台企业实质上扮演了产业平台的角色，不再是被动接受现有的产业组织结构，而是能够主动改造产业组织结构。产业平台可以定义为商业生态系统中的基本技术、产品或服务。产业平台不仅提供了商业生态系统的核心功能，而且确定了生态系统中各方互动的规则，并负责制定界面标准和协调系统模块。扮演产业平台角色的企业可以凭借技术、信息以及契约工具等对其他企业进入该生态系统以及其他行为进行管理。与一般的平台不同，产业平台往往具有多方面的功能。例如，苹果手机不仅通过应用程序商店（App Store）提供了一个应用程序的交易平台，同时其能通过与应用程序开发商的互动促进其创新，还能够通过平台的促销与后勤等服务降低应用程序开发商的营销与物流成本。

扩展阅读 2.2　平台思维的典型案例——Airbnb与小红书

# 2.3　社会化思维

## 2.3.1　社会化思维的内涵

社会化思维是指组织利用社会化工具、社会化媒体、社会化网络，重塑企业和用户的沟通关系、组织管理方式和商业运作模式的思维方式。

在传统商业中，由于沟通渠道和方式的局限，用户多以个体的方式出现，以点的形式存在，与企业之间的关系是上下游的买卖关系，缺乏双向的互动和沟通；一个个用户往往是一座座"孤岛"，各用户之间也缺乏横向交流。而在新媒体出现后，商业的社会化进程显著加快。通过互联网，用户与企业之间、用户与用户之间形成了各种各样的交集关系，形成了网状的社会化结构，即社会网络。在新媒体助力下的社会网络中，用户与企业可以顺利地进行双向交流、协作，二者之间的关系从原来的垂直交易关系变为了水平参与关系；用户与用户之间也可以更好地横向交流，形成具有影响力的社群。

对于营销人员而言，社会化思维意味着要关注用户群体的力量，注重企业与用户之间的互动和联系。具体而言，可以从以下三个角度来理解社会化思维。

1. 基于平等的双向沟通

对于用户而言，新媒体的出现极大地扩充了个人的发声渠道，"人人都是自媒体"，用户的地位正在从被动变为主动，从单向接收信息变为双向交流信息。用户希望能够与企业平等对话，进行参与式的互动交流，以传达对于产品的需求和建议。企业则需要积极满足用户的沟通需求，善于聆听，引导用户说真话，营造平等沟通的氛围，借此不断完善企业产品、改善与用户的关系，并最终树立良好的社会化形象和清晰的品牌定位，为企业的营销活动奠定良好的基础。

2. 基于社会网络的口碑传播

过去，用户之间缺乏良好的沟通渠道，关于产品的讨论也往往局限于口耳相传。而在新媒体时代，一个用户针对某一产品的发声，可以基于社会网络形成的连接关系迅速传播开来，形成链式传播，最终可能演化为一场病毒式营销。因此，营销人员需要认真研判用户的社会网络关系特点和传播效力，适当借助用户的力量推动企业的口碑传播，实现以小博大。

以往的社会营销主要体现为熟人营销，他们相互信任，因此企业容易形成良好的口碑。而在社会网络中，人与人之间由于并不熟识，所以相对缺乏信任。但如果企业针对在社会网络中具有较高地位、可信度较高的用户开展营销活动，那么就有可能通过传播该用户自身良好的体验，促进企业获得该社会网络内其他人的认可，并最终转化为用户的关注和消费，从而实现口碑传播。

3. 基于社群的品牌共建

随着互联网的不断发展，"社群"这一新形式应运而生。比如，小红书、豆瓣小组等分享式的网站和社群开始成为人们获取信息的重要渠道，社会化电商体现出了极高的价值。社会化电商的核心竞争力在于用户的聚合和信息的互通，通过创建社群，有相同经历、相同需求的用户会自发地在社群内参与讨论，形成良好的社会化营销环境。未来，营销可以围绕目标用户的社群展开。企业可以通过品牌社群将目标用户联系起来，让其成为品牌的拥护者和信息的传递者。品牌传播从"知道—购买—忠实"变成了"忠实用户—提高知名度—更多用户"。微博、微信等渠道也有助于用户快速找到属于自己的社团和兴趣小组，与同好们进行交流。而通过打入这些社群，与用户"做朋友"，企业就可以迅速获取目标用户的信息，同时积极开展营销活动，最终实现良好的营销效果。

## 2.3.2 社会化思维的理论基础

社会化思维来源于社会网络，社会网络是社会行动者与关系的集合。社会网络既是一系列理论的集合，也是一种分析方法。

1. 社会网络理论

社会网络理论是一系列理论的集合，如米尔格拉姆的"六度分隔"理论、格兰诺维特的"弱关系优势"理论和"嵌入"理论、伯特的"结构洞"理论等。社会网络理论把研究的重点集中在行动者（个人、群体、组织）之间的关系及其嵌入的网络上，认为行动者在网络中的位置、网络的结构以及行动者所在的社会关系背景决定了行动者的行为。

1）六度分隔理论

该理论奠定了社会网络理论的基础。1967年哈佛大学心理学教授米尔格拉姆曾做过一个著名的连锁信实验：他将一封信件随机寄给位于美国中西部内布拉斯加州的160个人，在信中要求收信人将这封信通过自己的朋友寄给波士顿的一名普通股票经纪人，结果发现大多数人只经过了五到六个步骤，就将这封信送达了股票经纪人的手中。该理论认为，你和任何一个陌生人之间所间隔的人不会超过六个，也就是说，最多通过六个人你就能够认识任何一个陌生人。

2）弱关系

美国社会学家格兰诺维特提出"关系力量"的概念，根据互动频率、情感密度、熟识或信任度以及互惠程度等4个维度将关系划分为"强关系"和"弱关系"。他认为网络中同质性较高的个体很难互相提供所需的信息，而异质性则可以成为寻求信息的桥梁，使信息寻求者扩大信息资源视野，获得信息满足。

3）嵌入性

强弱关系回应了经济社会学家波兰尼提出的"嵌入性"观念。在此基础上，格兰诺维特对经济行为如何嵌入社会结构做了进一步阐释。他认为，经济行为嵌入社会结构，而核心的社会结构就是人们生活中的社会网络，嵌入的网络机制是信任；信任来源于社会网络，嵌入社会网络之中。因此，人们的经济行为也嵌入社会网络的信任结构之中。

4）结构洞

对于三个行动者A、B、C来说，如果A和B有联系，A与C有联系，但是B和C之间不存在联系，那么B和C之间就存在一个洞。A、B、C构成一个结构洞。A是结构洞的中间人。伯特认为，结构洞能够为中间人获取"信息利益"和"控制利益"提供机会，从而比网络中其他位置上的成员更具有竞争优势。

2. 社会网络分析

社会网络分析是对社会网络的关系结构及其属性加以分析的一套规范和方法，又称为结构分析法。社会网络分析法可以从多个不同角度对社会网络进行分析，包括中心性分析、凝聚子群分析、核心—边缘结构分析以及结构对等性分析等。下面介绍中心性分析和凝聚子群分析。

1）中心性分析

中心度是分析社会网络最重要和常用的概念工具之一，它是关于行动者在社会网络中的中心性位置的测量概念，反映的是行动者在社会网络结构中的位置或优势的差异。主要包括点度中心度、中间中心度、接近中心度三个方面。中心度的研究表明社会网络中行动者之间是不平等的，有的处于中心位置，有的处于边缘位置，因此他们之间在拥有的资源和信息等社会分层上存在差别，这些差别主要表现在权力等级、声望等方面。通过中心性分析，能够识别社会网络中的意见领袖，即在社交网络中发布观点且被大多数人认同，对社交网络中的参与者产生一定影响的人。意见领袖作为社会网络中的特殊节点，与普通用户节点相比，其位置及在社交网络中的节点影响力更为重要。

2）凝聚子群分析

"凝聚子群"指关系特别紧密的一小群行动者。凝聚子群分析是指分析社会网络中存在多少个子群、子群内部成员之间关系的特点、子群之间关系的特点以及一个子群的成员与另一个子群成员之间关系的特点等。由于凝聚子群成员之间的关系十分紧密，因此学者也将凝聚子群分析形象地称为"小团体分析"。有研究发现社交网络的影响力是以社群为单位进行扩散和演化的，即在一个社群达到"引爆点"之后才移入一个更大的社群。

扩展阅读 2.3　社会化思维的典型案例——大疆

# 2.4　大数据思维

## 2.4.1　大数据思维的内涵

新媒体是一种建立在数字技术和网络技术上的"互动式数字化复合媒体"。作为技术不断更新的产物，新媒体以其形式丰富、互动性强、渠道广泛、覆盖率高、精准到达、性价比高、推广方便等特点在现代传媒产业中占据越来越重要的位置，从而积累了大量用户和用户行为数据，这就成为做用户分析的大数据的基础。"数据"不只是一个概念，数据目前已变为十分重要的资源和资料。大数据已成为新媒体的核心资源——不仅是新闻报道的重要内容，还是媒体统计和分析受众心理、需求及行为习惯等的重要依据。分析、解读数据，探索得出一种为受众和用户提供个性化服务的新媒体运营方式，将成为新媒体在大数据时代竞争的趋势。

北京大学王汉生教授在《数据思维：从数据分析到商业价值》一书中对数据思维进行了解释：数据思维是把"业务问题"转化为"数据可分析问题"的思维方式，即在杂乱的业务问题中，准确定位业务的核心诉求（因变量 $Y$），并找到影响核心诉求的相关因素（自变量 $X$），然后利用各种数据分析二具对问题进行研究。也就是说，数据思维就是将以往用定性方式解决的问题转化为定量问题，从而利用数据解决问题的思维方式。近年来十分流行的"大数据"这一概念则可以看作数据思维的一次"升级"。维克托·迈尔-舍恩伯格在《大数据时代》一书中提出了大数据思维的三个关键点：①需要全部数据样本而不是抽样；②关注效率而不是精确度；③关注相关性而不是因果关系。过去受限于数据收集和分析技术，往往只能对来源受限、数量级较低的数据进行分析，能够达到的效果和可以实现的目标十分有限。而随着信息技术、物联网、生物识别、低成本计算和存储等新技术的发展和应用，海量的数据开始涌现，应用和分析大数据势在必行。

## 2.4.2　大数据思维的理论基础

近年来大数据技术的快速发展深刻改变了我们的思维方式。大数据研究专家舍恩伯格指出，大数据时代人们对待数据的思维方式会发生总体而非样本、容错而非精确、相关而非因果的变化。这些思维方式使得消费行为一切皆可测、皆可用、皆可连，皆能拿来试一试，从而为营销者制定营销策略提供参考。

### 1．总体思维

大数据时代，随着数据收集、存储、分析技术的突破性发展，我们可以更加方便、快捷、动态地获得研究对象有关的所有数据，而不再依赖于随机采样，从而可以带来更全面的认知，可以更清楚地发现样本无法揭示的细节信息。总体思维体现了"一切皆可测"，不仅销售数据、价格这些客观标准可以形成大数据，甚至连顾客情绪（如对色彩、空间的感知等）都可以测得，大数据包含了与消费行为有关的方方面面。

### 2．容错思维

小数据时代，抽样的一丁点儿错误，就容易导致结论的"差之毫厘，谬以千里"。为保证抽样得出的结论相对靠谱，人们对抽样的数据精益求精，容不得半点儿差错。大数据时代，因为采集了全部数据，而不是一部分数据，数据中的异常、纰漏、疏忽、错误都是数据的实际情况，我们没有必要进行任何清洗，其结果是最接近客观事实的。因此，容错思维体现了"一切皆可用"，数据的全貌都能保留下来。

### 3．相关思维

大数据技术能挖掘出事物之间隐蔽的相关关系，获得更多的认知与洞见，运用这些认知与洞见就可以帮助我们把握现在和预测未来，而建立在相关关系分析基础上的预测正是大数据的核心议题。通过关注线性的相关关系、复杂的非线性相关关系，可以帮助人们看到很多以前不曾注意的联系，还可以掌握以前无法理解的复杂技术和社会动态，相关关系甚至可以超越因果关系，成为我们了解世界的更好视角。比如，啤酒和纸尿裤的典型案例说明了啤酒和纸尿裤的关系是一种相关关系，而不是因果关系。相关思维体现了"一切皆可连"，消费者行为的不同数据都有内在联系，这可以用来预测消费者的行为偏好。

扩展阅读 2.4　大数据思维的典型案例——易点天下科技公司

## 本章小结

随着互联网信息技术的飞速发展，新媒体营销在经济和社会各领域都得到了广泛应用，其思维和理论的应用对企业经营起着重要作用。面对数字经济时代的浪潮，全面且系统地学习、掌握和应用新媒体营销思维，对于各行各业的营销人员以及相关专业的工作人员都至关重要。本章主要介绍了用户思维、平台思维、社会化思维和大数据思维的内涵、理论基础和典型案例。理解以上思维的内涵和理论基础有助于分析当今新媒体营销的策略和应用，帮助相关人员运用新媒体技术开展营销活动，以应对新媒体时代的新挑战和新要求。

## 关键术语

新媒体营销思维（New Media Marketing Thinking）

用户思维（User Thinking）
平台思维（Platform Thinking）
社会化思维（Socialization Thinking）
大数据思维（Big Data Thinking）

## 课后习题

1. 新媒体营销思维有哪些？
2. 简述如何应用用户思维的三个法则进行产品和服务营销。
3. 简述平台思维的内涵。
4. 简述社会化思维的内涵。
5. 简述大数据思维的内涵。

## 即测即练

自学自测　　扫描此码

## 第 3 章

# 新媒体用户洞察

## 学习目标

1. 了解用户画像的概念和具体应用。
2. 掌握新媒体时代的用户心理。
3. 理解新媒体时代各种用户购买模型的内涵。

## 案例导入

### 小米用户画像实践①

小米公司正式成立于 2010 年 4 月，是一家以智能手机、智能硬件和 IoT 平台为核心的消费电子及智能制造公司。创业仅 7 年时间，小米的年收入就突破了千亿元人民币。截至 2018 年，小米的业务遍及全球 80 多个国家和地区。手机、电视等硬件，以小米商城为代表的新零售以及 MIUI、小米音乐等互联网服务构成了小米丰富的数据生态。而对于小米来说，面对业务复杂、数据分散的情况，对用户的研究对于赋能业务增长、服务战略决策尤为重要。小米的用户画像分为以下四步：第一步，定义小米用户。企业将小米用户定义为小米硬件的拥有者，零售、服务的消费者。第二步，构建小米用户标签体系。建设符合小米特点与业务需求的标签，共构建九大类标签。第三步，标签挖掘。使用模型与算法在海量数据中进行标签挖掘。第四步，构建标签管理平台以及小米用户画像平台，其可以进行灵活的人群圈选、画像分析与精准触达，最终赋能业务增长。用户画像平台的构建使得小米运营效率大幅提升，从人群提取到精准投放的过程由 2 天缩短至 15 分钟。

扩展阅读 3.1 小米用户画像实践

同学们可以围绕如下两个方面的问题进行本章的学习：（1）构建用户画像一般分为几步？（2）研究用户画像的最终目的是什么？

## 3.1 新媒体用户画像

在互联网步入大数据时代后，用户行为给企业的产品和服务带来了一系列的改变和

---

① 小米科技有限责任公司. 小米官网-公司简介[EB/OL].(2023) [2024-10-18].https://www.mi.com/about.

重塑，其中最大的变化在于，用户的一切行为在企业面前是可"追溯""分析"的。企业内保存了大量的原始数据和各种业务数据，这是企业经营活动的真实记录，如何更加有效地利用这些数据进行分析和评估，成为企业在更大数据量背景下要面对的问题。随着大数据技术的深入研究与应用，企业的关注点日益聚焦在如何利用大数据来为精细化运营和精准营销服务。而利用大数据构建精准的用户画像，可以帮助企业实现增量用户拉取、存量用户数量和价值保有的目标，最终在重点目标客户群体上实现突破。本节内容主要聚焦用户画像的概念、构建与应用。

## 3.1.1　用户画像的概念

### 1. 用户画像定义

交互设计之父阿兰·库珀最早提出了用户画像（User Persona）的概念："用户画像是用户角色的具体表现。"Persona 是真实用户的虚拟代表，是建立在一系列真实数据之上的目标用户模型。简单来说就是用户信息标签化，通过收集用户的社会属性、消费习惯、偏好特征等各个维度的数据，对用户特征属性进行刻画，并对这些特征进行分析、统计，挖掘潜在价值信息，从而抽象出用户的信息全貌。如图 3-1 所示。

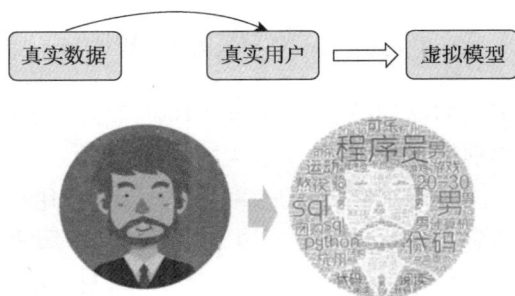

图 3-1　用户画像的概念

新媒体用户画像是指对特定新媒体平台或社交媒体平台上的用户进行细致的分析和描述，以了解他们的特征、行为习惯、兴趣爱好和消费需求等信息的过程。

用户画像所用到的用户信息包括用户的基本信息、社会属性信息、心理属性信息、人口统计学信息和一些操作行为信息（如浏览内容、消费行为、社交活动）等。根据用户的真实数据，通过构建用户画像，将用户的各项属性和特征抽象为一个个标签，供上游的其他系统使用。特别要注意的一点是，用户画像是将一类有共同特征的用户聚类分析后得出的群组，因此并不针对具体、特定的某个人。

作为一种勾画目标用户、联系用户诉求与设计方向的有效工具，用户画像已在各领域得到了广泛的应用。用户画像在实际应用中往往以最为浅显和贴近生活的话语将用户的属性、行为与期待的数据转化联结起来。

### 2. 用户画像标签

构建用户画像的核心工作就是给用户贴标签，标签通常是人为规定的、高度精练的特征标识。这样简洁、独立的标签，非常适合用计算机进行处理。如图 3-2 所示，用户

| 用户属性 | 年龄 | 性别 | 设备型号 |
| --- | --- | --- | --- |
| | 注册状态 | 历史购买 | IP |

| 用户行为 | 访问行为 | 下单行为 | 营销敏感度 |
| --- | --- | --- | --- |
| | 活跃时间 | 购买品类 | 点击偏好 |

| 用户消费 | 购买记录 | 消费金额 |
| --- | --- | --- |
| | 加购 | 购买频次 |

| 风险控制 | 账号风险 | 设备风险 |
| --- | --- | --- |
| | 借贷风险 | 过往问题 |

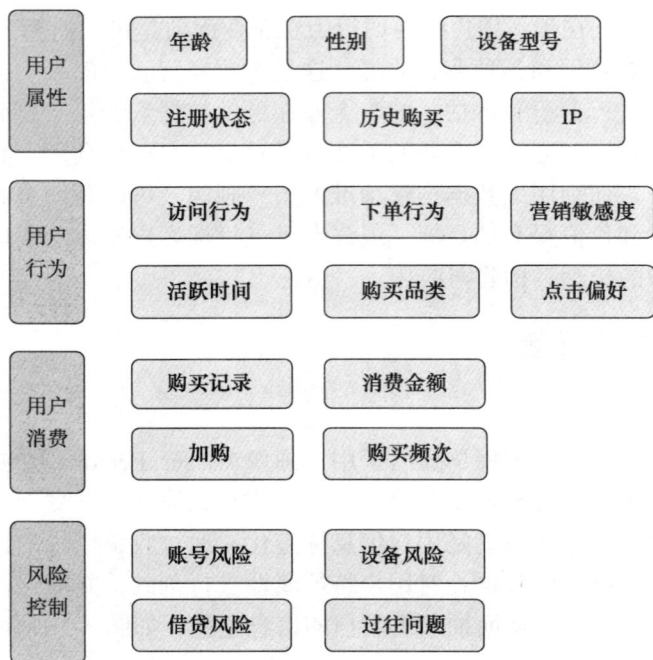

图 3-2　用户画像标签横向划分

标签体系根据业务流程可以横向划分为用户属性类别标签、用户行为类别标签、用户消费类别标签、风险控制类别标签等。

用户属性是刻画用户的基础。常见用户属性指标包括：用户的年龄、性别、安装时间、注册状态、城市、省份、活跃登录地、历史购买状态、历史购买金额等。

用户行为是刻画用户的常见维度，通过用户行为可以挖掘其偏好和特征。常见用户行为维度指标包括：用户订单相关行为、下单/访问行为、用户近 30 天行为类型指标、用户高频活跃时间段、用户购买品类、点击偏好、营销敏感度等相关行为。

对于用户消费维度指标体系的建设，可从用户浏览、加购、下单、收藏、搜索商品对应的品类入手，品类划分越细越精确，相应地商家给用户推荐或营销商品的准确性就越高。

互联网企业可能会遇到有薅羊毛、恶意刷单、借贷欺诈等行为的用户，为了防止这类用户给平台带来损失和风险，互联网公司需要在风险控制维度构建相关的指标体系，有效监控平台的不良用户。结合公司业务方向，可从账号风险、设备风险、借贷风险等维度入手构建风控标签体系。

此外，如图 3-3 所示，用户画像标签可以纵向划分为一级、二级、三级标签等。一级标签都是抽象的标签集合，一般没有实用意义，只有统计意义。比如，我们可以统计用户属性，但用户属性标签本身对广告投放没有太大意义。用于广告投放和精准营销的一般是三级标签，对于三级标签有两个要求：一是每个标签只能有一种含义，避免标签之间的重复和冲突，便于计算机处理；二是标签必须有一定的语义，方便相关人员理解每个标签的含义。

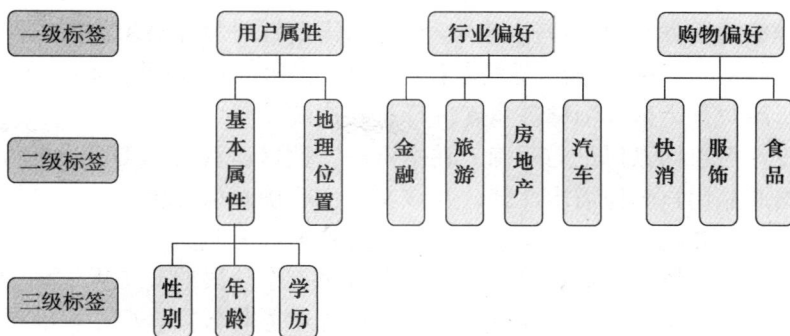

图 3-3　用户画像标签纵向划分

此外，标签的粒度也是需要相关人员注意的。标签的粒度太粗会导致标签没有区分度，标签的粒度过细会导致标签太过复杂而不具有通用性。

## 3.1.2　用户画像的构建

### 1. 构建目的

企业构建用户画像的目的有很多，总的来看，大致分为短期目的和长期目的。短期目的为赋能业务增长，如为了实现精准营销、个性化推荐以及定向广告精准投放等。而长期目的为支持战略决策，如调整产品设计使之符合核心人群的需求以及干预风控工作等。

### 2. 构建过程（见图 3-4）

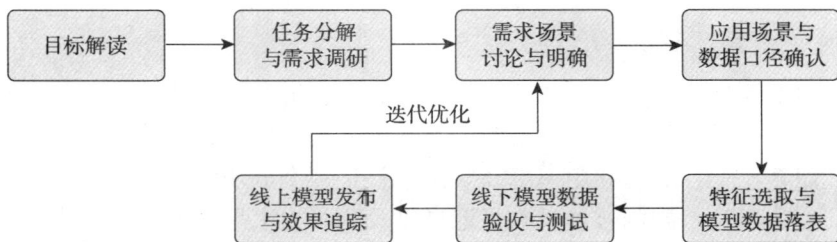

图 3-4　用户画像构建过程

第一阶段：目标解读。在构建用户画像前，首先需要明确用户画像服务于企业的对象，再根据业务方需求，明确未来产品建设目标和用户画像分析之后的预期效果。一般而言，用户画像的服务对象包括运营人员和数据分析人员。不同业务方对用户画像的需求有不同的侧重点，就运营人员来说，他们需要分析用户的特征、定位用户行为偏好，做商品或内容的个性化推送以提高点击转化率，所以画像的侧重点就落在了用户个人行为偏好上；就数据分析人员来说，他们需要分析用户总体行为特征，做好用户的流失预警工作，根据用户的消费偏好做更有针对性的精准营销。

第二阶段：任务分解与需求调研。经过第一阶段的需求调研和目标解读，我们已经明确了用户画像的服务对象与应用场景，接下来需要针对服务对象的需求侧重点，结合产品现有业务体系、"数据字典"规约实体与标签之间的关联关系，明确分析维度，从用户属性画像、用户行为偏好画像等角度进行业务建模。

第三阶段：需求场景讨论与明确。在本阶段，数据运营人员需要根据与需求方的沟通结果，输出产品用户画像需求文档，在该文档中明确画像应用场景、最终开发出标签内容与应用方式，并就该文档与需求方反复沟通并确认无误。

第四阶段：应用场景与数据口径确认。经过第三个阶段明确了需求场景与最终实现的标签维度、标签类型后，数据运营人员需要结合业务与数据仓库中已有的相关表，明确与各业务场景相关的数据口径。在该阶段中，数据运营方需要输出产品用户画像开发文档，该文档需要明确应用场景、标签开发的模型、涉及的数据库以及应用实施流程。该文档不需要再与运营方讨论，只需面向数据运营团队内部就开发实施流程达成一致意见。

第五阶段：特征选取与模型数据落表。本阶段中数据分析挖掘人员需要根据前面明确的需求场景进行业务建模，写好 HQL（Hibernate Query Language）逻辑，将相应的模型逻辑写入临时表中，并抽取数据校验是否符合业务场景需求。

第六阶段：线下模型数据验收与测试。数据仓库团队的人员将相关数据落表后，设置定时调度任务，定期增量更新数据。数据运营人员需要验收数仓加工的 HQL 逻辑是否符合需求，根据业务需求抽取表中数据查看其是否在合理范围内，如果发现问题要及时反馈给数据仓库人员，以调整代码逻辑和行为权重的数值。

第七阶段：线上模型发布与效果追踪。经过第六阶段，数据通过验收之后，部署上线，上线后通过持续追踪标签应用效果及业务方反馈，调整优化模型及相关权重配置。

### 3.1.3　用户画像的应用

1. 个性化推荐

一个好的个性化推荐系统能"粘"住用户，大大提升用户体验。对于一些电商类产品，个性化推荐能够减少马太效应和长尾效应对其的影响，使产品的利用率更高。淘宝就是一个成功案例，其首页会根据顾客的浏览习惯、购买记录以及购买力水平等数据个性化推荐商品，以促进成交。其本质则是通过各种渠道的大数据构建用户画像，根据用户画像精准推荐商品信息。

扩展阅读 3.2　用户画像

2. 精准营销

承接广告是 App 普遍采取的商业变现方式之一。当有了完整的用户画像并对用户的这些信息都一清二楚后，就可以对广告主的各种投放需求做更好的承接，也可以做广告的精准投放。以抖音 App 的开屏广告为例，该广告在 App 启动时播放 5 秒，5 秒后进入"推荐"页面。抖音 App 的开屏广告在投放时支持定向投放，目前支持地域、性别等基础定向。

3. 精细化运营

精细化的运营就是通过用户分群，为不同需求的用户匹配不同的服务和内容，从而满足其个性化的需求，以更好地完成运营中的拉新、促活工作。有了用户画像的帮助，运营就可以从粗放式转为精细化，企业就可以将用户群体切割成更细的粒度，辅之以短信、推送、邮件、活动等手段，驱之以关怀、挽回、激励等策略。资讯类 App 经常使用消息推送的方法将用户可能感兴趣的内容及时奉上。

## 3.2 新媒体用户心理

### 3.2.1 新媒体用户心理需求

#### 1. 身份隐蔽

网络用户在互联网交流、活动时需要隐藏起自己的年龄、身份、相貌等，并且可以对隐藏的部分进行虚构，打造出与现实生活不同的身份。身份隐蔽是互联网的众多优势中不能忽视的一个，从网络用户的心理上来说，隐蔽的身份让他们能够获得安全感，既可以直接与现实交际范围外的人对话，又可以保全自己的隐私，不用担心对话的内容对自己造成实质性的伤害。如图 3-5 所示，匿名提问 App 便满足了这一心理需求。因此，网络用户选择服务时更倾向于选择隐蔽性高、保密性强的，以减轻心理负担，他们在这类平台停留的时间更长。

图 3-5 匿名提问 App

#### 2. 地位提升

互联网为普通用户提供了表达观点的平台，任何人都可以在互联网上对某一话题提出自己的观点，或者与现实生活中无法接触到的人进行对话、交流。互联网使用户感受到地位的提升，进而感受到超越现实社会的公平性。即使这种公平性是有限的，但对网络用户存在强烈的吸引力。例如，明星时常在网络平台与粉丝进行互动，如粉丝群交流、微博评论回复、博文点赞等，这种行为往往能为粉丝群体带来极大的满足感。在现实生活中只有极少数粉丝能够与偶像近距离接触，而通过互联网偶像与粉丝进行互动，则容易得多。这种具有一定随机性、偶然性的行为，使粉丝得以打破身份的限制获得与偶像接触的机会。

### 3. 交流需求

由于时间和空间限制，人们在现实生活中的交际对象范围受到很大限制。当对某一事件产生兴趣时，人的社会性决定其有交流和表达的欲望，但现实是人们在生活中不一定能够找到合适的交际对象。而互联网为交流提供了一个广阔、自由的平台，打破了时空的限制，人们可以在互联网上找到兴趣相似的用户，即使双方的意见不统一，但在交换意见，甚至是在争论的过程中，人们交流的需求也得到了满足。因此，网络给用户提供的这种表达、交流的机会是至关重要的，使人们的心灵得到了极大的愉悦和满足。

### 4. 关注和认同

通过互联网，网络用户不仅接收信息，同时也输出信息。出于交际的目的或寻求尊重、认同等心理因素，人们期望得到更多人的关注。与现实交际相同，渴望得到关注是出于对"自我"的认同。由于互联网的隐蔽性，人们对关注度的需求也发生了变化。例如，有些短视频用户不希望被现实生活中熟识的人关注，但渴望其发布的视频得到更多点击量，两者之间并不矛盾。隐蔽性意味着安全，而获取关注代表着对个体的认同。一些在现实生活中缺少社交的人在互联网平台十分活跃，这也是对现实生活交际缺失的一种代偿。

### 5. 获取信息和知识

用户希望通过新媒体平台获取有价值的信息和知识，以满足他们的求知欲。例如，用户在社交媒体平台上关注新闻机构、专业领域的专家或学者，以获取及时和可靠的新闻、观点和知识；订阅和关注优质的博客、专栏和电子报纸，以获取特定领域的深度报道和专业知识。

## 3.2.2 新媒体用户心理表现

### 1. 网络检索心理

网络检索行为实现的过程中，作为行为主体的网民，从需求动机的产生到抽象出关键词对搜索引擎发出命令，最后接收信息反馈，其个人心理因素对检索效率起着重要作用。这就要求我们更好地理解作为主体的人在这个行为过程中的心理因素，从而有助于更好地基于心理学改进，提供人性化的检索服务。影响网络检索行为的主要有以下几种心理。

#### 1）质疑倾向

网络检索过程中的质疑倾向主要表现在两个方面：对于网络信息的不信任，对于网络安全的防御心理。产生这种心理的原因有两个：一是网络媒体的公信力不足。以网络新闻为例，每一个网络媒体的消费者，既是内容的生产者，也是内容的消费者。新闻学的核心是新闻的公信度和新闻的核实。但在网络环境下，隐蔽性高是其特点之一，无信源文章、匿名文章大量占据网络空间，信息的准确性、诚实性和真实性让人怀疑。二是不安全因素的防御心理。防御心理是当某种带有或可能带有伤害性，或于己不利的刺激出现时，用户会本能地采取防御姿态，拒绝信息输入的一种心理。这种情况下可能导致网民采取主动防御措施或者回避选择相关信息，乃至改变或中止网络检索行为。

2）便捷倾向

就网络检索而言，网民倾向于使用易于操作的检索策略，选择易于获得的检索结果。威尔伯·施拉姆曾提出一个公式：预期报偿（满足需求）的可能性越大，费力程度越低，信息被选择的或然率往往越高。相反，预期报偿的可能性越小，费力程度越高，信息被选择的或然率就越低。选择所遵循的"省力原则"反映的是网络检索过程中的易用心理，大量的研究都发现网民倾向于费力程度更小的、体现"省力原则"的行为，如使用简单的检索策略、粗略浏览检索结果等。对于检索结果并非追求一个最佳状态，而是一旦达到一个满意的阈值，就停止检索，实际上这种选择符合边际效应原理。

3）定式思维倾向

定式心理是用户习惯选择和使用自己肯定的、已经习惯的、非常熟悉的某种有形或无形服务的心理。比如一位网民介绍自己的检索策略说："对于比较难找的信息，一般自己先使用普通的搜索引擎，如果结果不好的话，再进入相关专业的网上数据库或网站找信息。"这种检索策略是一种定式思维的表现。此外，网络检索的定式思维还有很多表现：习惯选择经常使用的浏览器，惯于用极少数搜索引擎，习惯选择自己熟悉的数据库，习惯选择搜索引擎提供的检索结果的第一页等。

4）"新快奇"倾向

不同于传统的大众信息传播，新媒体背景下网络检索中的网民是天生的信息追逐者。成本低廉且更有效率的网络检索让信息获取变得空前容易。一旦满足了最基本的信息需求，"信息追逐者"就开始对网络检索提出更高的需求——更新、更快。而猎奇心理是人的共性，网络检索则成全了这种心理。具体表现有：检索最新信息——用户在检索信息时，无疑会有意识地选择时间较近的信息。使用响应速度快的检索系统——事实上，如果搜索引擎工具反应迟钝，网民很快就会产生不耐烦、不满的心理。检索时间是网民评价和选择搜索引擎的一个重要指标，当前用户常用的搜索引擎如 Google（谷歌）、百度等除了在检全率和检准率上下功夫，同时都努力地提高响应速度来满足用户的求快心理。选择更具刺激性的信息等——网络上盛行的"标题党"现象很大程度上是利用了受众这种猎奇心理。

2．网络社交心理

在网络社交心理中，自我表露为主导心理。自我表露也称为自我披露、自我暴露，最早由西德尼·朱拉德提出。朱拉德将自我表露界定为向他人表露关于自己的信息，真诚地与他人分享自己个人的、秘密的想法和感觉的过程。自我表露的定义有广义和狭义之分。广义的自我表露是向他人透露有关自己的信息，包括想法、感受和经历等，使他人能够了解自己、认识自己的沟通行为。狭义的自我表露专指向他人透露内在的、私人的、亲密的信息，这些信息多为个人有意隐藏、不愿为众人所知的，或者对自身有重要影响的。网络社交中自我表露主要有以下几个方面的内容。

1）匿名性

匿名性是解释网络中亲社会和反社会行为以及自我表露的核心。沃德认为信息传送者能借助非语言线索缺失和非同步沟通的潜力，详细规划自我呈现的形象，信息接收者容易过度归因对方的正面特征，形成理想化的认知。匿名性使网络用户能够建立积极的形象，导致交流对象的理想化感知。同时对隐私的关注也影响到个体的自我表露，在网络环境中，隐私和自我表露既相互冲突又相容并存。网络的匿名性和物理距离也许会提高一定背景下自我表露的水平，但在商业网站中被问及个人信息时，由于涉及个人隐私，人们缺乏对网络媒体和商家的信任，顾虑个人信息被怎样使用，因此自我表露的程度不高。

2）自我意识

社会认同理论模型预测网络的匿名性和缺乏身份认定引起的自我意识的不同变化趋势。匿名性使个人倾向于表达更多真实的感受、真实的自我，不受拘束地自我表现。学者在与被试者网络交谈以及面对面讨论后，用问卷比较了被试者的自我意识水平，发现网络交流用户比面对面交流用户报告了更高的个人自我意识和稍低的公众自我意识。

3）社会卷入

克劳特认为个体通过网络扩大现有社会网络规模和加强现有人际关系，从而获得更高的社会卷入和心理健康水平。针对不同的人群，存在两种截然相反的模型。"富者更富"模型（The Rich Get Richer Model）：性格外向和拥有较多社会支持的个体能够从互联网使用中获得更多益处。可以通过互联网认识人，展开人际沟通和交流，加强已有的支持系统之间的联系，有更高的社会卷入和心理健康水平。"社会补偿"模型（Social Compensation Model）：性格内向和社会支持有限的个体也可以从互联网中获利，运用在线交流机会创建新的人际关系，获得支持力量和有用的信息。

基于网络社交的匿名性，网络用户可以通过更多的自我暴露，表现出更多的自我意识，提高社会卷入水平。因此，利用新媒体用户的此类网络社交心理，我们可以优化营销手段。

3. 网络游戏心理

在网络游戏中，不同的用户之间存在着较大的异质性，我们从个体特征、网络游戏特征方面对网络游戏消费的影响因素进行了分析。

1）个体特征

（1）年龄。在大众的刻板印象中，网络游戏主要是未成年人的娱乐活动。但现在越来越多的成年人也开始玩网络游戏。尽管如此，未成年人玩家还是比成年玩家的游戏意愿更强，游戏行为更多。虽然未成年人会在网络游戏中投入更多的时间、精力，但是他们在游戏中花费的金钱相对较少。

（2）性别。一般而言，男性更加偏爱网络游戏，他们在网络游戏中会投入更多的时间、精力和金钱。这种性别差异可能与当前主流网络游戏的内容和形式有关，很多网络游戏包含了高刺激强度和高暴力程度的内容，竞争性也很强，而男性的感觉寻求、竞争性动机得分均高于女性，因此这样的游戏可能更加符合男性的需要，对他们的吸引力更大。此外，大型多人在线角色扮演类网络游戏、第一视角射击游戏和竞速游戏占据了网络游戏很大的比例，这些类型的网络游戏对空间能力要求较高，而男性的空间能力在整体上要优于女性，因此他们在网络游戏中可能会获得更多的愉悦感和成就感，用户忠诚度也会更高。

2）网络游戏特征

（1）游戏品质。优秀的游戏品质是玩家获得良好游戏体验的前提，网络游戏的品质越高，玩家的忠诚度也会越高。研究者所关注的游戏品质包括画面、声音、故事和操作方式等多个方面。有研究表明画面是影响玩家首次游戏行为的关键因素，但是玩家对于同一类型游戏画面品质的评价存在较大差异。有的玩家偏好古装设计的游戏画面，有的玩家则认为科幻背景的画面设计才是最佳选择；有的玩家偏好 3D 画面，有的玩家则认为 3D 画面会让人头晕。

（2）服务质量。要想留住网络游戏玩家，除了高品质的游戏内容，还需要高质量的服务。虽然研究者选择服务质量的维度存在差异，但他们均发现网络游戏服务质量越好，玩家的忠诚度越高。

（3）定制。定制指个体可以依据个人偏好来创建、选择和改变技术、商品及服务的程度。网络游戏定制程度越高，角色就能够包含越多的自我相关信息，游戏玩家对角色的喜好程度也会越高，游戏忠诚度也能因此而得到提升。

（4）创新。由于顾客需求的多样化和多变性，企业必须通过不断地创新才能留住顾客。网络游戏中的创新包括功能创新、内容创新和营销创新三个方面。功能创新指游戏画面、音乐和故事等方面的创新，内容创新指聊天系统、操作系统和组队系统等方面的创新，营销创新则指新的广告和代言人。

4．网络购买心理

1）AIDMA 法则

网络消费者在浏览网页时，会产生 A（Attention）引起注意，I（Interest）产生兴趣，D（Desire）激发欲望，M（Memory）形成记忆，A（Action）促成行动的思维决策过程。与传统消费者不同的是，当网络消费者产生兴趣后，更愿意进行搜索比较，关注评价，然后形成记忆，促成决策。交易结束后，网络消费行为并未真正结束，他们还会在网络上分享感受。根据以上对网络消费者的信息搜索和决策思维的分析，我们可以尝试优化网络店铺的布局。

2）价格促销原理

无论是在线上还是线下消费中，产品价格通常是决定消费者是否停留或购买的第一个影响因素，此种影响在网络消费中更甚。价格促销显著影响消费者的价格感知，因此有必要先了解价格是如何通过影响价格感知作用于消费者购买选择和购买行为的整个过程的。价格感知理论可分为价格感知角色理论和参考价格理论。

价格感知角色理论认为，价格在消费者的价格感知和购买行为决策中扮演了两种角色。第一种角色是资源分配。此时，价格是消费者购买商品时付出的成本。这代表着一种牺牲，并且牺牲感随着价格的升高而增强，相应商品的吸引力也随之衰减。传递信息是价格的第二种角色。源于信息不对称，亨利·阿塞尔发现消费者只能根据已有的价格信息来判断产品或服务的质量。加伯、格兰杰从消费者感知的角度将价格的上述两种角色统一起来，他们认为顾客在购买决策过程中通常会比较购买这种产品的感知利益（质量信息）和感知成本（牺牲）。若感知利益超过感知成本，代表消费者对该商品感知到的价值为正。而且感知价值越大，表明消费者感觉此产品的价格越有吸引力，就会有越高的购买意愿；反之亦然。

参考价格理论认为，消费者关于商品价格其实是有内部标准的。内部参考价格是一组存在于消费者记忆中，并与实际售价相比较的基础价格或价格范围。而且，这个内部参考价格与实际价格的差额会左右消费者对商品购买价值的评价和购买意愿。

在实际消费过程中，消费者根据商品价格产生不同的价格感知，进一步影响购买决策和行为。因此，可以通过不同形式的价格促销来刺激消费者的购买行为。

3）非价格促销原理

有学者认为采取非货币促销比货币促销更有利于消费者产生购买意愿。B2C（电子商务）平台中最常见的两种非价格促销方式是竞价排名和横幅广告。

在当前电商激烈竞争的大环境中，关键词"广告"一直是厂商广为接受的一种锁定和获取在线消费者的方式。主要原因有两点。一是关键词搜索是和消费者意愿紧密相连的，当他们搜索某款产品时所使用的关键词实际上是他们购买倾向和意愿最直接的反映。所以广告主很乐意通过竞价购买关键词的方式，让广告页面的链接能够在搜索引擎广告提供平台上得以展示，以便消费者选择点击并最终完成购买行为。二是与传统广告相比，消费者点击数据容易获取，且真实度也更方便被证明。这意味着可以更好地衡量广告效果（分为短期和长期两种效果类型）。短期效果包括展示量、点击量、点击率、转化率和销售数据。而长期效果包括商户知名度、ROI（投资回报率）、品牌忠诚度、消费者认知度和生命周期。

横幅广告是一种限定尺寸在网页的某个位置展示的广告形式，通常是图片、文字、动画的结合，并且包含广告主网页地址的链接。横幅广告的主要目的是向消费者传递商品或服务的信息，使他们产生购买广告所展示的产品或服务的意愿。由于富媒体的发展，现在还可以用编程语言或者插件工具通过视频、游戏的方式增强广告的互动性和表现力。

4）网络广告接受心理

网络广告是一种以消费者为导向、个性化的广告形式。消费者拥有更大的自由，他们可以根据自己的个性特点及喜好，选择是否接收、接收哪些广告信息。一旦消费者选择点击广告条，其心理上就已经认同了广告信息。在随后与广告的双向交流中，广告信息可以毫无阻碍地进入消费者的心里，实现对消费者的劝导。

受众在接受广告的过程中有不同的接受阶段，不同阶段中又有不同的心理表现。受众对于网络广告的接受过程一般分为以下几个阶段：感知、接收、记忆、态度和行为。

（1）感知。感知是受众接受网络广告存在的最初环节。只有使受众注意到广告的存在，才能更有效地传达广告中所加载的信息。同时感知也是网络广告接受过程中最难的环节。因为网络受众群体在大多数情况下并不喜欢网络广告，在某些特定的情况下，甚至排斥、厌恶网络广告，这种现象的出现也与网络广告所具有的强制性有着很大的关联。在网络中，为了能使受众感知并最终接受广告信息，很多商家与网站结合，采用弹出式广告强制受众接受广告，此类广告形式会引起人们的强烈反感。此外，很多网络广告负载信息量已经远远超出受众接受能力限度，对于这种广告信息，受众基本都会选择"视而不见"。

（2）接收。接收是网络广告引导消费者的过程，也是人们接受广告内容信息与了解产品的重要过程。传统的广告形式，其感知和接收是同时发生的。现代广告讲究与受众之间产生情感的交流，比如经常出现的故事性、情感性的广告，会抓住受众的接受心理，以故事情节为主线，以主人公为载体，传达某种信息，从而引导受众产生情感上的共鸣，这种广告形式更容易为受众所接受。

（3）记忆。网络广告信息被受众接收后会产生相关产品记忆，而记忆是使消费者产生购买行为的基本条件。一般情况下，网络受众在接收广告信息后，会产生两种情形。一是受众对广告中的信息产生了深刻记忆，当受众出现购买需求时，会搜索记忆中的产品信息，将其外观、功能等与自身需求比对，从而产生消费行为。二是受众对广告中的信息并无深刻记忆，受众很快就会把广告遗忘。那么，网络广告承载的信息就会被遗漏，广告效果也会大打折扣。因此，受众的记忆心理应作为信息传递的重要诉求目标。这就要求设计师在网络广告设计过程中，探索受众心理，强化受众对网络广告的记忆。

（4）态度。受众对网络广告的态度是形成购买行为的重要参考标准。这种态度分为两方面。一方面是受众对网络广告本身所持有的态度。创意十足、制作精美的网络广告有时可以称为艺术品，甚至会产生百看不厌的效果。另一方面是对于广告所营销产品的态度。受众的这两种态度有时并不一定统一。因此，对于广告的设计除考虑广告本身的艺术性外，也应考虑广告投放后受众对于其营销的产品所持的态度。

（5）行为。能否引导受众产生消费行为，是衡量一个广告成功与否的基础条件。网络广告具有高效、便捷的宣传效果。目前，多数网络广告附加了链接设置，点击后可显示产品信息与购买渠道，如果受众产生消费意愿，决定购买产品，只需要简单操作就可以完成购买行为，并能享受送货上门的优质服务。

消费者的购买模型、价格促销、非价格促销以及消费者对广告的接受程度等因素都会影响到消费者的购买心理，因此，营销活动是否符合消费者购买心理会在较大程度上影响消费者的购买行为。

## 3.2.3　新媒体用户心理特征

#### 1. 自我满足性

新媒体用户更加注重自我，不同的思想在互联网中相互碰撞使得用户自我意识不断觉醒，用户渴望在网络中寻求自我价值和定位。与现实生活中的行为相比，用户在互联网中的各种表现更多是为了满足自我的一些需求，比如被认同的需求等。

#### 2. 注重体验感

与传统媒体相比，新媒体时代的突出特点是信息从媒体单向传递到用户，再转为双向互动。方式的改变使用户更加注重在互联网上各种行为的体验感。比如在消费行为中，消费者除了要满足他们最基本的使用需求之外，可能还需要满足他们对于体验感的需求。若消费过程中的体验感没有达到预期要求，他们可能会选择其他商家。

#### 3. 主动性

在社会分工日益细化和专业化的趋势下，选择的便利使得消费者对于消费风险的感知越发强烈。在许多大额或者高档的消费中，消费者往往会主动通过各种可能的渠道获取与商品有关的信息并进行分析和比较。或许这种分析、比较不是很充分和合理，但消费者能从中得到心理的平衡，减轻风险感或减少购买后产生的后悔感，增加对产品的信任程度和心理上的满足感。主动性的增强来源于现代社会不确定性的增加以及人类需求心理稳定与平衡的欲望。

### 4. 追求差异性

新媒体用户更加追求差异性。以消费行为为例，这种心理的产生是由于消费水平以及消费方式的改变。消费行为已经不仅仅是为了满足基本生存需要而进行的。促使消费者进行消费的因素包括攀比心理、社交心理、自我满足心理等，这使得消费者在进行消费时会更加追求差异性。同时用户不仅能做出满足自我需求的选择，而且还渴望主动参与到营销设计中去，他们要求独特、变化多端，原来的大众标准已经无法满足大批消费者的需求。

## 3.3 新媒体用户行为

### 3.3.1 新媒体用户行为表现

#### 1. 搜索行为

社会化发布旨在将内容传播给受众。社会化发布渠道包括允许个人和组织发布内容的平台，在新媒体时代主要包括微博、小红书以及其他信息和新闻网站等。在这些平台上发布内容，可以促进消费者产生搜索行为。

对于营销人员来说，利用消费者的搜索行为可以达成以下两个目标：第一，提升品牌信息的曝光度；第二，提升访问量。社会化发布过程类似于传统广告活动中的媒体计划过程。在传统广告活动中，媒体计划决定了活动中的创意内容将如何通过特定的媒体工具（如广播和广告牌）传播给目标受众。媒体计划人员在目标受众到达率、信息曝光量和预期结果方面为广告投放设定需要完成的具体目标。社会化发布过程几乎也是这样的，不同的是，营销人员使用的创意内容不一定是广告（以传统静态或者富媒体的形式），而且内容传播使用的是能够指向内容的导入链接或者链接链，它们主要来自搜索引擎结果、其他网站和社会化媒体社区。换句话说，传统广告活动中的媒体计划使用付费媒体来达到营销目标，社会化发布则基于线上的自有媒体或者免费媒体来达到营销目标。

#### 2. 社交行为

在新媒体时代，社交行为的发生地点称为"社会化社区"。社会化社区的定义是聚焦于关系以及具有相同兴趣或者身份的人共同参与的社会化媒体渠道。从定义的角度来看，社会化社区具有双向和多向沟通、交流、合作以及经验分享的特点，所有的社会化媒体渠道都是围绕着社会关系建立的，但是对于社会化社区来说，为了建立和维持社会关系而进行互动和合作是人们参与这些活动的主要原因。因此，在社会化社区中，人们的社交行为是最主要的行为模式。

进入社会化社区的渠道有社交网站、论坛和 App 等，这些渠道都强调在社区背景下个体需要进行沟通、交流和合作，并且强调社会关系在社会化社区中有着非常重要的地位。在新媒体时代，企业可以成为社会化社区的积极参与者，利用其中紧密的社交关系，达到营销目标。

### 3. 娱乐行为

在新媒体时代，消费者最多的行为是娱乐行为。由于社会化游戏、视频游戏、增强现实游戏可以与新媒体相结合，消费者可以在新媒体中获得娱乐的体验。社会化娱乐（特别是社会化游戏）是社会化媒体中发展最快的领域之一。

对于营销人员来说，品牌可以采用多种方式来利用社会化游戏开展营销活动。游戏提供了一种受众明确、到达范围广、参与度高且干扰少的营销方法以及与品牌粉丝互动的方法。品牌可以通过显示广告、游戏赞助、广告植入以及与游戏共同打造 IP 等方式实现营销目的。目前，很多企业都采用了游戏化营销模式，其目的就在于利用消费者的娱乐行为，提升自身产品的活跃度。

### 4. 购买行为

利用新媒体进行营销的最终目的在于引导消费者产生购买行为。在新媒体时代，消费者的购买行为是指使用社会化媒体来辅助在线购买和销售产品或服务。当消费者在购物过程中进行互动和协作时，新媒体会对购买行为产生杠杆作用。新媒体商务渠道包括评论网站或品牌的电子商务网站、折扣网站和折扣推送平台（将折扣信息聚合为个性化的推送）、社会化购物市场（拥有消费者推荐产品、评论和在购物时与朋友沟通等功能的在线商城）和社会化商店（在微信或微博等具备社会化功能的社交网站上经营的零售商店）。除此之外，企业还可以通过微信、微博等社交媒体来使其传统的电子商务网站社会化。因此，利用新媒体使消费者最终产生购买行为是企业开展营销活动最重要的目的。

## 3.3.2　新媒体用户行为特征

### 1. 寻求趣味性

在新媒体时代，消费者的思维和行为方式已经发生了一些变化。面对互联网带来的海量信息，消费者一般会主动或被动地同时做多件事情。在以手机为代表的移动终端上，这种变化主要体现在消费者对信息的关联性和趣味性要求大大提高。如果信息无法给他们带来乐趣，他们的注意力就不会被吸引。这样，企业锁定目标消费者的能力越来越弱，这就给企业开展营销活动提出了更高的要求：满足新媒体时代新型消费者的需求已成为必然。

抖音的"走红"很大程度上是因为它包含的内容具有很高的趣味性。抖音通过打造有趣的视频模板，吸引了很多消费者。同时，因为其所涵盖的视频拍摄模板比较简单，并且容易上手，许多消费者都可以轻松使用，包括在固定的模板内进行独特、有趣的设计。此外，抖音还捧红了很多店铺，如土耳其冰激凌店的小哥靠其有趣的互动吸引消费者；答案茶靠其有趣性、新奇的未知感吸引消费者；重庆靠其独特的城市风貌和有趣的交通道路，吸引了更多的游客。这些都是在新媒体时代背景下，遵循消费者的行为变化规律，靠消费者所青睐的、趣味性的营销模式进行营销，从而实现良好营销效果的案例。

### 2. 注重互动

在大众媒体兴起的初期，企业的营销手段以广告宣传、促销活动为主，消费路径大致遵循"引起注意—产生兴趣—购买愿望—留下记忆—购买行动"。企业在营销的过程中注重广告的覆盖度、到达率等关键指标，试图在这 5 个环节对消费者施加影响，目的是让品牌和产品信息尽可能被消费者知晓和记住，以便消费者在展开购买行动时可以联想到这一品牌。这一阶段的消费路径是由企业所主导的，消费者在企业施加的影响下，扮演着信息被动接收者的角色。

然而随着互联网和搜索引擎技术的不断发展，消费路径会自然而然地进入第二个阶段。在这一阶段，消费路径大致遵循"引起注意—产生兴趣—主动搜索—购买行动—分享"。有别于上一阶段的消费路径，此阶段的消费路径发生的显著变化是：消费者开始主动搜索，努力形成关于产品的完整图像；更为重要的是，在线社区、即时通信工具的出现，为消费者分享产品体验提供了便利；更加真实的口碑信息，为其他消费者的购买行动提供了决策依据。

### 3. 容易超前消费

网络增加了消费者的购买量。网上货架的无限性使得更多长尾产品有机会展示，商家通过大数据分析消费者购买行为后进行精准的交叉推荐，更容易刺激消费者产生新的购买需求。比如，消费者除了要购买数码相机，可能还会购买存储卡与摄影相关的书籍，这时商家通过交叉推荐，容易产生更多的销售额。

由于摆脱了距离、交通、营业时间等方面的限制，再配合发达的物流体系，地点与时间已不再成为消费者购买产品的限制条件。电子支付方式和现金支付方式相比，前者不容易刺激消费者的自我克制心理，从而提高了每一次购买的随意性，所以有了"剁手党"这一消费者群体。导购网站和社交网络的诱导和炫耀性刺激也引发了消费者更多的购买行为。

正是这样的消费者行为变化，使得花呗、京东白条、分期付款等功能迎来了广阔的市场，消费者的购买欲望在当前的互联网时代下进一步被激发，因而容易产生过度消费。反过来，正是这些允许消费者提前、超额消费的功能，进一步促进了消费者的过度消费。

### 4. 追求个性化

在新媒体时代，消费者更加追求个性化消费，喜欢新鲜事物，爱好标新立异，希望自己能够与众不同。在工业化时代，消费由生产者驱动，基于以成本为核心的经营理念强调大规模生产、低价格供应，形成"千人一面""千机一面"的局面。在新媒体时代，供过于求，随着人均可自由支配收入的增加、财富的积累，消费者开始追求个性化、差异化，希望体现出自己的与众不同。每一个消费者都是一个细小的消费市场，个性化消费成为消费的主流。因此，要想在新媒体时代取得成功，企业就必须思考从产品的构思、设计、制造到产品的包装、运输、营销等方面的差异性，并针对不同消费者的特点，采取相应的措施和方法。

正是因为消费者越来越追求个性化的消费模式，所以近年来定制化的营销模式越来越受到大家的喜爱。无论是定制化的家居服务，还是各大打车软件推出的定制化专车，或餐馆推出的定制化套餐，都是满足消费者个性化需求的营销策略。之前比较火的"答案茶"正是迎合了消费者追求个性的心理，通过商家提前写好问题，并将问题答案隐藏在奶茶杯上的方式，给予不同消费者不同的答案，以满足消费者的好奇心；同时也用这种定制化、个性化的方式，赢得了更多消费者的青睐。

## 3.4　新媒体用户购买模型

### 3.4.1　传统媒体时代的 AIDA 模型

1898 年，艾尔莫·里维斯提出消费者购买 AIDA 模型。即：①引起注意（Attention），指通过广告、促销、人员推广等活动刺激顾客，打断其注意力，让其将精力、关注对象转移到本公司广告、产品或服务上。②产生兴趣（Interest），指在吸引顾客注意的基础上，让其对本公司广告、产品或服务产生兴趣。③激发欲望（Desire），指调动顾客兴趣后，激发其积极情绪，产生强烈的拥有欲望。④实现购买（Action），指将顾客欲望转化为购买行动，促成交易。AIDA 模型如图 3-6 所示。

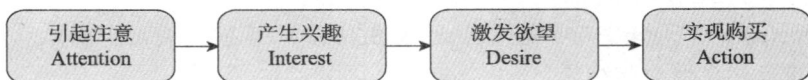

图 3-6　AIDA 模型

### 3.4.2　大众媒体时代的 AIDMA 模型

在里维斯的 AIDA 模型基础上，1925 年 E. S. 刘易斯考虑到广告的滞后效应和消费者决策的心理行为过程，增加了一个"形成记忆"（Memory）阶段，提出五阶段 AIDMA 模型。如图 3-7 所示，该模型旨在描述受众从接收信息到产生行动的动态过程，从而指导企业营销传播实践。

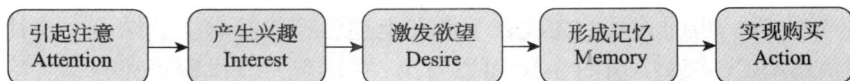

图 3-7　AIDMA 模型

### 3.4.3　互联网时代的 AISAS 模型

在大众媒体时代，AIDMA 模型能够较好地解释消费者从信息接收到行为实现的过程。但在互联网环境下，受众承担着信息的接收者和发布者双重角色，其购买模式也随之发生变化。为此，2005 年日本电通公司提出了 AISAS 模型，用以描述互联网环境下的消费者购买行为决策过程。即：①引起注意（Attention），②产生兴趣（Interest），③展开搜索（Search），④购买行动（Action），⑤购后分享（Share）。该模型在 AIDMA 的基础上增加了消费者由网络运用带来的消费行为变化，即 Search 和 Share。受众在对广告或促销信息产生兴趣后，会主动利用各种搜索引擎，检索了解公司、产品及服务等各方面信息。搜索的信息结果对其购买行为产生重要影响。在 AIDMA 模型中，实现购买（Action）是购买模式的终结。但在互联网环境下，这个环节之后，消费者会根据自己的体验，对产品做出评价，形成二次传播，引起其他人注意，在下一个消费者身上形成新的销售过程。如图 3-8 所示。

| 引起注意 Attention | → | 产生兴趣 Interest | → | 展开搜索 Search | → | 购买行动 Action | → | 购后分享 Share |

图 3-8 AISAS 模型

## 3.4.4 新媒体时代的 AISASCC 模型

### 1. SIPS 模型

2011 年，日本电通公司考虑到互联网社会化属性不断增强的客观背景，在 AISAS 模型之后又发布了 SIPS 模型，如图 3-9 所示，即：①共鸣（Sympathize），②认同（Identify），③参与（Participate），④分享与扩散（Share & Spread）。该模型突出了受众获得信息后在社交媒体上的亲社会行为与结果。

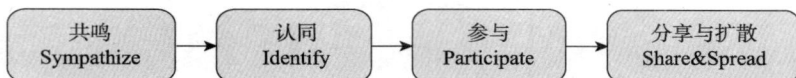

| 共鸣 Sympathize | → | 认同 Identify | → | 参与 Participate | → | 分享与扩散 Share&Spread |

图 3-9 SIPS 模型

### 2. AISASCC 模型

日本电通公司提出的 AISAS 和 SIPS 模型都有其适用范围，虽然能够解释消费者网络行为，指导企业互联网传播实践，但还有需要进一步澄清和拓展的空间。例如，消费者从注意力到购买行为再到分享行为之后，如何与社会化媒体上的其他顾客建立关系？如何与企业发生进一步的关系？为此，学者在上述模型的基础上，结合在线社群发展新特点，提出 AISASCC 模型。由图 3-10 可以看出，在消费者完成购买和分享之后（AISAS）还会进一步：①人群聚类（Cluster），即与在线社区内其他持有相似评价或价值观的顾客产生相似性效应，最终聚合成为兴趣相同或价值观相似的亚社群。这个阶段相当于 SIPS 模型中的共鸣（Sympathize）和认同（Identify）两个环节。当一位顾客的分享得到社区其他顾客共鸣和认同时，他们的关系会更加亲近，形成相对紧密的亚社群。②企业承诺（Commitment），顾客因购买企业产品而认识其他顾客，形成在线社区共同体，企业就是这个共同体的纽带。换句话说，顾客社群会与企业建立一种类似组织承诺的关系，包括感情承诺（Affective Commitment），即对企业的感情依赖、认同、忠诚、参与投入；持续承诺（Continuance Commitment），即为了不失去在企业已有投入所换来的待遇（会员等级、会员专享特权等）而继续留在该企业社区；规范承诺（Normative Commitment），即由于社会影响形成的社会责任而留在企业社区。对于顾客来说，上述承诺的具体表现就是参与（Participate）企业活动，主动对企业的产品和服务做出分享与扩散。

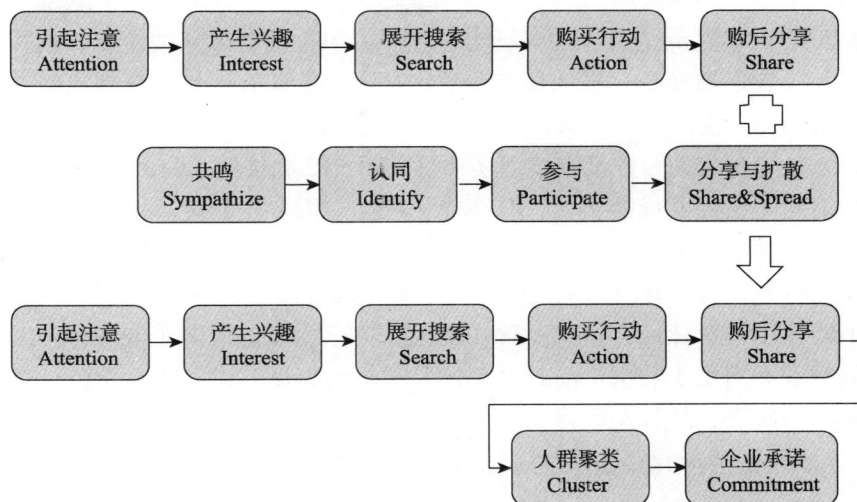

图 3-10　AISASCC 模型

### 3. AISASCC 模型中消费者相对企业的角色变化

根据 AISASCC 模型可知，消费者相对企业的角色在不断发展进化。①关注者（Follower）。新媒体时代，消费者可以通过多渠道接触、了解企业、产品、服务或品牌。除了传统的电视传媒、纸媒广告以外，移动互联网的快速发展也为其提供了网页、微信、微博等新的渠道或方式。一旦消费者对某个企业、产品、服务或品牌产生注意，他就会主动利用搜索工具去进一步了解相关信息，成为企业的关注者。②购买者（Purchaser）。消费者在进行多渠道信息收集、分析、比较后，会对产品产生选择并实施购买行为。该购买行为不限于传统的到店购买，新媒体催生电商平台（包括第三方平台、企业自有商城等）的发展，给消费者的购买提供了更大的便捷和更多的选择。③认同者（Identifier）。消费者购买完毕，会在企业论坛、网络社区等互联网平台上分享购买经验、产品体验等。分享过程中，如果发现社群中有相似观点的其他消费者，则会产生共鸣，进而形成小群体——亚社区。或者，消费者在经过一次或多次消费后，会对购后满意、契合消费者自我个性的产品逐渐培养认同感，有些还会选择加入品牌社区，进行更多信息的搜索，适当地在品牌社区表达自己的观点，逐渐培养、完善对品牌的认识。该社区对企业、产品或品牌均持有相似认同感。④共生者（Symbiont）。由于消费者对企业存在强烈认同，因此，当企业的产品、服务、品牌等需要提升和完善的时候，该消费者在线亚社区会主动参与企业相关活动，也就是共同促进迭代升级。新媒体时代下的 UGC（用户原创内容）就是用户成为共生者的体现。UGC 是一种用户使用互联网的新方式，该模式下，用户将自己原创的内容通过互联网平台进行展示或者提供给其他用户，由原来的以下载为主变成下载和上传并重。在逻辑思维开展的商业项目中，粉丝可以为产品生产提供资金、资源，或是自荐成为商业合伙人，主动转化为共生者。

### 3.4.5 基于 AISASCC 购买模型的企业新媒体营销活动

1. 基于 AISASCC 模型的企业品牌社区演化过程——CGMI 模型

在 AISASCC 描述的消费者购买行为过程中，单个消费者从关注者、购买者到群体的认同者、共生者逐渐转变，推动着企业品牌社区从无到有、从混沌到成熟进化，大体经历了四个时期。①混沌期（Chaotic Period）。在此时期，消费者只是关注者，彼此之间尚未建立联系，与企业之间也没有建立实质性关系。②成长期（Growth Period）。在此时期，有一批消费者已经变成购买者，与企业、产品、服务及品牌建立交换关系，这批消费者构成了企业品牌社区的雏形，并吸引更多的关注者和购买者加入。③成熟期（Mature Period）。在此时期，消费者因为不同的产品、服务偏好以及价值观，找到各自的认同者，自发形成不同的在线亚社区，构成品牌在线生态社区。④迭代期（Iteration Period）。在此时期，消费者不满足于购买产品、分享体验等行为，愿意以共生者角色，进一步帮助或参与企业产品研发、品牌发展等。

2. 推动品牌社区演化的企业互联网营销活动——DCTS 模型

了解到企业品牌社区进化的四个时期后，企业可以主动通过互联网营销互动，促进消费者购物与分享行为，进而影响其与企业的关系，最终构建良性互动的企业品牌社区，实现消费者与企业的共生。与消费者角色转化相匹配，企业的互联网营销互动可以分为：①引流（Drainage）。通过广告、新媒体推广等各种形式，吸引消费者关注，促使其产生兴趣、展开搜索，变成企业的产品、服务或品牌的关注者，推动企业品牌社区的创建。②转化（Conversion）。通过网络折扣、积分、奖励等促销活动促成交易，将消费者从关注者变为购买者，促进企业品牌社区成长。③圈化（Tribalization）。通过客户追踪、互联网大数据分析等方法，对在线消费者进行画像聚类，重点引导企业品牌的认同者，共同建立社区生态圈。有态度的内容、互动参与、共享互利等是这种社区生态圈得以维持的重要支撑。企业可以通过营销活动，提出共同价值观，提升成员认同感；建立社区组织机构，实现成员自治；设计社区活动，注重成员参与感。④黏化（Sticking）。通过社区互动，邀请其参与创意策划、品牌传播、产品研发、渠道推广、资源共享等，将认同者转化为共生者，促进品牌社区迭代升级。例如，互联网餐饮企业伏牛堂在运营社区"霸蛮社"的过程中，通过线上以及线下的活动让社群成员参与，连伏牛堂的服务员（内部称为御林军）都是在霸蛮社社区中自发产生的。另外，也可以打造成员人人可参与的众筹商业模式。因为在社区中会出现很多成员自己发起的项目，通过社区成员的众筹不仅能够解决项目的资金问题，更重要的是能够通过项目实现成员之间的资源互换、资源共享，让成员通过社区的力量实现自己的追求。逻辑思维在其微信公众平台专门设置了社区众筹项目，社区成员自己有优秀的项目就可以通过微信公众平台进行众筹。

### 本章小结

本章主要介绍了新媒体营销中的主体——新媒体用户。首先介绍了用户画像的概念、构建与应用。其次从用户搜索、用户娱乐、用户社交、用户购买四个方面研究用户心理与用户行为。最后研究了传统媒体时代、大众媒体时代、互联网时代以及新媒体时代的几种用户购买模型，并为企业新媒体营销活动提供了新思路。

## 关键术语

用户画像（User Persona）

用户心理（User Psychology）

用户行为（User Behavior）

用户搜索（User Searching）

用户社交（User Socializing）

用户娱乐（User Entertainment）

用户购买（User Purchase）

购买模型（Purchase Model）

## 课后习题

1. 讲述构建用户画像的步骤。

2. 结合企业案例，思考开展用户研究的目的是什么。

3. 结合新媒体时代的用户购买模型，分析一个熟知品牌的营销模式是否还有改进空间。

4. 描述新媒体用户画像的构建过程，并解释为什么了解用户画像对于新媒体营销至关重要。

5. 根据新媒体用户的心理特征，设计一个针对年轻消费群体的营销活动，并解释你的策略将如何满足他们的需求和期望。

## 即测即练

自学自测　　　　扫描此码

## 第 4 章

# 新媒体营销数据分析方法

## 学习目标

1. 了解新媒体数据分析在新媒体营销中的重要性。
2. 掌握新媒体数据分析的概念、特征及流程。
3. 了解新媒体数据分析的维度及相关指标。
4. 了解新媒体数据分析的常规分析工具。

## 案例导入

### 网易云音乐玩转新媒体数据"精"出圈[①]

近年来，网易云音乐一直吸引着用户的眼球，让用户积极参与其中。网易云的年度歌曲列表是使用大量数据来收集用户的收听信息和数据来编制的。每个用户听到最多的歌曲、发送的评论、收听时间等都将显示在这个专属的年度歌曲列表中。它非常清楚地列出每个用户的收听喜好并分析用户的心情、个性等，制定一个大概的标签，增加更多的个人情感内容，并给用户带来定制化体验。播放列表细致周到，让人对其产生深刻印象，并被进一步转发和共享以实现散布和刷新屏幕的最终效果。

其中，大数据起着基础且重要的技术作用，网易云许多核心功能及价值的传递都是利用大数据技术收集用户的个人行为数据，并通过分类和计算实现功能优化。例如，网易云音乐中流行的年度账单和年度歌曲列表可以在年底为用户生成专属的个人报表，显示一年内该用户在应用程序上的各种使用行为。正是借助大数据形成的此类个人报表，网易云与用户才能形成深度的创意互动，并实时生成独家歌曲列表。然后网易云音乐借助情感视角、走心的内容所引起的情感和共鸣与每个用户建立情感联系，从而增强用户对平台的信任和依赖。

从网易云年度歌曲列表刷屏的案例中不难发现，最受欢迎和最受公众关注的是年度歌曲列表的独特性和特殊性。平台用年度歌曲列表给用户带来独特的优越感。歌曲列表近似回顾过去一年的心情的表现形式也触动了许多用户的情感点。简而言之，在大数据的影响下，可以实现诸如年度个人播放列表之类的交互形式，并且可以为每个用户定制服务来实现精细化营销的目的。

---

① 社区编辑. 网易云音乐：2 亿乐迷、日均 64 万评论背后的云计算与深度学习[EB/OL]. (2018-05-15) [2024-10-18]. https://sq.sf.163.com/blog/article/154739686600065024.

在本章中我们将思考以下问题：新媒体营销是如何利用数据展开的？新媒体营销数据存在哪些优势？新媒体营销数据有何重要性？新媒体营销数据分析有哪些特征？我们将从哪几个方面对新媒体营销数据展开分析？该用什么工具对新媒体营销数据进行分析？让我们一同探索这个新兴且充满未知的新媒体数据领域吧！

# 4.1　新媒体数据分析概述

## 4.1.1　认识新媒体数据分析

### 1. 新媒体数据的概念

新媒体中传递的所有信息、用户与新媒体之间形成的所有使用痕迹都可以称为新媒体数据。按照数据存储形式分类，新媒体数据包括结构化数据、半结构化数据和非结构化数据。

扩展阅读 4.1　新媒体营销数据类别与来源

1）结构化数据

结构化数据是以固定格式存在的数据，是指由二维表结构来进行逻辑表达的数据，严格地遵循数据格式与长度规范，主要通过关系型数据库进行存储和管理。常见的新媒体结构化数据有：微信公众号运营数据，常见的属性包括阅读量、点赞量、评论量等；App 监测指标数据，常见的属性包括用户量、新用户量、UGC 量（社交产品）、销量、付费量等；网络问卷调查数据。

2）半结构化数据

半结构化数据具有一定的结构模式，但呈现出一种结构与数据相互混合的状态。数据的结构没有被清晰地描述，或者经常处于动态变化状态，或者因过于复杂而不能由传统的模式定义来表现。半结构化数据主要来源有：无严格模式限制的存储数据、结构和内容不固定的数据、异构信息源集成的数据。

3）非结构化数据

非结构化数据指没有固定结构的数据，它的数据表现形式绝大部分是文本、图片、音频、视频等类型。其本质上是结构化和半结构化数据之外的一切数据。非结构化数据的主要类别有：普通纯文本、图片、流媒体。

### 2. 新媒体数据分析的概念

数据分析是将数据与分析相结合的过程，目的是从大量数据中提取有用信息并形成结论。在实际应用中，数据分析可以帮助人们做出判断和决策，以便采取适当策略和行动。具体来说，数据分析就是收集数据后加以详细研究，提取有用信息，并形成结论的过程。

本书所定义的"新媒体数据分析"，是指在新媒体营销中，利用数据驱动营销决策，解决营销问题的思维方式和工作方法。

## 4.1.2　新媒体数据分析的特征

新媒体数据分析具有数据多元化、多媒体融合、学科多元化等特征。这些特征使得新媒体数据分析在决策支持、市场研究、内容优化等方面具有重要作用。通过深入了解和分析这些特征，企业可以更好地利用新媒体数据分析工具和技术，提高营销决策的效率和准确性。

### 1. 数据多元化

在新媒体时代，数据的来源和类型越来越多样化，包括社交媒体、搜索引擎、电商平台、流媒体平台等各种类型的数据。这些数据涵盖了用户行为、兴趣偏好、购买意愿等多个方面，对于企业营销决策具有重要价值。通过多元化的数据采集和分析，企业可以更全面地了解市场需求和消费者行为，为营销策略的制定提供更可靠的依据。

### 2. 多媒体融合

多媒体融合指不同类型的内容媒体相互融合，包括文字、图片、音频、视频等多种形式。这种多媒体融合的趋势使得数字营销可以更加生动、形象地呈现给消费者，提高营销效果。同时，多媒体融合也使得数据分析更加复杂，需要采用多种技术和工具进行数据处理和分析，以提取出有价值的信息。

### 3. 学科多元化

新媒体营销涉及的学科领域越来越广泛，包括计算机科学、统计学、心理学、社会学等。这些学科的交叉应用可以为企业提供更全面、深入的数据分析和营销策略支持。例如，通过运用大数据技术和人工智能算法，企业可以对海量数据进行挖掘和分析，发现隐藏在数据中的规律和趋势；通过运用心理学和社会学理论，企业可以更好地理解消费者需求和行为，获得产品设计和营销策略制定方面的有益启示。

## 4.1.3　新媒体数据分析的价值

大数据是新型生产要素和重要的基础性战略资源，蕴藏着巨大价值；同样地，新媒体数据的背后也蕴藏着极大的价值，能为营销决策带来新的生机。总的来说，新媒体数据分析有以下四大价值。

### 1. 梳理用户画像

用户画像是指企业通过数据分析后得出的用户标签化信息，是包含人口属性、兴趣爱好、社交信息、消费习惯等特征的用户信息全貌。梳理用户画像的核心是给一类用户"打标签"，以标签的形式将此类用户的主要特征抽象出来。

### 2. 明确运营方向

运营方向一般由用户需求和自身优势综合决定。用户需求可以通过分析后台用户反馈数据得到，如用户留言、用户点赞等。自身优势可以从既往推送情况得到，如在内容运营中哪些选题的文章比较受欢迎。

3．评估运营效果

通过数据评估运营效果也是新媒体工作中的重要一环。新媒体运营工作具体可以分为以下四个方面：内容运营、产品运营、活动运营、用户运营。对于不同的新媒体平台和运营目的，新媒体营销人员分析重点也有所不同。但是值得注意的是，在评估效果时除了要关注收益情况和数据进展，也要结合成本投入，综合得到投入产出比（Return On Investment，ROI）：ROI = 项目收益/项目成本。

4．把握市场变化

瞬息万变的市场有许多关键要素，结合数据分析给我们带来的益处，我们将目光重点放在关注消费者行为变化、关注市场趋势、运用大数据技术、制定个性化营销策略、监测舆情变化五个方面，以便密切关注市场变化，及时调整战略和策略，适应不断变化的市场环境。

1）关注消费者行为变化

通过分析用户在新媒体平台上的行为数据，如点击率、转化率等，可以了解消费者的兴趣、需求和购买意愿，从而及时调整产品或服务策略。

2）关注市场趋势

通过分析行业报告、竞争对手数据等，可以了解市场趋势和竞争对手情况，从而调整自己的营销策略，抢占市场先机。

3）运用大数据技术

通过运用大数据技术，对海量数据进行挖掘和分析，可以发现隐藏在数据中的规律和趋势，从而更好地把握市场变化和消费者需求。

4）制定个性化营销策略

通过分析用户数据和行为，可以制定个性化的营销策略，如推荐更适合用户的产品或服务、定制化营销活动等，从而提高用户满意度和忠诚度。

5）监测舆情变化

通过监测网络舆情和用户评论等，可以了解用户对企业的看法和反馈，从而及时调整产品或服务策略，提升用户体验和口碑。

## 4.2　新媒体数据主要维度

新媒体数据分析的主要维度是理解新媒体运营效果和用户行为的关键。这些维度为我们提供了深入了解市场、用户和内容的机会，从而为新媒体营销决策提供有力支持。新媒体数据分析有四个主要维度：用户数据、图文数据、竞品数据、行业数据。

### 4.2.1　用户数据

1．用户画像

新媒体运营工作围绕用户展开，明确用户画像关键。如果不清楚用户是谁，那么在运营工作中就会没有着力点，也就无法评估工作开展的好坏。

2. 用户增长

用户增长数据是指新媒体平台粉丝人数的变化情况。用户增长数据中的核心数据指标是平台或账号的关注人数。此外，相关的数据还包括关注人数的变化趋势及关注来源。

1）核心数据指标

对于运营人员来说，需要优先关注的指标是"新关注人数"，它是账号拉新能力的体现。如果某一天发现"新关注人数"相比平时的数据有明显上升，那就说明上一篇文章内容对用户来说很受用或者就是某一项推广产生效果，这样就可以多准备一些与之相关的内容。与新关注人数相关的其他数据指标及其含义如下：

（1）取消关注人数：取消关注的用户数（不包括当天重复取消关注的用户）；

（2）净增关注人数：新关注与取消关注的用户数之差；

（3）累计关注人数：当前关注的用户总数。

2）关键指标趋势图

除了查看当前数据，运营人员还可以针对新关注人数、取消关注人数、净增关注人数、累计关注人数进行趋势分析。通过这些数据可以比较直观地看出平台用户的增长情况，分析这些数据直接关系到公众号运营的好坏。至于分析的切入点，最主要的就是用户新增渠道：

（1）公众号搜索：通过搜索栏进行搜索关注，如多平台引流；

（2）扫描二维码：常见的有互推，或其他附有二维码的传播活动；

（3）图文页右上角菜单：在文章右上角的菜单查看公众号添加关注；

（4）图文页公众号名称：在文章标题下的蓝色公众号名称点击关注，反映头部的引导效果；

（5）名片分享：通过分享名片到微信群或好友对话框带来关注，用于公众号的口碑传播；

（6）支付后关注：针对开通微信支付的公众号，用户支付后默认关注。

### 4.2.2　图文数据

图文数据是新媒体数据分析中的重要组成部分，它涵盖了图片和文字两种形式的数据。通过对图文数据的深入分析，可以更准确地了解用户需求和市场动态，为企业的营销决策提供有力支持。

1. 单篇图文数据

单篇图文数据分析是对单次推送的图文内容进行数据分析。对于已群发的内容，运营人员可以在内容分析→群发数据→单篇群发里看到群发后 7 天的基础数据。单击单篇内容右侧的"详情"，还可查看送达转化、分享转化、数据趋势、阅读完成情况及用户画像。

1）送达人数：图文消息群发时送达的人数；

2）阅读人数：点击图文页的去重人数，包括非粉丝，具体阅读来源包括公众号会话、朋友圈、好友转发、历史消息等；

3）分享人数：转发或分享至朋友、朋友圈、微博的去重用户数，包括非粉丝的分享。

2. 全部图文数据

全部图文数据分析是对图文整体内容质量的分析，是指发布的所有图文在某时间段的阅读数据总和。全部图文数据主要包含以下 4 个核心数据字段。

1）图文总阅读次数

读者通过各种方式阅读你发布的内容的总次数。这包括通过公众号直接打开、从聊天会话打开、从朋友圈打开、从其他公众号或网页分享打开等方式。这个数据可以帮助你了解你的内容在各种渠道的传播情况。

2）原文阅读次数

读者直接在你的公众号上阅读你发布的内容的次数。这个数据可以帮助你了解你的内容在公众号内的传播情况，以及读者是否愿意直接在你的公众号内阅读。

3）分享转发次数

读者将你的内容分享或转发的次数。分享转发可以理解为读者对你的内容非常认可，愿意将其传播给其他人。这个数据可以帮助你了解你的内容是否具有传播性，以及读者对你的内容的认可程度。

4）收藏人数

读者收藏你的内容的次数。收藏是读者对你的内容的一种肯定和标记，表示他们认为你的内容有收藏价值。这个数据可以帮助你了解你的内容是否具有收藏价值，以及读者对你的内容的重视程度。

## 4.2.3　竞品数据

竞品数据是指与自己相同类型的产品的数据，包括产品特点、价格、销售量、市场份额等信息。通过了解竞品数据，新媒体运营者可以了解竞争对手的产品和市场定位，分析竞争对手的优劣势，从而调整自己的产品策略和营销策略。

在进行竞品数据的分类时，可以根据数据的来源、性质和用途等因素进行分类。但在这一过程中，需要注意数据的来源和质量，确保数据的准确性和可靠性。对竞品数据进行深入的分析和挖掘，可以更好地了解竞争对手。竞品数据来源于直接竞争对手、非直接竞争对手和替代竞争对手等。

1. 直接竞争对手

指与自己产品类型相同、目标用户群体相似、产品定位相近的企业。

2. 非直接竞争对手

指与自己产品类型不同、目标用户群体不同、产品定位不同的企业。

3. 替代竞争对手

指与自己产品类型不同、目标用户群体相似、产品定位相近的企业。

### 4.2.4　行业数据

行业数据是指整个行业的数据，包括行业规模、行业发展趋势、行业内主要企业数据等信息。通过了解行业数据，新媒体运营者可以了解整个行业的发展趋势和竞争格局，从而为产品找准市场定位制定出精准的营销策略。行业数据分析时，可以根据数据的来源、性质和用途等因素进行分类。可以将行业数据分为市场规模、市场趋势、消费者需求等类别。

**1. 市场规模**

包括整个行业的规模、增长率、利润率等指标。

**2. 市场趋势**

包括消费者需求变化、技术发展趋势、政策法规变化等指标。

**3. 消费者需求**

包括消费者年龄、性别、收入水平、消费习惯等指标。

## 4.3　新媒体数据指标体系

新媒体数据指标体系是评估新媒体平台表现、内容质量、用户互动等多方面指标的重要工具。新媒体数据指标体系从多个维度评估新媒体的表现，为我们提供了全面的视角。通过这些数据，我们可以了解用户的行为、喜好，以及内容的影响力，从而优化内容策略，提高新媒体营销的效果。本节将从拉新指标、活跃指标、留存指标、转化指标、传播指标这五个方面展开介绍。

### 4.3.1　拉新指标

在拉新环节，潜在用户体验产品后只有觉得不错，才会注册为正式用户。常用评估拉新质量的指标有以下三个。

（1）广告点击率。浏览量，也叫曝光量，指产品或内容被多少潜在用户看到，与之相关的是点击量，两者的比例称作点击率（Click-through Rate，CTR），很多广告平台会用 CTR 来评估广告质量。

（2）注册用户数。注册用户数是衡量拉新效果的结果指标，潜在用户进行注册后，就正式被定义为用户。

（3）获取成本。获取新用户在很多时候是需要成本的，常见的成本计算方式包括千次曝光成本（Cost Per Mille，CPM）、单次点击成本（Cost Per Click，CPC）、单次获客成本（Cost Per Acquisition，CPA）。

### 4.3.2　活跃指标

活跃指标是衡量用户在平台上的活跃度和参与度的关键指标。通过对活跃指标的分析，可以了解用户对平台的喜好和黏性，为产品优化和营销策略改进提供依据。活跃指标主要有以下两个。

（1）活跃用户数。相比于注册用户数，活跃用户数可以更直接地反映产品或账号的实际运营情况。常用指标是日活跃用户数量（Daily Active User，DAU），指的是 24 小时内活跃用户的总量。在微信公众号有一个类似指标，为常读用户数。

（2）活跃率。活跃率 = 活跃用户数/注册用户数，用来衡量产品或账号的健康程度。假如某微信公众号账号有 30 万关注量，但常读用户数只有 1%，则表示其运营状况不佳。

### 4.3.3　留存指标

留存指标是衡量用户对平台的黏性和忠诚度的关键指标。通过对留存指标的分析，可以了解用户的留存情况和流失原因，为产品优化和营销策略改进提供依据。留存指标主要有以下两个。

（1）留存率。留存率=留存用户/当初的用户总量，常用的是次日留存率、七日留存率和三十日留存率。例如，某平台某天通过某渠道新增用户 1000 人，第二天仍旧登录的有 350 人，第七天仍旧登录的有 100 人，则这个渠道获取的用户次日留存率为 35%，七日留存率为 10%。

（2）流失率。流失率与留存率恰好相反，如果次日留存率是 30%，那么说明有 70%的用户流失了。流失率在一定程度上能预测产品或账号的发展趋势。如果某账号现有用户 10 万，月流失率为 20%，那么如果没有新增用户，5 个月后该账号就会失去所有用户。

### 4.3.4　转化指标

转化指标是衡量营销效果和购买意愿的关键指标。通过对转化指标的分析，可以了解用户的购买意愿和转化效果，为营销策略的制定和优化提供依据。转化指标主要有以下四个。

（1）成交额。成交额是指用户付款的实际流水，是用户购买后的消费金额，能比较真实地反映实际交易情况。

（2）付费用户数。产生过购买行为的用户，被称为付费用户。想要研究用户付费潜力，我们可以计算付费用户比例，即付费用户比例=付费用户数/注册用户数。

（3）总成交额（Gross Merchandise Volume，GMV）。总成交额是一个虚荣指标，只要用户下单，不管是否支付成功，这笔订单都可以计入 GMV。

（4）复购率。可以衡量付费用户对产品的满意度，计算方式为消费两次以上的用户数占购买总用户数的比例。

### 4.3.5　传播指标

传播指标是衡量内容传播效果和口碑效应的关键指标。通过对传播指标的分析，可以了解内容的传播情况和受众的反馈，为内容创作和推广策略改进提供依据。传播指标主要有以下六个。

（1）完播率。视频指标，与内容质量、创意相关，完播率越高说明内容越吸引人，短视频完播率一般应在 30%左右。

（2）互动率。指点赞、评论、转发等与阅读量/播放量的比例，决定内容能够获取多少流量，要提高互动率，除了优化内容质量外，也可以引导收藏点赞、设置问题及与粉丝及时互动等。

（3）转发率。前期影响不大，但作为突破流量层级的关键指标，与话题性、趣味性相关。

（4）打开率/点击率。与标题、封面、选题相关，提高打开率/点击率需要简洁准确的标题、画质清晰的封面和明确且有创意的选题。

（5）赞藏比。与作品的有用程度相关，需要更精准的选题、更高质量的内容。

（6）吸粉率。与发布频次、人设定位相关，与上述指标综合相关，吸粉率越高，账号价值也越高。

# 4.4　新媒体数据分析与营销策略优化流程

新媒体数据分析与营销策略优化流程是通过对新媒体平台上的用户行为、内容效果等数据进行收集、整理、分析和解释，以揭示新媒体数据背后的规律和趋势，为新媒体营销的决策提供有力支持的过程。新媒体数据分析的基本流程包括新媒体数据采集、新媒体数据预处理、新媒体数据建模与分析、新媒体数据可视化。

扩展阅读 4.2　新媒体运营数据分析

## 4.4.1　新媒体数据采集

1. 新媒体数据采集流程

大数据时代意味着大量的数据收集、处理工作，单纯依靠人力来完成这些工作是不可取的。目前针对新媒体数据的采集工具主要可以分为三类：公开数据库、网络爬虫、第三方交互式网络信息采集器。

1）公开数据库

公开数据库是指一些由政府或者企业提供的公开信息资源库。优点：采集容易，并且数据的准确度及数据质量有很高的保障；缺点：数据范围小，自主定制程度低，往往不能准确找到所需的信息。

2）网络爬虫

网络爬虫是指通过编程的手段完成对目标网页的信息解析，从而完成数据的收集工作。优点：高自由度，用户可以通过网络爬虫对数据的格式、内容等各个方面进行定制和约束；缺点：用户需要具备一定的编程和数据库相关的知识基础，对操作者的要求较高。

3）第三方交互式网络信息采集器

第三方交互式网络信息采集器是由软件公司根据爬虫原理进行改造的数据采集软件。优点：易操作，对于新用户较为友好。缺点：交互式的操作和可视化的图表使其失去了处理复杂数据的能力，在数据的自由定制方面弱于爬虫；执行效率普遍偏低，在大量数据的收集方面不能完全取代爬虫。

**2. 新媒体数据采集质量分析与评估**

早期的 IBM 程序员和讲师乔治·富希瑟（George Fuechsel）推广了 GIGO（garbage in, garbage out）这个概念，用来提醒计算机及其相关行业的工作者：输出结果的质量取决于数据输入的质量。

对数据质量的分析和评估，需要根据具体的质量需求构建评估模型。在实际评估过程中，不同的数据集会对应不同的评估需求，因此不同数据集根据不同的需求对应不同的评估模型。

数据质量维度为数据质量的业务需求提供了框架，数据质量的业务需求具有多方面的属性，常见的质量维度包括完整性、唯一性、准确性、时效性、易用性与可维护性等。

## 4.4.2　新媒体数据预处理

数据预处理是指在进行数据分析工作前对原始数据进行理解、清洗、集成、转换、归约等一系列的处理工作，从而使待分析数据在质量和规范上符合数据分析的标准。

**1. 数据清洗**

数据清洗是数据预处理工作中的基础内容之一，主要是指通过对原始数据进行理解从而发现"脏数据"存在的形式和产生的原因，然后对"脏数据"进行转化处理或者剔除，以满足数据分析后续阶段对于数据的要求。针对数据异常问题，数据清洗方法主要包括缺失数据的处理方法、相似（重复）数据的处理方法、异常数据的处理方法、逻辑错误数据的处理方法等。

**2. 数据集成**

数据集成是指将多个数据源中的数据结合起来并统一存储。建立数据仓库的过程实际上就是数据集成。在数据集成时，来自多个数据源的现实世界实体的表达形式是不一样的，有可能不匹配，要考虑实体识别问题和属性冗余问题，从而将源数据在最底层上加以转换、提炼和集成。实体识别：是指从不同数据源识别出现实世界的实体，其任务是统一不同源数据的矛盾之处。属性冗余：数据集成往往导致属性冗余。

**3. 数据转换**

数据转换是指为了方便后续的数据建模与分析，需要将数据的属性、分布特征、离散特征等进行转换。数据转换的主要内容包括属性类型转换、构造新属性、数据离散化和数据标准化。数据的属性类型转换主要是为了使数据易于后续的数据分析。构造新属性是为满足数据分析需求而基于已有属性人工设置新属性。数据离散化是指将不严格要求连续取值的变量进行离散化分区，使其取值变为若干个范围，便于后续数据分析。数据标准化是为了消除不同属性数值取值范围不同所带来的数值差异的问题，将数据的取值范围进行统一。

**4. 数据归约**

大量的数据在操作和分析上都会带来不小的困难，数据归约就是在尽量保证数据完整性的基础上对数据进行"缩小"，从而提高数据的可操作性。数据归约方法主要包括数值归约、属性归约和属性子集选择，这三种方法均是建立在保留数据完整性的基础之上的。数值归约是使用较小的数据集来代替原有的数据集。属性归约是减少所需考虑的随机变量或者属性个数的一种数据处理手段。属性子集选择与属性归约类似，它是通过属性集合中对不同属性的取舍，来达到减少所需考虑的随机变量或者属性个数的目的。

### 4.4.3　新媒体数据建模与分析

新媒体作为一种新兴的、由用户创造内容主导的社交媒体平台，为广大的数据分析工作者提供了丰富的研究材料。新媒体数据建模与分析是新媒体数据分析中的核心阶段，包括对分析对象的确定、分析所需模型的选取以及分析结果的评价指标的选择等。

文本数据分析又可以称为"文本挖掘"，是一种抽取散布于文本中的有效、有用、可理解的知识的手段。本节将从关键词提取、文本聚类、自动摘要、文本情感分析四个方面开启对于新媒体文本的挖掘之旅。

1. 关键词提取

关键词提取是一种通过分析词在文本中的重要性或者其他指标将我们感兴趣的"关键词"进行抽取的文本分析方法。与关键词抽取相关联的另一个重要概念是文本分词。分词是通过事先设定一定的规律将"连续"的文本划分为"离散"的词语，目前常用的分词手段主要分为以下三类：基于词典的分词方法（字符匹配、机械分词）、基于统计的分词方法（基于词语出现的频率或者概率）、基于语义的分词方法（机器学习）。在分词的基础上通过一定的重要性指标筛选出一定的词语就是关键词抽取，目前最常用的重要性指标有 TF-IDF（Term Frequency-Inverse Document Frequency）。其中，词频（Term Frequency，TF）指的是某一个给定的词语在该文件中出现的频率；逆向文件频率（Inverse Document Frequency，IDF）是对一个词语普遍重要性的度量。

2. 文本聚类

文本聚类是通过对文本之间相似度的度量，对文本进行类别划分的无监督的文本挖掘方法。文本聚类对于新媒体数据分析具有重要作用，能够为新媒体数据分析提供文档内容的类型概括、识别相似的文档内容等。常用的文本聚类方法有：层次聚类法、朴素贝叶斯聚类法、K-最近邻聚类法等。最后，文本聚类还可以生成分类器的分类标准，从而对后续的文本进行分类。

3. 自动摘要

自动摘要（又称自动文摘）是通过计算原文本中词语、句子等的重要性，从而自动提取出关于原文的摘要的技术。在新媒体平台中，各种各样的数据以指数级的速度增长，这使得找到关键且符合需求的信息变得困难，自动摘要技术即是解决这一难题的重要方法。自动文摘能够根据原文中句子及词语的分布权值，产生新的、简短的、关于原文的概括性摘要，从而节省用户浏览信息的时间，降低大量文本的浏览成本。根据文摘生成的方法可以将自动文摘分成两类：使用原文语句的自动文摘和使用生成语句的自动文摘。前者功能简单，实现成本低；后者功能强大，但是实现成本高且会生成无意义或无法理解的语句。

### 4. 文本情感分析

文本情感分析又称为意见挖掘、倾向性分析等，是通过对具有情感色彩的文本进行分析，从而对用户的情感倾向等做出推测。文本情感分析的方法主要包括基于词典的分析方法、基于机器学习的分类方法。基于词典的分析方法是通过匹配文本中的词语在情感词典中的数值从而得出该词语或句子的情感值及情感倾向。目前在实际使用中，情感词典中的词语可归为四类：通用情感词、程度副词、否定词、领域词。基于机器学习的分类方法是通过将人工标注文本倾向性作为训练集，从而使得被训练的模型获得情绪分析能力的一种方法。

## 4.4.4　新媒体数据可视化

新媒体数据可视化是对结果的直观展示，也就是数据结果的可视化。一个条理清晰、通俗易懂的图表对于数据分析结果的展示是极其重要的，往往能够起到"一图胜千言"的作用。

### 1. 折线图

折线图是一个由笛卡尔坐标系（直角坐标系）、一些点和线组成的统计图表，常用来表示数值随时间间隔或有序类别的变化。适用于有序的类别，比如时间。通常是对于同系列数据使用折线或平滑曲线进行连接，从而反映数据变化趋势的一种数据分布图。

### 2. 散点图

散点图是指在回归分析中，数据点在直角坐标系平面上的分布图。散点图简单易行，通俗易懂，能够很好地表示数据的分布情况与趋势，但是其表示维度单一，不能适应复杂的数据关系。因此，散点图适合描述简单的离散数据的分布情况。

### 3. 柱状图

柱状图是一种以长方形的长度为变量的统计图。柱状图简单易行、通俗易懂，是最常用的可视化图表，适合描述简单的数据比较关系，但是因为过于简单，所以能够表达的信息量较少。

### 4. 饼图

饼图用于显示相对比例，尤其是多个部分与整体的关系。仅当饼图的各个部分是互斥类别并且各部分的总和是有意义的整体（某物的 100%）时，我们才使用饼图。饼图可以让某些占比很高或很低的类别非常明显，比如男女比例。与饼图相似的图表还有环形图：挖空的饼图，中间区域可以展现数据或者文本信息；玫瑰饼图：对比不同类别的数值大小；旭日图：展示父子层级的不同类别数据的占比。

### 5. 散点图矩阵

散点图矩阵是散点图的升级，能够描述多个维度间变量的分布关系，但是可视化要素过多，有时不容易使读者理解。

### 6. 热图

热图是一种以特殊高亮的形式显示数据热度区域的可视化图表。热图可以清晰地表述出具有区域属性的数据的"热度"情况，适合需要展示具有"区域""地理位置"等属性的数据。操作者可以借助编程语言或可视化工具完成绘图。

7. 雷达图

雷达图是一种从同一点开始的轴上表示三个或更多变量数据的图形方法。雷达图简单易行，可以清晰地表示多个数据指标之间的对比，但是需要提前对多个指标之间的单位和统计粒度进行统一。

8. 词云

词云就是对网络文本中出现频率较高的"关键词"予以视觉上的突出，形成"关键词云层"或"关键词渲染"，从而过滤掉大量的文本信息，使浏览网页者只要一眼扫过文本就可以领略文本的主旨。词云就是数据可视化的一种形式。给出一段文本的关键词，根据关键词的出现频率而生成的一幅图像，人们只要扫一眼就能明白文本主旨。

## 4.4.5 数据驱动的营销策略优化

数据驱动的营销策略优化旨在通过深入分析用户行为、内容效果和市场趋势，为营销策略的制定和优化提供数据支持。通过系统性的数据收集、清洗、分析和可视化呈现，我们能够更准确地了解用户需求和市场动态，从而制订更有针对性的新媒体营销计划，提升品牌知名度、用户黏性和转化率。具体来说，包括用户画像构建、内容优化、渠道选择、新媒体营销活动策划、持续监控和调整五个方面。

1. 用户画像构建

通过数据分析，深入了解目标用户的特征、兴趣和行为习惯，构建精准的用户画像。这将有助于企业更准确地定位目标受众，优化内容策略和传播渠道。

2. 内容优化

根据数据分析结果，了解用户对内容的偏好和需求，优化内容类型、风格和发布策略。例如，针对用户喜好调整内容主题、提高内容质量、增加互动性等。

3. 渠道选择

通过分析不同渠道的传播效果和用户反馈，选择最有效的推广渠道。这些渠道可能包括社交媒体、搜索引擎、合作伙伴等，通过渠道选择可以实现品牌曝光和用户获取的最大化。

4. 新媒体营销活动策划

基于数据分析结果，策划具有吸引力的线上或线下营销活动。这些活动包括优惠促销、互动游戏、话题挑战等，可以吸引用户参与并提升品牌认知度。

5. 持续监控和调整

在实施营销计划后，持续监控数据变化和用户反馈，及时调整策略以适应市场和用户需求的变化。

基于新媒体数据分析的营销行动计划旨在通过数据驱动的方式，提升新媒体营销策略的针对性和有效性。其通过深入了解用户需求和市场动态，制订更加精准、更具个性化的新媒体营销计划，从而实现品牌价值的提升和商业目标的达成。在执行过程中，持续的数据监控和调整是确保营销行动计划成功的关键。

# 4.5　新媒体数据分析工具

新媒体数据分析工具是专门用于分析、处理和管理新媒体数据的软件或平台。这些工具通常具备强大的数据处理能力、数据可视化能力和数据报告生成能力，可以帮助企业和团队更加有效地管理和运营新媒体平台，提高用户活跃度、留存率和转化率，优化内容策略，提升新媒体营销效果，为新媒体营销决策提供有力支持。新媒体数据分析工具有很多，以下是一些常见的工具。

## 4.5.1　火烧云数据

火烧云数据是 B 站广告投放权威的大数据分析平台，由杭州羽联信息科技有限公司创建。该平台聚合了 280 万个 UP 主数据，并通过专业的数据挖掘和大数据分析能力，提供 B 站数据、小红书数据等，为广告主提供媒体主作品内容数据分析、粉丝数据分析、广告价值评估和投前投后监测等服务。

火烧云数据平台支持多维度搜索目标媒体主，包括关键词搜索、高级搜索和作品内容搜索。高级搜索功能允许用户按照分类、粉丝数、平均播放数、平均评论数进行账号搜索，更加精确地找到目标媒体主。而"全 B 站搜索"功能则通过"标签""简介""标题""评论"四维加持，几乎可以无遗漏地解锁目标内容，帮助广告主全面掌握自有品牌和竞品的投放情况。

总的来说，火烧云数据平台是投 B 站广告的专业数据分析工具，可以帮助广告主快速查找优质 UP 主资源，洞察竞品投放情报，挖掘高匹配 UP 主，监测广告投放效果等，实现新媒体广告的高效投放。

## 4.5.2　百度指数

百度指数是一个以百度海量网民行为数据为基础的数据分析平台，是当前互联网乃至整个数据时代最重要的统计分析平台之一。百度指数的功能主要包括以下几个方面：

1. 关键词搜索量查询

用户可以通过输入关键词，查询该关键词在特定时间范围内的搜索量，了解其在互联网上的关注度。

2. 关键词趋势分析

通过查看关键词的历史搜索趋势，用户可以了解其在一段时间内的热度变化，从而把握市场动态。

3. 地域分布查询

用户可以设置地域范围，查询某个关键词在不同地区的搜索量和搜索趋势，这项功能可以为针对性的市场拓展提供数据支持。

4. 用户行为研究

百度指数还能分析用户的搜索行为，如搜索时间、设备类型等，帮助用户了解目标用户的特征和习惯。

5. 相关词推荐

百度指数还提供与关键词相关的热门词汇推荐，帮助用户发现更多的潜在机会。

百度指数的主要功能模块包括基于单个词的趋势研究（整体趋势、PC 趋势、移动趋势）、需求图谱、舆情管家、人群画像等。其中，趋势研究可以展示关键词的搜索量变化，需求图谱可以表达网民的需求和关注焦点，人群画像则能立体展现用户的特点。

百度指数对于个人和企业都有着重要的意义。对于个人而言，大到置业时机、报考学校、入职企业发展趋势，小到约会、旅游目的地选择，百度指数都可以提供数据支持，助其实现"智赢人生"。对于企业而言，竞品追踪、受众分析、传播效果等都可以通过百度指数以科学图表全景呈现，使"智胜市场"变得轻松简单。总的来说，百度指数是一个功能强大的数据分析平台，可以为用户提供丰富的数据支持，帮助用户做出更明智的决策。

## 4.5.3　微指数

微指数是新浪官方开发的数据分析产品，主要用户为企业及营销、数据分析行业用户。产品全面地展现行业影响力趋势、关键词热议趋势及地域分布状况，帮助用户了解其关注事件在微博的发展趋势。微指数通过对微博上的搜索和浏览行为数据进行整理分析，可以形成当日、7 日、30 日以及 90 日的"关键词"动态指数变化情况，方便用户看到某个词语在一段时间内的热度趋势和最新指数动态。这可以帮助企业了解用户的兴趣点及变化情况，比如日常消费、娱乐、出行等，从而为品牌企业的精准营销和投放形成决策依据。

以上三种新媒体数据分析工具及其他工具具有以下共同点：

首先，它们的数据来源广泛，涵盖了各种新媒体平台，包括微信公众号、抖音、小红书、B 站等，为用户提供全面的数据支持。

其次，这些工具都提供了丰富的数据分析功能，包括用户画像、内容趋势、用户行为分析等，帮助用户更好地了解受众和市场。

再次，这些工具通常采用图表、曲线图等可视化方式展示数据，根据用户的需求提供定制化的数据分析和报告服务，满足不同用户的需求，使数据更易于理解和分析。

最后，新媒体营销数据分析工具通常提供实时监测功能，帮助用户及时了解新媒体平台的运营情况和用户反馈，及时调整内容策略和营销策略。

综上所述，新媒体数据分析工具是数字化时代中非常重要的工具，它们通过对新媒体平台上的数据进行分析，帮助企业和个人了解其受众、优化内容、制定新媒体营销策略，并持续改进自身。这些工具具有广泛的数据来源、强大的数据分析功能、数据可视化、定制化服务和实时监测等特点，是数字化时代中不可或缺的一部分。

## 本章小结

在本章中，我们介绍了新媒体数据分析的概念、特征、价值、主要维度和指标体系，通过学习新媒体数据的知识，将其与新媒体营销相结合，形成新媒体营销数据分析这一概念。基于此，我们了解到新媒体营销数据分析可以帮助企业和个人更好地了解受众和市场，制定更有效的营销策略，增强营销效果。同时，我们也介绍了新媒体营销数据分析的方法，包括数据收集、清洗、分析和可视化等步骤。这些方法可以帮助我们更好地理解和分析数据，为制定营销策略提供更准确的数据支持。

未来，我们需要不断学习和掌握新的数据分析方法和技术，以适应不断变化的市场环境和企业需求。

## 关键术语

新媒体营销数据（New Media Marketing Data）

新媒体数据（New Media Data）

数据多源化（Data Diversificaition）

多媒体融合（Multimedia Fusion）

学科多元化（Diversification of Disciplines）

用户画像（User Portrait）

新媒体数据维度（New Media Data Dimension）

新媒体数据指标（New Media Data Indicators）

数据采集（Data Collection）

数据预处理（Data Preprocessing）

数据分析（Data Analysis）

## 课后习题

1. 简述新媒体营销数据分析的内涵。

2. 简述新媒体数据分析的四大价值。

3. 简述新媒体数据分析与营销策略优化的流程。

4. 简述新媒体数据分析在内容创作策略中的作用，并给出一个实际案例来说明你的观点。

5. 讨论新媒体数据分析工具在监测和评估营销活动效果中的重要性。选择一个你熟悉的分析工具，解释它是如何帮助优化营销策略的。

即测即练

# 第二篇

# 新媒体营销策略

| 第 5 章 |

# 内 容 营 销

## 学习目标

1. 了解内容营销的概念、作用。
2. 掌握内容营销的基本原则与策略。
3. 能够提出内容生态构建及内容创意的创新路径。

## 案例导入

### 熊本熊因何火遍全网？①

　　火遍网络的熊本熊表情包一度是很多网友聊天交流的必备工具，这只憨厚可爱的黑熊一上线就得到了万千网友的喜爱，并且衍生出了非常多的表情包，广泛适用于各大网络社交平台。而作为日本熊本县的吉祥物，熊本熊的走红也随之让世界范围内的更多人知道了这样一个地方，使当地的收入和知名度得到了巨大的提升，可以说是创造 IP 来进行内容营销的成功案例。熊本熊这个吉祥物其实是将熊本县的形象具象化，取"熊本"当中的"熊"，设计出一只呆萌可爱的黑熊来赢得大众的好感，从而使大众对熊本县产生好奇和正面的印象。为了让这个 IP 更加令人喜爱和深入人心，创造团队还赋予其天真憨厚的性格，并巧妙设计出令人遐想的面部表情。很多人在喜爱熊本熊的同时还充分发挥想象，使得关于熊本熊的各种表情包开始在网络上使用和走红。此后，更有熊本熊大阪市失踪、腮红遗失等话题事件，为这一 IP 添加了更多内容和热度。熊本熊的走红不仅体现在其系列表情包的广泛使用，相关的实体周边商品也大受欢迎，最重要的是，这个吉祥物让熊本这个原本鲜为人知的日本小县一下子拥有了极高的知名度，也带来了巨大的经济效益。从熊本县借助熊本熊这一 IP 进行品牌传播的成功案例中，我们可以看到内容营销具备哪些特点呢？接下来让我们通过本章的学习，一起来探索内容营销领域的具体内容吧！

---

① 扭蛋星 IP 研究所. 漫谈城市 IP①｜拯救一个县的 IP：拥有 28000+周边的「熊本熊」是怎样炼成的？[EB/OL].(2021-06-22)[2024-10-28].https://zhuanlan.zhihu.com/p/382926047.

# 5.1　内容营销的概念及作用

## 5.1.1　内容营销的概念

"内容营销"一词最早由美国报纸编辑协会在 1996 年提出，当时更多是为报纸、杂志等媒体使用。2001 年乔·普利兹提出"内容营销"这一概念，但直到 2007 年，乔·普利兹创立内容营销协会（Content Marketing Institute，CMI）后，"内容营销"这一概念才开始在营销界流行起来。内容营销是一种复杂多样、历史久远的销售推广方式，但本书中所阐释的是互联网背景下的内容营销。

"内容营销"至今没有一个固定的、官方的定义。从内容自身角度出发，这一概念强调内容的价值性、吸引力，以及与用户、产品和品牌密切相关的信息。杨轶指出，真正有效的内容不仅是要跟消费者关注点高度相关的，而且是跟品牌有相关性的，是指企业创建及传递有价值和引人注目的内容。内容营销协会给出了定义："内容营销是一种通过生产发布有价值的、与目标人群有关联的、持续性的内容来吸引目标人群，改变或强化目标人群的行为，以产生商业转化为目的的营销方式。"美国内容营销研究院对内容营销也做了定义：内容营销是一种战略性的营销方式，它主要通过创造和分发有价值、相关性强和持续连贯的内容来吸引并留住明确的目标受众，并最终驱动有利可图的用户行为。从内容发行角度来说，内容营销有别于其他的营销方式，强调内容的多形式呈现、富媒体渠道、连续性传播。刘斌立足短视频新媒体，指出新媒体内容营销是以图片、文字、动画、音频、视频等多种介质制作、发布、传播相关的、有价值的内容到达用户，从而实现营销目的的营销方式。

基于前人研究，本书对内容营销的定义为：内容营销指围绕企业或产品销售相关的包括图片、文字、影像等一切介质的内容创作，对相关用户进行有价值的信息传播，从而实现营销目标的过程。也就是通过创建、发布有价值的、相关的和有吸引力的内容，以吸引和保持目标受众的兴趣，并实现品牌宣传、客户培养和业务增长的目标。

内容营销与传统营销一样，依附载体的范围广泛，既包括企业的 LOGO、画册、网站、广告，也可以是 T 恤、纸杯、手提袋等，为创作和展示提供了丰富的可能性。尽管载体的具体形式可能不同，但传递的核心内容必须保持一致。要理解内容营销核心要义，必须把握以下几点：

### 1. 内容营销是一种战略性的营销方式

营销活动有战略与策略之分，战略活动强调全局性和长远性。内容营销是一种有商业目标的、持续的营销战略，专注于创建和分发有价值的、相关且持续一致的内容，以吸引和留住明确定义的受众，并最终驱动有利可图的用户行为。

### 2. 内容营销是系统工程

其关注点不仅在于内容的质量本身，还在于对内容传播的运营和管理。通过对内容传播的运营和管理，企业不仅能在短期内提升内容的曝光量和受关注度，而且能长期获得内容营销的协同效应。

**3. 内容营销要有明确的目标受众**

知道对谁说，而不是漫无目的。

**4. 内容营销目标是驱动有利可图的用户行为**

营销的终极目的是带来收益，内容营销亦是如此。

**5. 内容营销发布的信息要有价值和相关性**

内容营销旨在创造对受众有用的、与他们相关的信息，以引起用户的注意和兴趣，进而引发受众的共鸣、互动乃至喜爱。

**6. 内容营销发布的内容要持续连贯**

内容营销不是"三天打鱼，两天晒网"的一时热情，而是有计划地持续发布。发布内容需要保持稳定的频率和节奏，确保用户可以保持稳定的关注度和良好的体验。发布的内容需要有一个清晰的脉络和主题，以便读者能够理解和跟踪你的品牌故事或信息。

## 5.1.2　内容营销作用

比起其他载体，在网络中，内容营销可以在动画、文字、视频、声音等各种介质中呈现出来。内容营销不同于广告，既不依靠绚烂的视觉冲击，也不依赖"天马行空"的创意博得掌声，而是完全凭借优质内容，通过提供有趣、有价值的信息来吸引顾客关注、驱动顾客购买。内容营销并不追求短期或迅速不理性的直接行为改变，而是追求理性的、倾向长期的内容渗透，扎实地提高用户对品牌的忠诚度、黏度。具体而言，内容营销的作用体现在吸引目标受众、提升品牌知名度、培养客户关系、优化搜索引擎、支持销售过程、精准引进流量、增强粉丝黏性、引入新人群带动新需求等方面。

**1. 吸引目标受众**

内容营销通过提供与目标受众兴趣相关的内容，吸引他们的关注和参与。优质的内容具有专业性、权威性和可信度，可以吸引潜在客户，并使其对品牌产生兴趣，进而促使他们采取行动，例如订阅电子邮件列表、关注社交媒体账号、了解产品或服务等。

**2. 提升品牌知名度**

内容不仅是传递信息的媒介，更是构建品牌与消费者之间紧密联系的重要桥梁。分享是一种强大而有效的传播方式，通过内容的广泛传播和共享，可以提升品牌的影响力和知名度。人们发现有价值的内容时，往往会将其分享给他人，从而进一步扩大品牌的曝光度。内容营销让品牌信息被感知、被信任，可帮助企业达到"思想领导（Thought Leader）"的角色，切实地提高用户对品牌的忠诚度、黏度。

**3. 培养客户关系**

数字时代的消费者已经进入了一个"复合消费场景"时代，消费者获取内容及购物的渠道越发离散，各触点的流量分布呈现"去中心化"，消费者场景多元化，内容捕捉消费者的难度也在不断加大，消费决策也呈现得快速且随机。要应对这样的变化，内容营销须针对移动的内容触点和用户场景进行更好的匹配和整合。关注用户的感受和体验，通过提供有帮助和有趣的内容，品牌可以保持与客户的互动，增加客户忠诚度，促使他们重复购买或推荐给他人。在此过程中，强调内容的个性化、亲切感和人性化。

### 4. 优化搜索引擎

搜索引擎通常对原创、有价值和相关的内容给予较高的权重。通过优化网站内容，并定期发布高质量的内容，品牌可以提高在搜索引擎结果页面的排名，增加有机流量。

### 5. 支持销售过程

内容营销可以在销售过程中起到支持作用。通过提供与产品或服务相关的内容，解答潜在客户的疑虑和问题，可以促使潜在客户更容易做出购买决策。

### 6. 精准引进流量

内容的投放是根据千人千面的算法进行定向投放的，也就是只有相同标签的目标人群才可以看到相关的内容。通过内容引流，商家引进的流量可以更精准、质量更高。

### 7. 增强粉丝黏性

商家通过内容营销可以进行私域的管理，做好粉丝的维护。粉丝是对店铺忠诚度较高的客户，商家通过内容营销与粉丝互动，可以更好地提高粉丝的积极性，刺激其转化和复购。

### 8. 引入新人群带动新需求

传统行业的销售现状显示，传统销售已进入惯性的死循环。而内容营销借助互联网的影响力和灵活性，为传统行业注入新的生命力。前淘宝总裁蒋凡在 2018 年的阿里巴巴投资者大会上以珠宝行业的发展为例指出："珠宝行业在过去很多年里，已经是一个非常成熟稳定的市场。但自从淘宝在过去两年通过直播、微淘等方式介入后，这个市场又重新开始进入高速发展。"过往，原材料价格上涨，加之销售人群过于固定单一，玉石的市场整体形势不佳。淘宝直播的出现，吸引了更多人群关注，可以说是缓解玉器市场下滑颓势的最佳手段之一。随着消费者了解产品多样性的渠道越来越多，内容化、社群化便走上历史舞台，单一推广、砸钱买曝光做爆款的时代已经过去，用户更加追求趣味性、个性化和真实感，更倾向于购买自己喜欢的东西，而非买到好的商品。

## 5.2 内容营销的原则

### 5.2.1 目的性

目的性是内容营销的一个重要原则，指的是在内容策划和创作过程中要明确地设定目标和预期效果，并能够衡量和评估这些效果。它强调了制定和执行内容营销策略时明确目的和目标的重要性。

随着流量红利消退，获客成本提升，品牌更趋向以效果导向思维进行广告投放，关注营销带来的增长质量与转化效率。没有目标的内容是浪费时间、金钱，也是对品牌的极大浪费。内容营销的目标包括获取用户的联系方式（邮箱、微博、微信、电话号码）、点赞、转发和分享，销售产品和服务。将内容的读者转化为产品和服务的购买者或者用户。"以转化率为中心的设计"应该是内容设计的核心思想。从设计角度需要关注封装模式、对比度和色彩、方向引导、留白四个方面，从心理学的角度则需要关注紧迫性和稀缺性、先试用再购买、社会认同三个方面。

目的性原则的重要性体现在几个方面：首先，明确的目的和目标能帮助确定要创建和传递的内容类型、受众定位和交付渠道。通过明确的目的和目标，组织能够更好地了解其目标受众，并制定能够与他们建立深入连接的内容。其次，明确的目的和目标使得内容营销策略更加有针对性和聚焦。它们提供了一个明确的方向，指导团队在制定战略和策略时保持一致性。如果没有明确的目的和目标，内容营销活动可能会变得模糊不清，缺乏明确的方向，最终无法达到预期的结果。最后，明确的目的和目标还有助于激发内容创意团队的干劲。当团队明确知道他们正在为实现明确的目的和目标而努力时，他们会感到更有动力和信心，这有助于提高工作效率并促进团队合作，推动内容营销活动的成功。

在制定目标时，还需要注意这几个要点：①目标应该与组织的整体营销战略和目标相一致；②目标应该是具体和可衡量的，以便进行跟踪和评估；③目标应该是实际可行的，是基于组织的资源和能力而制定的；④目标应该与受众需求和兴趣相匹配，以确保内容的吸引力和有效性。

## 5.2.2　趣味性

趣味性原则指的是在内容创作和传播过程中注入趣味和娱乐元素，以吸引目标受众的注意力并增加他们的参与度。通过提供有趣的内容，品牌可以更好地与受众建立连接，并激发他们与品牌进行互动和分享的欲望。

在当今信息爆炸的社会中，为什么趣味性对于内容营销如此重要呢？首先，趣味性可以打破受众的防御心理。当受众面对大量的广告和宣传信息时，他们常常会表现出一种警惕和拒绝的态度。然而，通过使用有趣和富有娱乐性的内容，可以打破这种防御心理，让受众主动参与并接受品牌的信息。其次，趣味性可以增加内容的可分享性和可传播性。有趣的内容往往会引起受众的共鸣和情感反应，使他们更愿意与他人分享。这种分享行为不仅可以扩大内容的曝光范围，还可以增加品牌的知名度和影响力。此外，趣味性还可以帮助品牌与受众建立情感连接。通过提供有趣和富有娱乐性的内容，品牌可以在受众心中塑造一个积极、友好和有趣的形象。这种情感连接有助于增强受众对品牌的好感和忠诚度，促使他们更倾向于选择品牌的产品或服务。更深层次的原因是娱乐是人的刚需。考古发现，旧石器时代就有音乐、舞蹈，目前世界范围内最早的疑似乐器是1995 年考古学家在斯洛文尼亚的 Divje Babe 洞穴里发现的，它是用一只 1～2 岁的幼年洞熊的左侧股骨制作而成的骨笛，有着 43000 年的历史。关于歌舞创始的传说，《山海经》载："帝俊有子八人，是始为歌舞。"《广博异记》载："舜有子八人，始歌舞。"可见，原始人类就有了歌舞。很多研究都指出，快乐情绪会影响人的选择。例如，有正向情绪时，人会更乐于参与活动，对人或事物的评价也比较宽松，这些都是快乐情绪带来的巨大影响。这也就是为什么趣味性对于内容营销如此重要。

那么，如何在内容营销中增加趣味性呢？有这样一些实际方法。①故事化：讲述故事是增加趣味性的有效方式之一。通过将品牌故事化，将其包装成一个吸引人的故事，可以引起受众的共鸣和情感参与。故事中可以加入情节、角色和冲突，使内容更加生动有趣。②幽默和笑话：幽默是吸引人的重要元素，可以使内容更具趣味性。通过使用幽默的文案、图片或视频，可以让受众笑出声并产生积极的情感体验。但需要确保幽默与品牌形象和目标受众相符，避免冒犯或误导。③利用视觉效果：视觉元素是增加趣味性的强大工具。使用有趣的图形、动画、插图，可以吸引受众的目光并激发他们的好奇心。色彩鲜明、图像夸张、动态效果等都可以帮助提升趣味性。④互动参与：提供互动的内容可以增加趣味性并激发受众的参与热情。例如，设计有趣的问答、投票、调查或竞赛，让受众积极参与其中。互动参与可以增加受众的参与度和投入感，使他们更加愿意投入到品牌和内容建设中。⑤利用新颖和意外性：出人意料的情节、意外的结局或新颖的观点，可以吸引受众的兴趣和好奇心。突破传统思维，提供与众不同的内容体验，可以增加趣味性并给受众留下深刻的印象。⑥使用亲和力和代表性人物：借助亲和力和代表性人物，可以增加趣味性和吸引力。这些人物可以是明星、意见领袖、博主或者是代表品牌的角色。他们的参与可以增加受众的兴趣和信任度，并带来更多的关注和参与。⑦借助用户生成内容：鼓励用户生成内容也是增加趣味性的一种方式。通过用户参与和分享自己的创作，可以创造出更多有趣、多样化的内容。这不仅可以增加趣味性，还可以增强用户参与感和品牌忠诚度。

在运用趣味性原则时，需要确保趣味性与品牌形象和目标受众相符。趣味性应该与品牌的核心价值观和目标受众的兴趣相关联，以确保内容营销的一致性和可信度。

### 5.2.3  价值性

价值性是内容营销的一个关键原则，指的是内容必须提供对目标受众有价值的信息、见解或体验。通过提供有价值的内容，品牌能够赢得受众的信任、建立品牌权威性，并吸引受众与品牌进行长期互动。它强调在创作和传播内容时要注重传递价值和利益，以满足受众的需求和期望。通过解决问题、满足需求、提供专业知识和见解，以及传递实用的信息和指导，品牌可以建立与受众的深层次关联，树立专业性和可信度，并赢得受众的尊重和信任。价值性原则的核心在于将受众置于首位，提供有意义、有用和有影响力的内容，从而促进业务增长和品牌价值的提升。

为什么要遵循价值性原则？随着互联网的广泛使用，用户的时间越来越分散，用户对于信息的选取也掌握了更多的主动权。而且，消费者的互联网体验时刻以自我为中心。认知神经学研究表明，当人有目的性时，所有无关的杂讯都会被视为威胁而排除。因此，当消费者有目的地购物时，只有对其有价值的内容才能进入他的头脑中。

通过上述分析可知，在内容营销中，价值性原则起着重要的作用。那该怎样践行价值性原则呢？简单来说包含以下几点：了解目标受众的痛点和期望；满足用户的需求；

致力于为用户提供新奇、有趣、温情的内容，给人惊喜、快乐等情绪价值；提供专业知识、行业见解和人生感悟，提高人的认知，给人提供理性实用价值。

1. 价值性原则要求品牌了解目标受众的痛点和期望

只有深入了解受众的需求，才能创作出有针对性、有价值的内容。通过市场调研、用户反馈和数据分析，品牌可以获得关于受众需求的宝贵信息，并根据这些信息来指导内容的创作和传播。

2. 品牌应该以解决问题和满足需求为导向，为受众提供有价值的内容

无论是教育类的指南和教程，还是行业洞察和专业见解，都应该能够帮助受众解决实际问题、提升技能或获得新的见解。价值性内容的核心在于实用性，通过为受众提供有益的信息和指导，品牌可以在受众中树立起专业性和可信赖的形象。

3. 价值性原则致力于为受众提供情绪价值

内容营销以尊重个体和差异为前提，挖掘隐藏在表面信息交换之下的思想和情感层面的交流过程。内容围绕着给用户提供解决方案或问题答案来打造，戳中他们内心深处的欲望、需求，击中他们内心最柔软、最痛苦的地方。通过激发受众的情感反应，如喜悦、惊喜、愤怒、恐惧等，影响其认知、态度和行为。具体范例如下：①提高受众的快乐水平，让他们感到满足、开心和自信。例如，可口可乐公司通过创作各种有趣、幽默和温馨的广告，传递了快乐的品牌形象，让消费者与其产生共鸣。②引发受众的惊喜和好奇心，让他们对品牌或产品产生兴趣和期待。例如，苹果公司通过发布各种神秘而精彩的产品预告视频，激发消费者对 iPhone 系列手机的兴趣。③激发受众的愤怒和反抗心理，让他们对品牌或产品产生不满和抵制。例如，环境保护组织通过制作一些揭露污染问题和暴力行为的广告，唤起了消费者对环境保护的责任感，进而使其更倾向于选择绿色产品。④唤起受众的恐惧心理，让他们对品牌或产品产生担忧和警惕。例如，戒烟广告通过展示吸烟对健康造成严重危害的事实，引导消费者戒烟或减少吸烟量。

4. 价值性原则强调品牌的专业知识和行业见解

品牌可以通过分享自身的专业知识和观点来建立自身的专家形象。通过提供独特的洞察、行业趋势分析和前沿信息，品牌可以成为受众值得信赖的行业权威。专业的内容能够引起受众的兴趣，提升品牌的影响力，并促使受众与品牌进行更深入的互动。

## 5.2.4 社会性

社会性原则是指内容营销中除了强调内容的创新、有趣和引人注目外，同时需确保内容符合社会道德和伦理准则，避免使用低俗、冒犯性或有害的内容。这个原则强调重视品牌的社会责任和道德标准，旨在建立品牌的良好声誉，促进品牌可持续发展。具体来说，把握内容营销社会性原则需遵循以下要点。

1. 尊重社会价值观

社会性的内容营销应该尊重和反映社会价值观。品牌需要认真考虑目标受众的文化背景、价值观和敏感话题，避免使用具有争议性、冒犯性或歧视性的内容。内容应该倡

导尊重、多样性和包容性，与社会价值观保持一致。

**2. 避免低俗和冒犯性的内容**

社会性原则强调避免使用低俗、煽情或冒犯性的内容。品牌应避免使用粗俗的语言、不雅的图像或侮辱性的言论，以免引起受众的反感和抵制。内容应该尊重受众的尊严和隐私，并传递积极、有建设性的信息。

**3. 强调品牌的社会责任**

社会性原则鼓励品牌承担社会责任，并在内容营销中展示其社会责任项目和导向。品牌可以分享与环境保护、公益事业、社会公正等有关的内容，以建立品牌良好的社会形象，吸引关注社会问题的受众。

**4. 关注可持续发展**

社会性内容营销要求品牌关注可持续发展和环境保护。品牌可以通过分享其在可持续发展方面的实践、环保倡议、绿色产品或服务等内容，来表达对环境可持续性的关注，从而吸引那些关注环境问题的受众。

**5. 保护用户隐私和数据安全**

对于社会性内容营销，保护用户隐私和数据安全至关重要。品牌需要采取必要的措施，确保用户数据的保密性和安全性，并遵守相关法律法规，如《中华人民共和国个人信息保护法》等。品牌应明确告知用户数据的收集和使用方式，并尊重用户的选择权，确保用户自愿参与和共享个人信息。

**6. 提倡正面积极的影响**

社会性内容营销应该以积极的方式影响受众。品牌可以通过分享激励人心、充满正能量的故事，以及成功案例和鼓舞人心的内容，传递希望、勇气和激励，激发受众的共鸣和参与，帮助建立积极的品牌形象。

**7. 鼓励受众参与社会问题和行动**

社会性内容营销鼓励受众参与社会问题和行动。品牌可以通过提供行动计划、参与活动、倡导变革等方式，激发受众的社会参与意识和行动，促进社会的积极变革。

**8. 内容创作监管驱动内容革新**

内容创作监管驱使行业创作者、商家、消费者走向良性互动、理性共赢，同时催生了内容创新的迫切需求。多项指导办法立足于加强生态治理的出发点，通过倡导创意、真实性和多元性，使创作者和品牌得以重新塑造其在受众心目中的形象，打造更具价值和影响力的内容，优化消费者体验。

# 5.3 内容营销的策略

## 5.3.1 内容生态构建

内容生态构建是内容营销中的重要策略，旨在通过在多个平台和渠道创建多样化的内容，建立完整、协调和互动的内容生态系统。换句话讲，就是要基于品牌定位、营销目标和受众分析，进行平台选择、平台内容协同、平台与线下活动协同，满足不同受众对平台的偏好，形成品牌传播合力。如奈雪的茶通过官网、微信、微博、小红书、抖音等平台发布不同内容，形成内容生态。内容生态构建的主要步骤包括目标设定，受众分析，平台选择，内容策划、创作和发布，以及监测和优化。这种构建的重要性在于帮助品牌树立形象、扩大受众群体、提供多样化的内容体验，并促进用户参与和互动。

从互联网新媒体内容生态的宏观角度入手，杜智涛将内容生态的构成要素分为生产者、平台和内容本身等。彭兰重新定义了内容生产、分发与消费三者之间的关系，并认为平台、内容、内容生产者和用户四者共同构成了一种全新的复合型的内容生态。立足于两位学者的观念，本文将内容生态的组成分为内容平台、内容作者、内容读者和内容主旨四个维度。以下将从这四个维度具体阐明内容营销的内容生态构建。

1. 内容平台

平台是内容生态的载体，也是内容生态的管理者。要让平台更好地服务内容生态，需要建立完善的规则制度和运营机制，通过数据分析和反馈收集等方式，不断优化平台功能和服务质量，并且与其他平台/社区进行合作或者竞争。同时，需要关注平台内部各方面（如作者、品牌、广告主等）与外部环境（如政策法规、市场竞争等）之间可能出现的冲突或者问题，并及时解决。对于非平台型企业来说，要选择目标客户喜欢的平台，并了解平台规则，利用好平台的公域流量。

2. 内容作者

作者是内容生态的主体，也是推动内容生态发展的动力源泉。要让作者更好地服务内容生态，需要设定合理的激励机制和惩罚机制，让作者按照平台或者社区的规则持续创作优质的内容，并得到相应的回报。此外，需要给予作者足够的自由度和创新空间，让作者能够表达自己的个性和风格，同时也能够与其他作者进行交流和合作。

3. 内容读者

读者是内容生态的受益者，也是内容生态的参与者。要让读者更好地服务于整个系统，则需要给予读者足够多样化、高质量、高价值、高吸引力的选择，通过反馈渠道（如评论区、投诉系统等）收集读者意见并及时回应，鼓励读者参与到整个系统中来（如点赞、分享、转发等），从而形成良好的互动氛围。

4. 内容主旨

内容主旨是内容生态的核心，也是内容生态的价值载体。要让内容主旨更好地服务内容生态，需要保证内容是安全、合法、有质量、有价值、有吸引力的。同时，也需要根据不同类型和风格的用户需求，提供不同层次和形式的内容选择，通过推荐系统或者人工智能等技术手段，实现对用户行为数据和偏好数据的分析及预测，并根据这些数据进行个性化推荐。

通过内容生态构建，品牌可以建立一个多样化、互动性强的内容生态系统，与受众建立更紧密的联系，提高品牌的可见度、影响力和用户参与度。

### 5.3.2　内容创意来源

内容创意是内容营销中的核心要素，它决定了内容的独特性、吸引力和影响力。内容创意来源的多样性和创新性对于内容营销的成功至关重要。社交媒体重构了内容产业链和传播链，内容消费者和生产者变成了产销合一，甚至用户和营销传播者也变成了合一的状态，很多互联网的触点和热点都会成为媒介和传播的源头。随着人与人之间随时对话的便捷性日益增强，情感、关系、交互逐渐成为内容营销的核心，在此背景下，任何一个节点都可能是品牌传播的起点。因此，内容营销要抓住消费者的情绪触点，创造情绪共振。下面详细介绍内容营销策略中的一些常见内容创意来源。

1. 受众调研和洞察

了解目标受众的需求、兴趣和偏好是寻找内容创意的重要基础。通过市场调研、用户调查、社交媒体分析等方法，了解受众的需求和痛点，发现他们关心的话题和问题，从而为创作内容提供方向和灵感。

2. 行业趋势和热点话题

关注行业内的最新趋势、热点话题和重要事件，可以为内容创意提供丰富的素材和灵感。跟踪行业新闻、参加行业活动、关注专业论坛和社交媒体上的讨论，可以及时了解行业内的热门话题和受众关注的焦点。

3. 故事和案例分享

客户成功故事、用户体验案例、员工经历等，可以为内容创意提供灵感。故事和案例往往涉及不同的背景和情景，能够为品牌提供丰富的素材和灵感。通过接触不同形式的故事和案例，品牌能够拓宽自身的思维视野，打破常规思维模式，将其所汲取的创意灵感应用于产品设计、广告推广、品牌策划等方面。

4. 用户生成内容

借助用户生成内容可以激发创意，提供独特的视角和体验。通过社交媒体、比赛活动、问答互动等方式，鼓励用户参与创作内容，例如用户照片、视频、评论等，为品牌创作内容提供新鲜和真实的创意来源。

5. 品牌文化和价值观

品牌文化和价值观是独特的内容创意来源。品牌可以通过反映自身文化和价值观的内容来建立品牌形象，例如分享品牌故事、展示社会责任的活动、表达品牌立场等。品牌的核心价值观可以为内容创意提供方向和灵感。

6. 创意团队和内部资源

建立一个创意团队，包括营销人员、创意设计师、文案人员等，可以激发创意和创造力。利用内部资源，例如公司专家、员工经验和知识，可以为创意提供独特的见解和专业的观点。

7. 外部合作和合作伙伴

与外部合作伙伴、专家、意见领袖等合作，可以为内容创意提供新的视角和资源。

与行业内的合作伙伴进行联合营销、合作创作内容，可以扩大受众群体、增强影响力，并产生新颖的内容创意。

### 8. 数据分析和趋势预测

通过数据分析和趋势预测，可以发现潜在的内容创意来源。利用分析工具和数据挖掘技术，了解受众的搜索习惯、兴趣和需求，可以根据数据趋势和消费者行为模式来生成内容创意。

### 9. 跨界合作和灵感借鉴

到其他领域中寻找灵感和创意，进行跨界合作，可以为内容创意提供新的思路和视角。观察其他行业的成功案例、创意活动和趋势，借鉴其创意策略，应用到自己的内容营销中。

### 10. 反馈和用户互动

与受众保持积极的反馈和互动，可以了解他们的需求和意见，为创作内容提供方向。收集用户反馈、评论和提问，参与社交媒体上的互动，可以不断改进和调整内容创意，提供更贴近用户需求的内容。短视频、直播等平台的兴起，使一部分内容创作者成为大众眼中的关键意见领袖（KOL）和关键意见消费者（Key Opinion Consumer，KOC），流量的不断注入，也让这部分 KOL 和 KCC 群体成为异军突起的内容创作力量。而在碎片化、圈层化的用户触媒习惯下，他们也充当了品牌最为重要的信任代理，高效种草深度连接消费者与品牌。借助 KOL、KOC 的影响力去推广品牌、宣传产品，已经成为很多广告主的市场营销必选项。合理利用这部分内容创作者的力量为品牌发声成了内容营销的热点话题，因而实现让头部 KOL、腰部 KOL 和长尾 KOL、KOC 与品牌形成从内容创作、种草到直播带货的立体式组合，成为在品牌的内容营销建设上的重要组成部分，便是商家的最终目标。

在实施内容创意的过程中，还有一些方法和技巧可以帮助企业创作出更有新意的内容：①创意头脑风暴，组织创意头脑风暴会议或团队讨论，鼓励成员分享和交流创意，激发创意的火花；②创意借鉴与改造，从其他优秀的内容中获取灵感，并根据自己的品牌定位和目标受众进行改造和创新；③敢于冒险和尝试，鼓励团队成员尝试新颖的创意和创作方式，从而打破常规，创造独特的内容；④不断学习和更新，持续学习和关注行业最新的趋势和技术，不断更新自己的知识和技能，以提供创新的内容。

总而言之，内容创意来源的多样性和创新性对于内容营销的成功至关重要。通过受众调研和洞察、行业趋势和热点话题、故事和案例分享、用户生成内容、品牌文化和价值观、创意团队和内部资源、外部合作和合作伙伴、数据分析和趋势预测、跨界合作和灵感借鉴、反馈和用户互动等多个渠道，可以寻找到丰富的内容创意来源。同时，通过创意头脑风暴、创意借鉴与改造、敢于冒险和尝试以及不断学习和更新等方法，可以激发创意，创造出与众不同的内容。

## 5.3.3　内容生产方式

由于互联网传播环境的复杂性、内容生产的多样化，很难简单地对某一媒体的内容生产方式进行单一界定。目前常见的内容营销的内容生产方式有专业内容生产模式（Professionally Generated Content，PGC）、用户参与内容生产模式（User Generated Content，UGC）、职业内容生产模式（Occupationally Generated Content，OGC）、专业用户生产内容模式（Professionally User Generated Content，PUGC）和机器生产内容模式（Machine Generated Content，MGC）五种。

### 1. PGC

PGC 模式主要表现为由专家或者专业机构进行内容的生产，具备专业的内容生产能力，更注重版权与内容的稀缺性，以保证内容的专业性和竞争力。主要产品形式包括音视频课程、专业网站新闻内容、在线教育平台授课等。其中知识付费平台是主要的内容商，如知识付费平台"得到"的课程、知乎 Live 等。主要盈利模式包括围绕知识付费的内容销售、用户打赏、内容周边产品、产品中的点击类广告和内容中的广告贴片等。PGC 模式的优势在于对内容质量要求更高，满足用户明确的求知需求和溯源需求，且内容更容易变现；劣势则是专业内容创作门槛高，盗版问题严重，审核标准严格，平台采购成本高，且社交属性较弱。

### 2. UGC

UGC 模式以普通用户生成内容为主，内容主要由普通用户生产，系统或人工审核通过后展示在平台中，包括知乎的问答社区、豆瓣、微博、微信的朋友圈、抖音等。主要产品形式包括社区、问答、圈子、话题、短视频/音频创作平台等。其优势在于创作门槛低，内容更个性化，满足大众需求，有庞大、可持续输出的内容基础。然而，内容质量参差不齐，粉丝容易集中在头部用户，导致普通用户创作驱动力变弱，用户活跃度和生产能力变得尤为重要。

常见问题包括如何提升用户活跃度和内容质量。可选解决方案如下：提升用户活跃度可通过培养种子用户、降低创作门槛和成本、利用激励体系吸引用户参与、结合内容分发策略提升曝光度等方式；提升内容质量可考虑形成标准化内容和筛选用户质量，以创作更有价值的内容，形成良性的内容生态。

### 3. OGC

OGC 模式是由具有一定知识和专业背景的行业人士生产内容并领取相应报酬的模式。与 UGC 相对立，OGC 的生产主体是从事相关领域工作的专业人员，其内容的典型特征是质量高且深度丰富。相比之下，UGC 的内容质量良莠不齐。

OGC 与 PGC 的区别在于内容创作是否收取相应报酬。PGC 内容生产者通常出于"爱好"或义务贡献知识，而 OGC 内容生产者是基于报酬生产内容的，属于职务行为。举例来说，媒体平台的记者、编辑、版主，以及公司职工采写企业官方网站的内容并供用户浏览，这都是典型的 OGC 模式。相比而言，OGC 模式内容质量高、深度丰富，能够为用户提供有价值的专业内容。

### 4. PUGC

PUGC 模式结合了专业用户与内容生产者，将 PGC 与 UGC 相结合，能够满足更多个性化需求，提供有参考价值的内容。例如，医生普及急救常识、配音演员教配音、HR

分享面试心得等，展现了 PUGC 模式用户在某些领域的专业性。主要的产品表现形式包括移动音视频行业如蜻蜓 FM、喜马拉雅，以及社交电商平台如小红书的美妆博主分享等。其优势在于结合了 UGC 的广度和 PGC 的深度，为专业用户提供变现可能，打通 KOL 与粉丝之间的关系，更容易产生互动。但同样需要保证内容质量，平台需要对用户进行审核认证，建立个人影响力。

5. MGC

MGC 即机器生产内容或技术生产内容，指万物互联和全时在线的数据通过数据挖掘和智能算法生成海量的传感器信息。

综上，PGC 模式产出更专业、更高质量的内容；UGC 模式关注平台功能，用户自主创作内容；PUGC 模式介于 PGC 和 UGC 之间，希望在保持用户参与度的同时追求具有较高专业性的内容；OGC 模式侧重于营销、推广和市场；MGC 作为一种新兴的内容生产模式，聚焦于自动化和智能化，能够在短时间内生成大量内容。选择适合的内容生产方式需要考虑品牌定位、目标受众、资源预算等因素。可以根据目标受众的喜好和内容传达的效果来确定最合适的生产方式，以提供有价值、吸引人的内容。

# 5.4　内容营销案例分析

马应龙是一家拥有四百多年历史的中华老字号企业，其历史源远流长，是中国传统医药文化传承与创新的典范。进入新媒体时代，马应龙凭借一系列成功的营销举措，再次焕发活力，成为备受瞩目的"新网红"。

## 5.4.1　马应龙品牌发展历程

1582 年创始人马金堂在河北定州推出八宝眼粉，成功打开市场。1612 年马金堂的后人马应龙正式挂出"马应龙定州眼药"的招牌，标志着品牌诞生。1821 年其后裔马万兴进京拓业，凭疗效打响"眼科圣药"名号。1919 年马岐山南下武汉设店，推动品牌辐射全国。1952 年，从传统药铺改制为"马应龙制药厂"，开启工业化生产时代。20 世纪 80 年代，面对肛肠健康刚需，时任负责人马惠民结合祖传秘方与现代病理研究，于 1982 年推出"马应龙麝香痔疮膏"，成功开辟肛肠护理新赛道。此后 30 年，品牌以核心品类为基，陆续推出麝香痔疮栓（1990 年）、龙珠软膏（2000 年），并于 2009 年重启眼部护理，推出八宝眼霜（2017 年升级），形成"肛肠+眼科+美妆"的大健康产品矩阵。

## 5.4.2　马应龙内容营销实践

2010—2013 年：创意内容构建年轻化沟通桥梁。马应龙与叫兽易小星团队达成战略合作，三年间创作 30 余部创意短片及微电影。作品以幽默叙事解构肛肠健康话题，通过生活化场景与通俗化表达，将专业医疗内容转化为大众可感知的趣味内容。这类作品凭借社交平台的自发传播，年均播放量达数亿次，打破传统药企严肃形象，在年轻群体中建立"专业且亲和"的品牌认知，为后续营销活动奠定用户基础。

2016 年：国际口碑反哺提升品牌影响力。麝香痔疮膏凭借疗效在海外走红，成为美国网购平台"东方神药"。品牌顺势整合海外用户评价，通过跨境电商详情页、YouTube 科普视频等渠道，将"草本护理"打造成中国医药文化符号。数据显示，2016 年品牌海外搜索量同比增长 200%，跨境销售额突破 500 万美元，实现"产品出海"到"文化出海"的跨越。

2018 年：跨界 CP 引爆文化共鸣。洞察到老干妈与马应龙在海外市场的"饮食-护理"场景关联，品牌主动引导"国民 CP"话题，相关段子在 Reddit、Twitter 广泛传播。马应龙同步在国内发起"老干妈配马应龙，生活有滋有味"话题，联合"双微一抖"打造互动内容，实现两大国民品牌的破圈联动，微博话题阅读量超 8 亿次，品牌百度指数周涨幅达 150%。

2019 年：跨界美妆制造现象级裂变。以八宝眼霜草本配方为基础，推出具有滋养功效的唇膏，引发"痔疮膏品牌出口红"的全网热议。话题自带"老字号跨界""品类反差"双重爆点，微博热搜停留 24 小时，阅读量 12 亿次，带动品牌旗舰店粉丝增长 200%。

2020 年：情感营销提升品牌温度。疫情期间推出短片《两瓣人生》，以"两瓣"双关肛肠健康与人生哲思，用"一瓣失望，一瓣希望"的台词引发情感共鸣。影片将产品功能隐喻为"守护生活每一面"，电影级制作与社会情绪的精准绑定，使其成为年度现象级营销案例，斩获虎啸奖"最佳品牌内容"，B 站评分 9.8，用户评论"第一次为痔疮膏视频流泪"，实现品牌从功能提供者到情感陪伴者的形象升级。

2021 年：文化联名赋能品牌价值升级。借外交部推介湖北契机，马应龙与湖北省博物馆展开联名合作，推出"楚盒"——马应龙八宝 X 湖北省博物馆联名礼盒。礼盒设计融入荆楚文化元素，将产品包装转化为"可使用的文化遗产"。礼盒入选湖北"十大创意礼品"，《人民日报》点赞"让中医药与文物同频共振"，线上预售 3 分钟售罄，带动八宝眼霜系列销量增长 40%，成为"国潮营销"标杆案例，实现品牌价值与文化价值的双重提升。

2022—2024 年：场景深耕驱动传播破圈。2022 年发布《湿厕纸行业白皮书》，联合权威肛肠专家开展"健康厕所中国行"，以科幻短片《一颗子弹的使命》解构核心成分，强化"科技+草本"专业形象。2023 年与黄鹤楼联名推出"楚盒·鹤礼"，斩获中国特色旅游商品大赛金奖。2024 年打造"健康厕所"IP，发布《跑者健康白皮书》，这些内容在 B 站、微博等平台广泛传播。

## 5.4.3 马应龙内容营销的成功逻辑

马应龙内容营销的持续成功，该公司认为源于其对"守正创新、内容增值、品效合一"理念的深度践行。

1. 守正创新：内容营销的根基

守正体现为对中医药传统的匠心坚守与品质传承。从八宝眼粉到麝香痔疮膏，品牌始终以古方为基，结合现代制药技术确保产品疗效，为内容营销提供真实可靠的价值支撑。创新则表现为产品与传播的双重突破：产品端不断拓展大健康领域；传播端率先尝试新媒体创意营销，以年轻化、趣味化内容打破行业传播定式。

2．内容增值：用户共创驱动裂变

马应龙内容营销深谙"从群众中来，到群众中去"的传播逻辑，建立"UGC 采集-创意加工-二次传播"机制：海外用户的趣味评价成为跨界素材，国内消费者的使用故事改编为微电影，社交媒体的互动话题转化为产品灵感。通过挖掘用户反馈构建内容生态，形成"品牌引导-用户传播-圈层扩散"的良性循环，使内容影响力呈指数级增长。

3．品效合一：内容营销目标

每一次内容营销活动均指向明确目标：短期带动销量（如跨界口红首月卖断货），长期积累资产（如非遗联名提升品牌文化价值）。通过"有趣吸引关注、有益建立信任、有效促成转化、有节操坚守底线"的"四有"标准，确保内容既具传播力又不失格调，实现品牌与销量的相互促进。

### 5.4.4　结语

马应龙的内容营销实践，是老字号品牌在新媒体时代"有势借势、无势造事"的典型范例。通过坚守品质根基、洞察用户需求、创新传播形式，品牌持续打造流量池并实现商业转化，最终达成"推广品牌、销售产品、传递价值"的多重目标。

**本章小结**

本章主要介绍了内容营销的基础知识，指出内容营销的概念及作用，进一步介绍了内容营销的原则，并在此基础上阐述了内容营销的三种策略，包括内容生态构建、内容创意来源、内容生产方式。本章最后剖析了马应龙内容营销的成功案例。

**关键术语**

内容营销（Content Marketing）
目的性（Purposiveness）
趣味性（Interestingness）
价值性（Value）
社会性（Sociality）
关键意见领袖（Key Opinion Leader，KOL）
关键意见消费者（Key Opinion Consumer，KOC）
专业内容生产（Professionally Generated Content，PGC）
用户参与内容生产（User Generated Content，UGC）
专业用户生产内容（Professional User Generated Content，PUGC）
职业内容生产（Occupationally Generated Content，OGC）

机器生产内容（Machine Generated Content，MGC）

## 课后习题

1. "内容为王"是什么意思？什么样的内容有传播效果？
2. 内容营销在新媒体营销时代可以发挥什么作用？
3. 内容营销应当遵循哪些基本原则？
4. 如何在内容营销中增加趣味性？
5. 内容营销与广告、公关的区别是什么？

## 即测即练

自学自测

扫描此码

# 第 6 章
# 社 群 营 销

## 学习目标

1. 了解社群营销的概念。
2. 了解社群营销的作用。
3. 掌握社群营销的原则和策略。

## 案例导入

### 小米：为发烧而生①

凯文·凯利（Kevin Kelly）在其著作《技术元素》中曾提出一个著名的"1000 粉丝理论"，即你只需要 1000 个粉丝就能养家糊口。他认为，创作者，如音乐家、摄影师、工匠、演员、动画设计师、视频制作者或作家，换言之，也就是任何创作艺术作品的人，只需要拥有 1000 名铁杆粉丝便能糊口。这里的"铁杆粉丝"是指无论你创造出什么作品，他们都愿意付费购买，甚至愿意驱车 200 英里来听你唱歌。小米手机"不花一分广告费，第一年卖 100 万部手机"快速崛起的故事，每个人都耳熟能详，这就是社群营销。雷军也被称为中国社群营销的鼻祖。

2010 年小米初建社群时，并不是直接卖手机，而是找了 100 个手机发烧友体验正在开发的 MIUI。据说，有一些发烧友甚至是雷军亲自打电话邀请的。这 100 个手机发烧友成了小米的"天选之子"。他们帮助小米完成新品测试，反馈意见并帮助修改 bug。他们在小米社群实现了第一轮的传播裂变，吸引了无数粉丝，保证了社群的活跃度与凝聚力，最终实现了小米社群从 0 到 1 的蜕变。这些发烧友，现在被称为极客 KOC，他们愿意发现品牌、产品、公司的理念；他们愿意在体验并认可小米产品后，通过自己传播出去；他们愿意陪伴小米一起成长，支持和容忍其成长路上的好与坏。为了表示感谢，小米把这 100 个 KOC 的论坛 ID 写在了开机页面上，还拍成了微电影，他们被小米称作"100个梦想的赞助商"。

小米在创立之初就把"为发烧而生"作为品牌初衷，专门为"米粉"建立小米论坛，把用户作为其品牌价值创造的贡献者。米粉可以通过线上论坛进行自由沟通，为公司未

---

① 人人都是产品经理.无 KOL，无社群[EB/OL]. (2020-12-25) [2024-10-20]. https://www.sohu.com/a/440434993_114819.

面世的新产品提出用户意见，并参与到公司营销方式的设计中来，这样使公司更能了解用户需求，加深公司新产品与用户之间的联系。此外，小米在一系列社交媒体上的运作维护吸引了大量手机用户关注点赞。在线下渠道方面，小米在各大城市举办同城会、爆米花节、粉丝年会等一系列线下活动，以增进企业内部人员与用户之间的情感联系和沟通频率，培养用户的认同感、依赖感和参与感。这种与用户之间建立直接沟通和联系的方式为小米赢得了极高的社会关注度和流量。小米初期的社群营销是一种以用户为中心、注重参与感和口碑传播的策略。通过精心策划的活动和真诚的沟通互动，小米成功地建立了自己的品牌形象和口碑基础，积累了庞大的"米粉"，为后续的发展奠定了坚实的基础。数据显示，2023 年 6 月，全球 MIUI 月活跃用户数达 6.06 亿，同比增长 10.8%，其中，中国大陆 MIUI 月活跃用户数达 1.49 亿。不仅 MIUI 在积累粉丝、小米产品在积累粉丝，雷军本人也在积累粉丝。2024 年 9 月 25 日，雷军在抖音的粉丝高达 2951.4 万。

根据上述案例，可以得知社群营销的基本内涵和作用就是通过好的活动、好的内容，吸引用户，增强互动，提高用户黏性，实现营销目标。

本章将围绕如下问题展开探讨。第一，社群营销是什么？有什么作用？第二，怎样构建社群？第三，怎样保持社群的活跃度？第四，社群如何变现？让我们一起来探讨社群营销领域的具体内容吧！

# 6.1　社群营销的内涵及作用

## 6.1.1　社群营销的概念

"社群"，源于英文 Community，早期出自人类学和社会学领域，最初是由德国社会学家斐迪南·滕尼斯（2001）提出，认为社群成员间有意愿互相帮助并乐于接受他人的指导，有着共同利益，彼此之间享有和欣赏。从生物学角度看，社群具有群落的一定意义，在社群中更强调成员的内部组成的社会关系。这也决定社群并不是单个元素的组成，而是由组成群体之间产生高频的交互关系，从而组成相互协调的群体部落。

在早期信息技术不发达的情况下，社群将一群有同样需求的人们聚集在一起，旨在解决大家某方面共同的问题并提供相互协助，信息互通。早在 1974 年，丹尼尔·J.布尔斯延就提出过"消费社群"（Consumption Community）的概念，认为消费社群是"消费者在决定消费什么以及怎样消费的过程中自发形成的一种无形的关系群体"。后来，赛斯·戈丁 2008 年在《社群 Tribe》中提出，人们因为重要的理念在一起，并聚在某个人麾下的时候，便形成了社群。在移动互联网时代，社群也称为在线社群，指的是拥有相同属性或标签的群体构建的社交圈。社群成员以移动互联网为连接渠道，虽然身份不同，但有相同的目标、期待、社交需求等，去中心化趋势明显。马蒂·纽迈耶于 2020 年在《品牌翻转》中创造性地提出："在这个极易形成圈子的时代，衡量的基本单位不再是细分市场，而是社群。"由于社交平台的多元化，在线社群的种类也多种多样。以微信、QQ、小红书为代表的社交网络平台日益增多，社群营销逐渐渗透到人们的日常生活中并发挥着重要作用。

社群营销，顾名思义，是指以社群为基础的营销策略。随着网络社区营销和社交媒体营销的发展，用户之间的联系和交流越来越多，社群营销也成为一种缩小信息差的营销方式。更通俗地说，社群营销是通过互联网等移动终端，例如微信、微博、QQ 等，实现点对点的垂直性集中营销的过程。目前关于社群营销的概念尚未统一，众多学者在研究中对其作出了不同的定义，详见表 5-1。

表 6-1　社群营销不同的定义

| 研究者（年份） | 社群营销界定 |
| --- | --- |
| 唐兴通（2015） | 社群营销是利用社群的分享和连接功能，将企业的内容传送到特定的社群关系网络中，以获得商业回报的策略 |
| 李嘉欣（2017） | 社群营销是借助社群成员对社群的归属感和认可度，通过互联网超强的传播效应以及良好的互动体验，增加群员之间的黏合度和归属感，形成强大的凝聚力而建立的新型营销模式。它能够让群员自觉地传播品牌，甚至是直接销售产品进而达到营销的目的 |
| 武永梅（2017） | 将微信、微博、论坛和线下社群等作为载体，并利用这些载体实现人气聚集，以产品或服务的形态实现对社群成员需求的满足，由此产生的商业形态就是社群营销。通俗来讲，社群营销就是为了实现将兴趣群向消费群的转变，以社群成员间持续互动所形成的社群情感为纽带，达到产品宣传、销售或服务的目的 |
| 刘丽（2018） | 社群营销是一种互动性强、自行运转的情感营销，它为达到营销目的，借助网络的传播性、成员共同价值观、情绪化、归属感和认可度建立特定的营销环境。在营销中，社群成员自觉传播信息或品牌，从而满足需求或直接销售产品 |

唐兴通在其著作《引爆社群：移动互联网时代的新 4C 法则》中提出了关于社群营销的移动互联网时代的新 4C 法则：在合适的场景下（Context），针对特定的社群（Community），利用有传播力的内容或者话题（Content），通过社群网络中人与人连接（Connection）的裂变，实现快速扩散与传播，从而获得有效的传播和商业价值。第 1 个 C 是场景（Context）：企业在开发、销售产品和服务的过程中必须从用户的使用场景出发，选择合适的场景，能触发用户增长或裂变，使营销信息更加有效地深入人心。第 2 个 C 是社群（Community）：打造特定的社群，即精准的用户定位，为营销提供载体，便于营销运作。第 3 个 C 是内容或者话题（Content）：特定的内容，是社群成员主动传播的原动力，是保证社群长期可持续发展的基石，也是企业销售产品和服务的关键载体，如何创造出深受社群成员喜爱的内容是企业管理者需要关注的重要话题。只有满足用户需求的内容才能打动人心。在社群营销中，需要更加关注内容在传播中的魅力。第 4 个 C 是连接（Connection）：社群营销中，以有效的方式触发人与人的连接。通过拿捏社群节点，人与人之间的传播效率得到提升，直达核心。上述新 4C 法则中，需要额外关注的是场景（Context）。这里的"场景"指传播的环境及相关因素的总和，它是营销发生的一个背景，关注的是顾客在物理位置上的集中、需求的集中、群体的情绪及状态的集中。实际上，场景之争的核心就是：用户在什么时间会用我们的产品？在什么场合可以使用我们的产品？我们的产品在用户生活的场景中充当什么样的角色？我们经常讲，厉害的企业打造"场景"，比如阿里巴巴特立独行地打造"双十一"电子商务购物节，不仅获得了消费者的注意力和购买力，也获得了大众媒体的关注。企业在创造属于自己的场景之后，可以很好地从场景事件中受益。如果企业没法创造场景，也可以借势场景。比

如：马应龙从新闻、社会热点、社会化媒体中寻找营销场景，产生了"马应龙+老干妈"网红CP、马应龙口红刷屏等热点语境，形成良好传播效果。

社群营销包含五类基本要素：I（Interest），代表同好，同好是构成社群的首要条件，是社群成员之间共同或相似的兴趣爱好、价值观念或行为等；S（Structure），代表结构，包括社群内部成员构成及运营管理规则等；O（Output），代表输出，社群的价值取决于输出，输出也是衡量一个社群能否稳定持续发展的重要指标；O（Operate），代表运营，运营机制决定了社群的寿命，影响着社群的活力；C（Copy），代表复制，通过不断裂变可以扩大社群的规模，复制决定了社群的规模。由于情感归宿和价值认同是社群存在的核心，所以产生情感分裂的可能性也会随着社群规模的增大而急剧增加。以上五大基本要素构成了社群营销的"ISOOC"模型。

## 6.1.2　社群营销的作用

社群营销是当今数字化时代的一项重要战略，通过社交媒体平台构建和社群管理，与用户进行深度互动和沟通，从而提升品牌知名度、用户忠诚度和销售转化率。社群营销在企业的运营中可以起到以下5个作用。

### 1. 提升品牌知名度和品牌形象

社群中的参与者是企业最忠诚的消费者，他们会积极地参与品牌相关的活动和讨论，并主动将品牌信息传播给身边的人，形成口碑传播，这有助于扩大品牌的影响力，提升品牌形象和知名度。通过社交媒体平台，企业可以与潜在客户建立更紧密的联系，分享有关品牌、产品和服务的信息，提升品牌形象，并与受众建立信任关系，从而吸引更多的潜在客户。

### 2. 实现精准营销

社群营销是针对特定的消费者群体进行营销的方式，相比针对全部消费者进行营销，社群营销更能够对消费者的基本特征进行分析，针对其消费需求进行营销，营销行为完全基于消费者的消费需求，信息的传播更加精准。移动互联网时代，信息繁多，社群营销相较于传统营销模式更具有针对性。企业可以通过社群营销将目标受众聚集在一个平台上，与他们直接进行互动和沟通。这种针对性的市场定位可以帮助企业更精确地传达信息，提高营销效果。

社群营销能够实现精准营销的一个重要基础是大数据，通过注册信息，获得社群用户的职业、性别、地理位置等基本属性，使用社交账号关联登录等注册方式可获得更详细的用户信息。社群营销可以借助大数据和云计算等技术，根据顾客过往的需求偏好、消费行为和购买能力等，做到有的放矢、精准营销，大大提高商家的投入产出比，提高商家的营销效果。精准营销不仅可以提高转化率，而且可以积累有效粉丝，通过粉丝转发分享文案，产生裂变式营销。

### 3. 增强客户黏性

社群营销将有着相近购物的人群聚集起来，通过市场定位和大数据分析，企业或商家可以了解客户的需求和喜好，为目标客户提供更精准的服务和产品，这样有利于忠诚度的提高和客户黏性的增强。

此外，社群营销可以让企业或商家与用户进行直接的互动，收集用户反馈、了解用户需求、解答问题等，与用户建立更紧密的联系。当社群形成独特的社群文化及社群情感价值时，不仅可以提高用户的复购率，增强用户对品牌的参与感和忠诚度，还为企业提供了宝贵的市场洞察机会，以便及时调整产品和营销策略，保持竞争优势。

### 4. 降低营销成本

相较于传统的营销方式，社群营销通常具有更低的营销成本和更高的性价比。与直接在传统媒体上进行广告投放相比，其成本十分低廉，降低了企业开展市场营销的成本压力。创建和维护社交媒体账号相对便捷，发布内容和与用户互动也相对简单。同时，社群营销可以通过社交媒体平台的广告工具进行精准投放，提高广告的效果和投资回报率。这使得中小型企业也能够承担起营销活动，获得良好的市场推广效果。

在传统电商销售模式中，商家主要依靠购买平台流量、拼价格获得顾客，营销推广费用较高，而且顾客极易流失。社群营销中的消费者群体通常具有共同标签、共同的兴趣爱好或需求痛点，可以有针对性地开展营销，引导消费者通过转发朋友圈、积攒人脉、拉人进群等方式短时间内实现社群裂变，社群的规模、数量、质量因此也提升。如果后期运营得当，这群具有相近价值观的消费者，就能够与商家保持较强的黏性，转化和复购的能力也较强。社交平台是商家和用户之间的纽带，大大降低了双方交流和互动的成本。通过这个纽带，商家更容易了解用户的消费需求，提升用户的售后评价，吸引更多的客户加入社群。

### 5. 实现口碑传播

口碑是移动互联网时代影响消费者决策的核心因素。相较于传统的广告传播和明星代言等，消费者更愿意相信口碑传播的信息，从而在信任的基础上产生购买行为。社群营销借助互联网极强的传播效应，让群员自觉传播甚至直接销售产品。社群营销能够通过用户的分享、评论和点赞等行为，实现信息的快速传播和影响力的扩散。如果企业能够提供有价值的内容和引人注目的活动，用户往往会主动分享给他们的社交圈子，从而进一步扩大品牌的影响力，产生更多的曝光和潜在客户。企业可以借此提高产品的信誉度和吸引力，获得更多的客户资源。

## 6.2　社群营销的原则

### 6.2.1　提供价值

社群营销的核心是提供有价值的内容，以吸引和留住用户。社群用户更看重的是社群能给他带来什么，能让他获得什么。如果社群没有输出有价值的信息，那么用不了多久，社群用户就会纷纷退"群"。

此外，人的存在离不开对自身价值的肯定，传统意义上基于实际人际关系的价值获得标准也在互联网的侵入下悄悄发生了改变。实际上，线下的紧密人际关系受工作、生活、地域等限制，关系的维系成本越来越高，关系也越来越疏离，通过传统人际关系来获得价值肯定与认同的难度系数也在日渐提高。移动互联网与社交平台结合产出的社群让这种问题得到解决，价值获得感找到了一个虚拟的出口。点赞、转发、分享等一系列技术发明让关注与肯定更加容易，庞大的在线人数保障了价值获得的即时性。热闹的网上社群、疯狂的打卡与点赞是一场虚拟的"相互取暖"。虚拟的社群满足了人们真实的需求，这种虚拟的关系与价值获得迅速为网民接受，并吸纳越来越多的人加入。要想建立与消费者的高黏性，获得消费者的忠诚与依赖，只有真心实意地为消费者考虑，帮消费者找到在社群存在的价值感，才能实现商家的目的。

在社群营销模式下，消费者不仅是企业的商品购买者，更是商品的销售者、品牌的推广者、企业价值的受益者。被动消费变为主动传播，企业产品的好坏、品牌的传播与消费商的利益息息相关。消费者转变为消费商之后，可以根据自身体验与用户反馈参与企业产品设计、修改，不再只是单一被赋予价值的一方，而是企业成长的推动者。消费者自身价值得到极大体现与满足，创造了一种企业与消费者共享价值、相互促进的良性关系。

价值感的获得是社群存在的基础，给社群成员带来价值是企业或商家维系与社群成员良性关系的重要组成部分。优质的产品结合针对性的优质服务，有利于加强与社群成员的良性关系，继而持续提高社群成员的黏度，创造更多的社群资源。

对于社群价值，要注意几点：一是价值要尽可能抓住群成员的痛点；二是价值要具体，让群成员看到具体价值所在；三是价值要有回报载体，如"趁早"社群有自己的微店，出售各种衍生产品，"罗辑思维"有自己的电商平台——得到 App；四是价值要有互惠互利的共生点，如学习 PPT 的核心群，管理员有定制 PPT 的订单会，推荐群成员去挑战，群成员彼此之间也经常打赏、分享彼此的好作品，互相帮助扩大个人品牌的影响力，这样的社群因为有了互惠互利的关系，价值自然就显现出来了。

### 6.2.2　用户至上

社群营销不仅是销售产品，更是与用户建立深厚情感联系的纽带。我们需要尊重用户，倾听他们的声音，关注他们的需求，并提供及时的反馈和帮助。如除了提供优质产品外，还可以提供培训和指导，帮助社群成员成长和提升。这不仅可以增强他们对社群的归属感，还可以让他们成为社群的活跃分子和推动者。

社群营销坚持用户至上原则的理由主要有以下两点：首先，用户是社群营销的核心。社群营销的本质是建立与用户的深度连接，满足他们的需求和期望。只有真正关注用户，了解他们的需求，才能提供有价值的产品或服务，从而赢得用户的信任和支持。其次，用户至上原则有助于提升用户体验。在社群营销中，用户体验是至关重要的。通过关注用户反馈，及时改进产品或服务，可以让用户感受到被重视和关心，从而提升他们的满意度和忠诚度。可以说，用户至上是实现商业目标的关键。

### 6.2.3　互动参与

互动参与指通过举办活动、讨论等方式，鼓励用户积极参与社群互动，提高用户的黏性和忠诚度。

之所以强调互动参与，是因为互动与参与在社群营销中满足了人们的社交、尊重与认同、自我实现、信息获取以及娱乐休闲等多重需求。这些需求的满足不仅可以提升用户的满意度和忠诚度，还可以促进社群的健康发展和长期繁荣。

### 6.2.4 规范管理

社群规范管理是建立明确的社群规则和管理制度，确保社群的运作有序、公正和透明，为用户提供一个健康、积极的社群环境。社群规范管理的重要性不容忽视。首先，维护社群秩序。明确的规范和管理能够确保社群成员的行为符合既定标准，防止不良信息和行为的出现，从而维护社群的秩序和稳定，推动社群成员之间的合作与交流，实现社群的持续发展。其次，提升用户体验。一个管理规范的社群能够为用户提供清晰、有序的交流环境，使用户能够更加轻松地获取信息和参与讨论，提升用户体验。

### 6.2.5 持续运营

持续运营是社群营销的另一个重要原则。社群营销不是一劳永逸的事情，也绝非创建一些微信群那么简单，而是需要运营者持续不断地输入内容、知识与情感，通过高质量、高频度的互动，保证较高的社群活跃度，与用户的关系由"我说你听"的弱关系转变为讨论交流的亲密关系。总之，只有坚持不懈地提供优质的内容和服务，才能不断提升社群的影响力和忠诚度。

## 6.3 社群营销的策略

### 6.3.1 社群定位

我们为什么要建立社群？通俗地讲，就是让对的人在一起做对的事。"对的人"就是要吸引精准的成员，"对的事"就是要明确这个社群的主题。也就是说，社群需要有一个优质的输出来满足特定的主题。

社群定位是社群营销的起点，它涉及确定目标受众和社群的特征和兴趣。社群是由有着共同兴趣和需求的人组成的群体。在微信群、微博、小红书等网络平台，他们目标相似，有着相同的话题；彼此分享消费经历，举办主题活动。社群营销的优势在于通过高质量的内容、新颖的传播方式、人性化的服务等将原本与企业没有关系的潜在客户转化为弱关系乃至强连接的用户，通过赢得口碑来促进复购和传播。通过社群定位，可以确保品牌将资源投放到与目标受众紧密相关的社群中，以增加参与度和互动性。因此，建立社群之前一定要做好定位，确定合适的目标受众、明确社群主题，从而更好地与客户建立联系，以达到与粉丝共振的目标。

社群定位非常重要。它为社群的构建、运营和发展提供了明确的方向和指导。社群定位的重要性具体体现在：一是明确目标用户。社群定位有助于确定目标用户群体，明确他们的需求和期望。这有助于社群在内容创作、活动策划等方面更加贴近用户需求，提高用户的参与度和满意度。二是树立独特形象。一个明确的社群定位能够帮助社群树立独特的形象和品牌。在众多的社群中，一个独具特色的社群更容易吸引用户的关注和兴趣，从而增加用户黏性和忠诚度。三是指导内容创作。社群定位决定了社群的内容方向和风格。明确的社群定位能够指导社群成员在内容创作上保持一致性和连贯性，避免内容杂乱无章，提高内容质量和可读性。四是促进用户互动。社群定位有助于筛选出具有共同兴趣和需求的用户，这些用户更容易在社群中产生共鸣和互动。通过促进用户之间的互动和交流，可以进一步增强社群的凝聚力和向心力。

商家需要了解目标受众的特点、需求和偏好，以便精确定位适合他们的社群。那么，什么是适合的社群呢？商家又该如何去进行精确定位呢？

适合的社群是指群内成员都有着相同的身份属性或共同的兴趣爱好，有类似的目标和需求，或者有情感、地缘的联系。基于"同好"而聚集在一起的社群成员，无论来自天南海北，都会因为有共同的标签或者情感积累，把各自身上相同的部分不断提升和放大。情感纽带是社群构成的首要因素，最明显的体现就是一群拥有共同价值追求或经济目的的群体构成的社群。这样的社群能持续地产生让人感兴趣的新话题、新内容，或让社群成员实现其价值，这就是适合的社群。这种定位要足够清晰、细分、精准，才能让大家针对某一个话题展开讨论，协同实现一些目标。这可以通过市场研究、用户调查和数据分析等方式来获得。同时，定位的主题一定是小的、领域细分的、比较精准的。因为只有社群的方向、话题相同，才能讨论并产出价值，社群也才能成长起来。

精确定位社群，重点是抓住如今互联网大数据分析平台的优势。企业应利用互联网大数据分析平台，关注社群成员在网络平台上的留言和互动，将其兴趣爱好、购物偏好、性格特点等进行数据化处理，根据云端整理的数据将不同社群进行分类，从而达到精准定位和精准营销的目的。企业应通过精准定位市场，根据社群个性化、多元化的需求，推出满足社群成员需求的产品。

在如今的电商行业中，对于大数据的使用最早可以追溯到亚马逊和淘宝等平台。当消费者在淘宝网站上有关于某个商品的浏览或者购买行为，再次登录时很可能会再看与该产品有关的信息。为了提高广告推送的效率和精准度，企业会收集用户访问网站时的浏览数据以及消费行为并进一步分析，力求为每一个客户制作用户画像。用户画像的刻画在于对用户的消费喜好、生活习惯等基本信息进行收集、划分和处理。这有利于企业从全视角去观察消费者的需求，进一步实现对消费者消费行为的预测。这些数据对企业后续开展营销活动有较大的参考价值。用户画像的构建和应用，是电商企业利用大数据实现精准营销的核心。接下来将详细探讨构建用户画像的具体步骤，以帮助电商平台更好地理解和满足用户需求。

第一步是获取用户画像的数据来源。使用者的行为资料主要来自消费者访问网页时所记录的信息，包括搜索、浏览、跳转、点击等。除此之外，还可以通过网络爬虫技术追踪使用者在整个平台或网站的行为。结合相关规则与信息，综合两者预测用户行为，并形成用户画像，以精准预测用户的未来行为。正常情况下，使用者的学历、职业、所在地区、收入、年龄等因素，即基本资料都是比较固定的，可以作为一种辅助资料。通过对已捕获的用户画像进行数据挖掘，建立了一个基于特征的用户画像标记系统。

第二步是建立用户画像的标记模型。"打标签"是形成用户画像最关键的一步，它通常有精确的分类特性，比如行为偏好、地域、性别、年龄等。在此基础上组合这些标签，形成一幅"画像"。在实际应用中，用户标签技术为精确定位投放提供了便利，使电脑可以捕捉用户行为，这有利于企业锁定目标群体。用户标签主要呈现出两个特点：一是语义化，即对标签的含义可形成直观的认知；二是简短精练，每一个标记所对应的定义都是不同的。因此，如以用户画像为载体开展精准营销工作，应明确界定市场的目标群体和目标，以便精准地界定产品的品牌和应用。

第三步是在数据分析与渠道优化的基础上，通过社区的平台传播途径，将产品的内容和信息传递到目标客户。与传统的销售方式相比，精准定位的社群营销可以最大限度地减少对用户的干扰，并且可以跟踪、监测用户的真实需求从而进行有针对性的信息投放，并为用户提供个性化的产品介绍，从而激发用户的购买欲望。在社群营销中，用户画像除了推广购物链接、投放广告外，其精准营销思路还充分体现在精准推荐兴趣内容、用户关注等方面，这些都有利于提高整个社群的活跃度，提高用户对平台的黏性，对社群形成特别的依赖性与好感。

精确定位社群，就是要利用好粉丝这类最优的客户资源。企业要想更好地连接粉丝，就要清楚地知道自己想影响的是哪一类粉丝。企业明确自己的目标粉丝后，就可以考虑如何找到与自身品牌定位相符的社群，然后去建立产品与社群粉丝的关系。在最初的营销阶段，将产品与目标社群放在一起，这样才能产生良好的营销效果。国内著名女性时尚社区美丽说在选择粉丝之前，认真地进行了审视。通过审视，美丽说找到了适合自己的营销社群，成功地连接了这个社群的粉丝。

联结更多的粉丝是取得社群营销成功的关键，其前提是给粉丝提供优质的产品和服务，这样才能提高社群的黏性，长期得到粉丝的关注。美丽说成功联结到 QQ 空间的粉丝之后，非常注重提供优质的产品和服务，这大大提高了粉丝对它的黏性，使得众多女性网友活跃于 QQ 空间上。美丽说会针对女性的特点，在 QQ 空间中做有针对性的产品推广或是营销活动。例如，美丽说针对夏季女性需要凉鞋的需求向粉丝推荐了凉鞋，或是针对女性爱美、夏天怕被晒黑的特点做了遮阳伞的推荐。这些有价值的产品推广都是根据粉丝的需求而进行的。

总之，企业做社群营销，一定要善于抓住互联网大数据分析平台的优势，连接更多的粉丝进行社群定位。通过大数据进行用户画像，寻找到适合的目标客户群体并发展为粉丝。抓住粉丝的痛点，然后把自己优质的产品和服务带给粉丝，如此才能取得营销的成功。

## 6.3.2 社群构建

社群构建是指建立一个具有吸引力和活跃性的社群环境。这包括选择合适的社交媒体平台和在线论坛，以及创建社群的形式和结构。品牌需要考虑目标受众的偏好和习惯，选择最适合他们的社群平台。然后，通过吸引人的内容、促进用户参与的互动机制、社群规则和价值主张等方式来构建社群。关键是在社群中提供有吸引力的内容和体验，以吸引用户加入并参与社群。

## 1. 选择合适的运营平台

建立社群一定要选择一个合适的运营平台，可以采取线上与线下相融合的形式，合理利用外部资源。一方面，企业要积极利用线上平台，如新媒体平台、微博等，通过文字、图片、视频等进行多种多样的品牌营销传播，使得产品信息能够快速传播给消费者，让消费者能及时掌握一手信息。在2019年中国社群电商年度报告中，目前我国相对流量较大且用户活跃的平台包括微信、微博、抖音、小红书等，这些社区和平台不但在全国范围内拥有超高的知名度，而且目前这些平台大部分还是免费使用，与自建App昂贵的开发和维护成本相比，前期选择流量较大且费用相对较低的平台可以规避一些风险。例如秋叶PPT社群成立之初就迎来了三万多的用户，迅速形成了线上社群。秋叶PPT社群定位于学习型社群，该社群以QQ群为主要载体，社群成员以共同交流学习、分享PPT模板、提升制作PPT的技能为中心，并且围绕在线学习展开。另一方面，建立线下体验店不但可以让社群成员亲身感受和体验产品的品质和个性化，而且成员间可迅速实现线下聚集，进行面对面的沟通，使线上与线下社交深度融合，实现信息及时更新与共享，使互联网社群更加现实化、生活化。而具体哪一种社群运营平台更好，要根据社群的定位和运营规则来确定。

（1）可以从使用功能的角度进行选择。主流的社群运营平台是QQ和微信。二者在人数限制上有所区别，微信群的群成员数量上限是500人，QQ群可以达到2000人。此外，QQ群有群文件、群视频、禁言等多种管理功能，有利于社群的维护。

（2）可以从用户习惯的角度进行选择。现在QQ的活跃人数和微信的活跃人数不相上下。选择平台时应考虑用户年龄、地域等诸多因素。例如，《天天酷跑》这款游戏根据用户的年龄层，建立了酷跑QQ群、微信群以及游戏直播平台，用户可以通过线上的虚拟社群和线下的现实社群进行交流。

（3）可以从商业经济的角度进行选择。商业社群探索的是基于付费模式来设计运营规则。哔哩哔哩在互联网商业社群的建立上有着丰富经验，并取得了良好效果。首先，哔哩哔哩通过限制会员注册，保证了哔哩哔哩社群环境的相对纯净，这给成员带来了良好的用户体验，同时也使成员具有相近的需求，从而便于商业化运作。其次，哔哩哔哩在成长阶段采取积极的行动，及时获得融资和相关许可证件，在"二次元"领域正规化的竞争中取得了先发优势。最后，在成熟阶段，哔哩哔哩推出了收费会员服务，其网络社群的特点可以克服主流视频平台收费会员服务的不足。哔哩哔哩通过提供更多的内容，对主流用户进行细分，形成了无数小社群并对它们进行融合。这些社群都依托哔哩哔哩，使哔哩哔哩成为社群平台。

## 2. 社群的表现形式

社群的表现形式主要有五种，分别是社群名称、社群口号、视觉设计、社群黏性、主动"洗粉"。

（1）社群名称。社群名称是较为重要的符号，是所有品牌的第一标签、第一印象，所以要特别重视。一般来说，社群名称命名有核心源头延伸法，一方面是从灵魂人物/事物延伸，比如螺蛳粉粉友会、樊登读书会、"罗辑思维"推断学习群等。另一方面可以从核心产品延伸，比如××明星米粉团、××吃货联盟等。社群名称命名也有涉及内容、爱好、属性及理念等的目标用户法，针对内容方面如干货帮，针对爱好方面如驴友会、爬山团，针对属性方面如红粉团、穿搭社。

（2）社群口号。社群口号是突出本社群特征的重要方式，一般包括功能型、利益型和三观型三种。功能型，如"百度一下，你就知道"。利益型，如"每天一斤奶，强壮中国人"。三观型，如"女人，应该对自己好一点"。

（3）视觉设计。社群的视觉设计要凸显仪式感、统一感。不论是线上传播还是线下活动，视觉设计都很重要。以 BetterMe 大本营社群 Logo 为例，如图 6-1 所示。

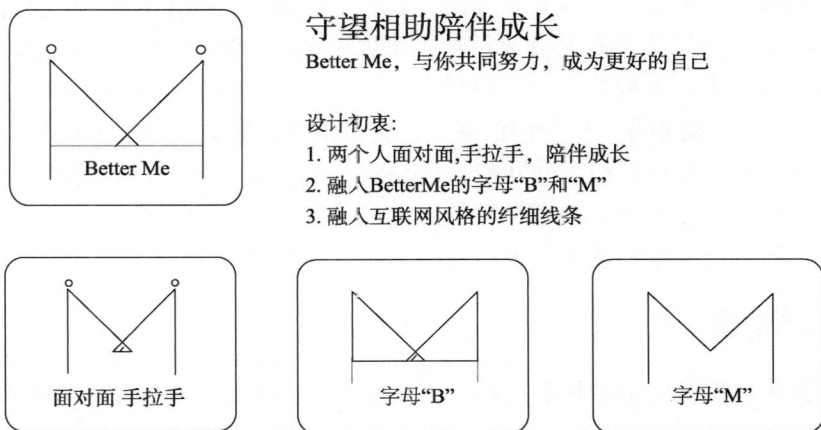

守望相助陪伴成长

Better Me，与你共同努力，成为更好的自己

设计初衷：
1. 两个人面对面，手拉手，陪伴成长
2. 融入BetterMe的字母"B"和"M"
3. 融入互联网风格的纤细线条

图 6-1　BetterMe 大本营社群 Logo

（4）社群黏性。社群黏性的增强可以考虑从形式和节奏入手。运营者用某一种自己所擅长的形式持续输出内容，并通过和群成员交流、互动来不断强化共同的价值观，常见的有官方内容、互动形式、周边产品以及线下活动等方式。群成员按照固定的节奏与方式参与这些社群活动，从而形成固定的使用习惯，对下次活动产生预期，参与度也会提高，用户黏性就会增强。

（5）主动"洗粉"。主动"洗粉"是指筛选具备共同认可的"三观"的人。在有必要时，必须放弃一部分群成员。需要注意的是，主动"洗粉"策略建议慎用，与其一开始随便引入，后期"洗粉"，不如一开始就设置好社群进入门槛。

3．创建社群的结构

在社群的结构方面，有两个主要组成部分，一个是"成员结构"，另一个是"社群规则"。

1）成员结构

一个运作完善的社群中有多元化的角色，构成了社群的成员结构，包括创建者、管理者、参与者、开拓者、分化者、合作者、付费者。

2）社群规则

运营好社群要求社群管理者制定一个符合社群定位的社群规则，规则模式可以先从一个社群做起，验证模式的可行性，最后进行大规模复制。从本质上来讲，社群规则是规定这个群的文化是什么，包括引入规则、入群规则、交流规则、分享规则、淘汰规则。

（1）引入规则主要是为社群设立进入门槛。发现并号召那些有"同好"的人聚集在一起形成金字塔或环形结构，成为社群，最初的一批群成员会对以后的社群产生巨大影响。

（2）入群规则是指群成员入群后需要遵守的一系列规则规范。例如自我介绍、群的系列化命名和视觉统一、合理使用群公告以及告知入群须知等。

（3）交流规则一般是与社群自身的定位有关的，最简单的办法就是社群管理者小范围尝试后，将出现的常见问题罗列出来，然后一一对应设置群规。

（4）分享规则一般包括运营者主导制、嘉宾空降制、轮换上台制和经验总结制等。

（5）淘汰规则常见类型有人员定额制、犯规剔除制、积分淘汰制等。人员定额制：不能超过多少人／进一人剔除一人。犯规剔除制：影响到社群正常秩序的行为必须及时制止，若影响过大，则剔除。积分淘汰制：群成员根据成果质量的不同换取不同的积分，一个周期过后，积分排位在后面的几位必须剔除，然后进行新一轮的招募。

在选择合适的运营平台，创建社群的形式以及结构后，商家就成功地构建了社群。在此基础上，我们将继续探索如何进行社群运营及商业变现。

### 6.3.3　社群运营

社群运营是社群营销中的核心策略，涉及与社群成员的互动、内容管理和活动组织。品牌需要积极参与社群，回复用户的评论和提问，提供有价值的内容，促进用户互动和交流。社群运营还包括定期发布有趣和相关的内容，组织活动、讨论和比赛，以增加用户的参与度和忠诚度。此外，社群管理也是社群运营的一部分，包括管理社群规则、监控社群活动和回应用户的反馈。

1. 社群运营的典范

如何让用户提供有价值的内容？小红书的 UGC 营销模式是社群内容营销的典范，即用户在小红书平台发布原创内容。社群的用户可通过 UGC 内容获取更多与产品有关的信息、产品服务、品牌官方信息等。从理论上看，此类信息的真实性非常高。这些有利于消费者充分理解 UGC 内容，并提高消费者的依赖度。依托 UGC 的方式，小红书可相互安利并推荐"种草"，用户真实的体验分享极大地提高了产品分享的可信度，同时彼此间相互安利也更具亲切感。而这一模式的成功主要在于使得流量实现了转化。在社群里很容易吸引流量，但很难提高社群活跃度，这就是说并不是所有人都能够通过社群推广品牌或者说虽然推广了，但是无法提高社群活跃度，不能变现也不能获得社交红利。小红书是专注于女性用户的，所以平台以女性分享、喜欢、炫耀为主。小红书通过 UGC 模式极大提高了活跃度，由此给平台带来了超高的价值，更好地实现了社群运营。

具有活力的社群，需要精细的运营，包括丰富的周边活动、高光露出和个体关怀。下面来看几个成功进行社群运营的案例。例如小米手机的"米粉"，让用户参与产品的设计，体验产品经理的乐趣。同时，雷军的个人魅力及产品品质的标准化，极大提升了小米生态产品的品牌认知和关联消费。又如支付宝这款产品，在公益活动、用户家庭关爱、社交小游戏等方面功能更加丰富，用户在日常使用支付宝的点滴之中，能够完成保险、信用、扶贫、环保等公益活动。在支付宝上看到营销广告或者消费链接时，用户能够认可通过支付宝这个窗口进行消费，更容易接受营销宣传。

### 2．社群运营的要素

那么如何进行合理的社群运营及管理呢？社群运营由 5 个要素构成，它们分别是同好（Interest）、结构（Structure）、输出（Output）、运营（Operate）和复制（Copy）。根据这 5 个要素的英文首字母，可简称为"ISOOC"。

#### 1）同好

同好即找到共同爱好的人，同好是社群构成的首要因素，也被称为情感纽带。同好是社群成立的前提，最明显的体现就是一群拥有共同价值追求或经济目的的群体构成一个社群。这些同类人群可以因为一类行为如旅游或阅读，一款产品如苹果手机，一份服务如社区，一个空间如小区，一种情感如老乡而聚集在一起。运营者在社群"同好"主题之下要尽可能确立社群成员共同认同的价值观，社群成员有共同认同的价值观才能保持长期的连结。在互联网普及的背景下，构建网上社群的难度较低，但维系社群成员间的感情难度较大。尤其是由于地理和时间的约束，导致社群成员间线下沟通交流的难度更大。因此，良好的社群运营、科学的组织架构以及高价值的内容输出是维系成员之间感情的基础。

#### 2）结构

结构指制定群规并共同维护。社群结构决定了社群是否能够可持续生存。这个结构包括组成成员、交流平台、加入原则和管理规范。基于社群这类交流平台，实现知识与信息的共享，同时借助微信公众号、抖音、微博等自媒体渠道进行信息的传播。在这一过程中，具有相同兴趣爱好或者是相同目的的人群集中在一起，由社群管理人员进行定期管理维护。在成员线上交流过程中，社群管理人员能够及时发现成员的需求并提供帮助，从而提高社群的质量。

#### 3）输出

输出旨在打造社群对外品牌。内容输出的质量决定了社群的价值。这是考验社群"生命力"的重要指标之一。社群运营的最终目的是实现社群成员间的多赢，因此持续提供具有价值的信息与服务是社群价值的体现。通过定期组织线上讨论与分享，定期举办活动以保证社群内部的活跃。例如，"拆书帮"不断输出高质量的读书笔记，形成了独具特色的读书社群；"秋叶 PPT"社群以持续输出高质量的 PPT 作品，在新浪微博平台上时常引起用户大量转发，形成了知名的职场教育品牌。对于如何提升输出质量，具体来讲可以分为以下三点：

（1）打造社群品牌自媒体，要建立好的输出矩阵，需要做到全民化、激励化、品牌化、生态化、可视化等"五化"。

（2）打造社群品牌活动，品牌活动可以让社群中的成员通过完成任务，用输出的方式获得回报。

（3）打造社群爆款产品，爆款有利于形成焦点，获得足够的引力，聚合足够的关注，而且爆款一般意味着可观的回报。

#### 4）运营

运营可以理解为丰富社群的正向生态。种子成员在社群构建和运营中非常重要。种子成员的寻找有哪些方法和途径呢？

（1）真爱聚拢法——一开始找群成员时其实很难，没有人气的社群是没人愿意加入的。最开始的方式只能是社群创建者邀请自己的朋友以及朋友的朋友，只要这些人先进来，帮忙撑场面，有了基础的群成员，再慢慢通过活动、分享等吸引更多的人加入。

（2）影响力聚拢法——通常来说，在某一领域拥有影响力的个人或组织，更容易建立起垂直领域的社群。

（3）线上标签筛选法，例如，通过一场线上主题分享会吸引参会者加入社群，在某一人物的微博下热评的粉丝中逐个邀约，寻找某种特定风格网站的用户……找好社群的定位，寻找这些场景，通过互动联系这些人。

（4）线下场景切入法——一个做母婴类专营店的人用了15天时间，通过建立社群的方式完成了12万元的销售，他是如何做到的呢？他选择从线下场景切入，用场景找到潜在的目标成员。需要母婴用品的人在购买之前一般会去妇幼保健院、儿童娱乐场、早教中心……通过这些线下场合很容易找到目标成员。然后通过"入群就送价值58元的公仔书包"这样的方式，他经过10天就建起了300多人的妈妈群，不但极其精准，而且都在线下见过面，信任连接更强。

在寻找到社群运营的种子成员后，就要不断提升社群运营的水平。社群运营的水平关系着社群的寿命。不经过运营管理的社群很难有比较长的生命周期。一般来说，一个社群从始至终要建立以下"四感"。①仪式感。社群是一个团体，必须要有群规，这样才能维持良好的秩序。比如，社群成员加入要通过申请，入群要接受群规，行为要接受奖惩等，以此保证社群规范。②参与感。社群运营，有高质量的内容是至关重要的，越多成员参与就会越热闹。因此，社群应多组织讨论、分享等活动，以保证成员在群内有话说、有事做、有收获。③组织感。社群要正常运行，社群成员就必须有组织性，否则就是一团糟。比如，通过对某主题事务的分工、协作、执行等，来保证社群的战斗力。④归属感。这是社群的灵魂，只有成员认同并归属社群，这个社群才能长久。因此，多进行线上和线下的互助、活动等，有利于保证社群的凝聚力。如果一个社群通过建立这"四感"而有了规范、质量、战斗力和凝聚力，就一定能长久地运营下去。

5）复制

复制是指裂变分化出社群规模。迭代复制是社群规模扩大的重要路径。社群规模扩大依靠的是口碑营销，即由社群成员推荐其他潜在客户进入社群，并通过高质量的服务维护顾客的黏性。因此在新零售社群营销的早期，社群的规模并不大，经过高质量的社群运营，进一步强化社群成员间的情感联结，这样才能够实现社群的迭代复制。

基于以上五个阶段完成社群运营，商家可以实现较高的社群营销价值，即用户可以感受到品牌温度，商家可以拥有较高的用户黏性及产品口碑，从而促进产品销售，更好地实现商业转化。

## 6.3.4　社群变现

社群变现是指利用社群营销为品牌创造商业价值和盈利机会。这可以通过多种方式实现，例如推广产品或服务、合作推广、社群会员费、品牌合作和赞助等。品牌需要在社群变现时保持谨慎，确保对用户的价值提供和对用户体验的保护。在社群营销中，我们需要了解两个重要的问题：第一，建立社群不是目的，实现商业转化才是目的；第二，建立社群从来不是一个见效快的商业模式，而是一个长远之计。因此，社群变现的关键是在提供商业价值的同时，维护用户的参与度和忠诚度。

1. 社群变现的模式

社群商业变现共有三种模式，分别是自建社群、承包社群、打入社群。

1）自建社群

自建社群包含以下几种方式：

（1）产品式。采取产品式模式的前提是要有产品，社群成员也是因为产品而聚集在一起，所谓"社群未建，产品先行"，典型的例子就是秋叶 PPT 社群，先有课程学员，再有学员社群。

（2）会员式。会员既是门槛，也是变现渠道。这是大多数运营得好的社群较常见的变现方式，也是大多数兴趣、理念型社群的主流变现方式。会员式中最常见的是年费制，也就是群成员一年缴纳一定的费用后，就可以享受一定的权益，这是非常易于理解和操作的付费模式。

（3）电商式。社群本身不要求有很大的规模，运营者通过自己的专业能力让群成员相信社群的专业度，然后去购买相关的产品或者服务，从而实现商业变现。例如，"罗辑思维"曾经一直主张社群应该走电商的道路，而且他们也在身体力行，通过社群卖书、卖年货。

（4）流量式。社群流量较大时可以收广告费，社群是某同类人群的聚集地，因此对于很多运营者来说，社群就是精准用户聚集地。

（5）咨询式。在实践中发现，很多带有广告软文的产品推广效果并不是很好，因为很多人看到软文后还是对产品有很多的怀疑、困惑，或者处于犹豫徘徊的心理状态，但此时又没有人来直接打消他们的顾虑。这时运营者就可以采取咨询模式建立社群为这些人提供建议。

（6）服务式。这种模式一般用来进行企业品牌的塑造，运营者不需要在短期内实现商业变现，能好好花时间和精力来维系社群。

（7）众筹式。运营者通过社群发起众筹，利用社群聚集精准人群的特性，便于使一些小众产品得到群成员的认可。

（8）智库式。例如，某互联网文案专家组建的社群，通过作业、练习的形式，利用群成员的集体智慧给很多前来咨询的商家提供营销服务，群成员本身就是各行各业的专家，这样做出来的营销方案既有高度又可实操，前来咨询的商家自然也会满意。而群成员一方面可以获得运营者本人的反馈与指导，另一方面如果群成员给出的内容质量高，获得商家认可，还可以额外获得奖金或产品。

（9）抱团式。例如，很多手艺人有很好的手工技术，但是一个人很难获得大量订单，只能凭口碑扩散。但是大量手艺人迅速抱团成社群，就有可能获得大量订单。

（10）跨界式。通过两种不同定位或类型的社群，或者社群与品牌之间的跨界合作，相互导流产生经济回报，共同获益，如趁早社群与中信银行的合作。

2）承包社群

承包社群是一种以商业变现为核心目标的运营模式。合作方（企业、明星团队等）与社群组织者建立协作关系，通过注入资源、专业服务或影响力，激活社群用户价值，将社群流量转化为商业收益，实现盈利目标。这种模式强调合作共赢，通过提升社群活跃度与用户黏性来优化变现路径，最终达成可持续的商业增长。

具体变现方式包括：产品转化，如运动品牌为跑步社群提供定制训练计划后，推广运动装备；服务收费，运营团队为企业社群优化管理后收取服务费；广告与合作，明星通过粉丝社群扩大影响力，吸引品牌代言；增值服务，为专业社群提供付费深度内容或专属活动。通过这些方式，承包社群实现多方共赢的商业化目标。

这种模式的要点为：精准定位，依据社群用户画像匹配变现路径；价值前置，先通过内容、服务提升用户粘性，再自然衔接商业变现；合规变现，遵循规则，拒绝强制消费。

3）打入社群

运营者针对社群行动需要找到社群的所在地、熟悉社群的结构、了解社群的偏好，从社群成员的心理和行为入手。运营者找到一个符合产品定位的用户，顺势从他身上入手，顺藤摸瓜打入跟他有一样特征的社群，很快就找到了一众目标用户群，以这个社群为入口，通过了解与互动，进而找到更多定位相仿的社群，不论是效率还是成交率都大大提升。

2. 社群变现的效应

在了解社群商业变现的模式后，我们进一步了解一下在社群变现的过程中会产生的四种效应，分别是信任效应、连接效应、标签效应与羊群效应。

1）信任效应

对于社群而言，盈利依然是第一目的。而社群要想产生盈利行为，首先需要获取成员信任，让成员对社群具有一定的认知。例如想卖关于网络营销的课程、电子书，那么首先需要做的事情是根据自己的经验，找到优势，然后将经验录制成视频课程，写成电子书，拿出一部分上传到社群免费传播。先使成员对该课程有了一定的价值认知后，再通过社群成员的推荐、捧场等，引出交易值。再比如，小红书 UGC 社区营销中重视真实性从而提高用户的信任程度。从感官上看"小红书"的可信度更高，其以 VLOG 以及短视频、图片、长文的方式呈现出来，而且社区内同类产品有海量的分享笔记，用户群体可以通过其他不同用户的笔记来得出自己的结论。UGC 内容便通过使用效果的展示达到了营销产品的目的。这里举一个反面的例子，淘宝刷单。淘宝中的 UGC 内容大多以短评的形式发布，这也使得"水军"出现的情况更加频繁，这样用户不禁会思考内容是否真实，又有几分真实。

科技的发展尤其是社交媒体的日趋成熟打破了时间和空间的限制，不但让连接每一个个体成为可能，而且也让信息扩散的速度大幅提高。我信任，所以我购买；我信任，所以我转告，用户基于"情感认可纽带"产生了消费行为。因此，未来的商业，聚焦社群很关键。这种社群的信任和口碑传播的能量，可以为商家带来更多盈利。

2）连接效应

从互联网诞生起，"连接"一直都是贯穿始终的主线，把这个词想通并且结合商业模式的企业都获得了很好的利润。互联网的出现使得各个独立的信息源得以连接，最后形成一个整体。特别是在移动互联网时代，连接媒介更加多元化，这也使得互联网的商业价值逐渐显现出来，而这种基于连接思维的社群营销商业模式也为互联网提供了更多的商业视角，各种创新的商业模式不断涌现。例如，阿里巴巴连接了商家和消费者，滴滴打车连接了出租车司机与乘客，小红书建立的基础则是连接了用户不断更新的购物需求与对应的商品信息。移动互联网使得"物以类聚，人以群分"得以实现。通过网络，这些拥有共同兴趣爱好的人们紧密而又迅速地连接在一起。这种基于共同兴趣爱好的连接突破了地域和时间的限制。

在社群里，平台要尽量建立一个良好的生态系统，帮助用户和商品建立良好的联系，促进用户能够继续分享和传播。例如，小红书设立了黑卡会员制度、"小红薯"会员成长任务体系，开发了小红书特有的"66 周年庆""红色星期五"等促销活动，并且邀请当红明星入驻社区，形成顶层流量明星、中层 KOL、底层普通社区用户的金字塔结构，以此来提升平台的口碑，增强用户连接。

3）标签效应

标签是比较简单地认识一个人的方式。年轻一代用户正在互联网上通过标签互相结识，从而形成一个社群。而好的社群身份正是彰显自己在互联网上的个性标签。很多企业面临的最大问题是产品品牌老化，虽然知名度很高，但年轻用户并不是很喜欢。假如使用企业的产品，用户很难通过使用产品说明自己是怎样一类人，那么产品就无法成为用户的个性标签。

社群就是给群体贴标签的一种比较好的解决办法，一旦社群身份的标签得到群成员的认同，群成员就愿意为身份标签付出溢价费用，如果你的产品或者服务能和社群标签建立连接，那么你也可能享受社群的溢价效应。

4）羊群效应

人都有一种从众心理，从众心理很容易导致盲从。"队伍排这么长，是不是商家在搞促销？我不买是不是就吃亏了？""同事都在谈论这个牌子，我不买是不是过时了？"一旦一个社群里有多个人说你的产品不好，用户就相信是你的产品真的不好，从此就不买你的产品；同理，当有多个人说你的产品好的时候，用户可能马上就想下单试试。

当获得一小部分人的认可时，可以有效地将信息从一个人扩散到一个社群。例如，抖音等电商平台会迎合用户的口味，邀请当红明星入驻平台，而这些流量明星本身就是自带流量的顶级 KOL。抖音邀请明星入驻，一方面满足了普通用户对明星日常生活的好奇心理，另一方面也使明星的粉丝群体顺势转化为抖音用户，反过来明星也在抖音社区里得到了更多的粉丝认可，而抖音分享的短视频又带来较高播放量、转发和分享，进一步扩大影响力。再如，在小红书的社群营销案例中，我们可以发现口碑是社群营销的一个重要影响因素。小红书被用户们称为"口碑库"，平台鼓励每一个用户在社区中发布个人笔记，这种高质量的真实口碑分享很容易就能够获得大量的点赞、评论和转发，从而产生羊群效应。

扩展阅读 6.1　自媒体时代社群营销策略探析

# 6.4　社群营销案例分析

结合前文的学习，我们试图从 ISOOC 的视角来对秋叶 PPT 社群营销的成功案例进行分析讨论，其中输出（Output）前文已经提及了，不再过多分析，主要围绕剩下的四个方面做分析讨论。

## 1. 同好

该团队是致力于在线教育的一个互联网社群，主要受众为大学生和职场新人。目前课程学员超过 9 万人，主推"和主创一起学 PPT""和主创一起学职场技能""和主创一起学信息图表"等课程。团队的社群分以下两块。第一块为 69 人组成的核心群，群成员各有擅长的领域，在一起经常能碰撞出很多绝妙的创意或想法，基于互联网众包协作开发课程，做有影响力的新媒体，创作了累计下载量过百万的电子书……第二块为 PPT 爱好者组成的社群，其中很大一部分群成员已经是课程学员，还有很多喜欢读书、喜欢新媒体、喜欢分享的年轻人。主创在核心群不断推出新课程、新活动，鼓励大家一起动手、总结、分享，吸引越来越多爱学习的年轻人加入。

## 2. 结构

用户要入群，买课程就是"门票"，群成员想加入核心群就要多努力学习、展示优秀的作品。不同用途的社群所设置的管理结构不同，学员群的管理结构是金字塔结构，平时禁言；核心群是环形结构，极度活跃。该 PPT 社群的平台主阵地是 QQ 群，目前，群成员为 2000 人的 QQ 群超过 20 个。学员群的功能，一是答疑服务，二是定期分享，主创会从中筛选出优秀的人才纳入核心群。该 PPT 社群在"结构"这个要素中最强的是组织规范，如入群编号制度、禁言制度等。

## 3. 运营

可以从仪式感、参与感、组织感和归属感四个维度来讨论。仪式感：学员购买课程，获得入群资格后会获得个人编号，要遵守公告和禁言等群规。参与感：学员购买课程，自由完成课程内布置的作业，发微博，老师点评。社群还有品牌活动"群殴 PPT""一页纸大赛"，这几个活动影响力越来越大，已经取得了与美的集团、万达集团的合作。组织感：秋叶 PPT 社群会根据核心群成员各自擅长的领域进行分工，虽然群成员来自天南地北，但是他们通过网络分工协作，每天交流创意和进度。归属感：秋叶 PPT 社群组织过多次线下活动，增进了群成员对社群的归属感。

## 4. 复制

秋叶 PPT 社群以学员群为核心，分化出很多高质量的子社群，如亲友团群、信息图表群、表情包群、动画手绘群等，特别是 3 个月内迅速成长为全国性社群的 BetterMe 大本营。由于课程的付费性质和现有课程销量规模，秋叶 PPT 社群在规模上还有很大提升空间。不过秋叶 PPT 社群之后的路线正逐步转向职场技能定位，打通职场 3～5 年新人渠道后，未来社群规模还有很大潜力。

## 本章小结

本章主要介绍了社群营销的基础知识，通过案例导入引出社群营销的概念及作用，进一步介绍了社群营销的原则，在此基础上阐述了社群营销的四种策略，包括社群定位、社群构建、社群运营以及社群变现。最后通过社群营销的案例分析对前文知识点进行回顾与应用。

## 关键术语

社群营销（Community Marketing）

价值性（Value）

社会性（Sociality）

持续性（Persistence）

用户原创内容（User Generated Content，UGC）

用户画像（User Persona）

信任效应（Trust Effect）

连接效应（Linkage Effect）

标签效应（Label Effect）

羊群效应（Herd Effect）

## 课后习题

1. 社群营销在新媒体营销时代可以发挥什么作用？

2. 社群营销应当遵循的原则有哪些？

3. 根据社群运营的五个要素，思考如何打造一个与读书会相关的社群，并预估运营规模以及反响如何。

4. 社群商业变现有哪些模式？会产生哪些效应？

5. 日常生活中你见过哪些社群营销的策略？试举例说明。

## 即测即练

自学自测　　　　扫描此码

| 第 7 章 |

# 智 能 营 销

## 学习目标

1. 了解智能营销的概念。
2. 熟悉智能营销的特点。
3. 理解智能营销的基础。
4. 了解智能营销常见的策略及其企业实践案例。

## 案例导入

### 重庆银行的智能营销实践①

进入数字时代，消费者行为发生重大改变，互联网科技公司建立的非银行金融产品也达到前所未有的规模，使得重庆银行传统营销模式面临巨大挑战。传统营销模式仅依靠线下网点，能够服务的客户规模有限，越来越难在客户规模增量上取得突破，而存量客户服务同样受地理位置和营业时间等因素的影响，业务量难以有效提升。银行网点传统的营销手段无法带来产能突破，到客率低，客户经理电话联系用户受制于人力资源限制，存在着产能天花板。客户与银行的接触，分散在线上、线下多个渠道触点，单一渠道上的客户变得越来越"低频"、越来越远，甚至"消失"。

重庆银行系统性地思考当前传统营销模式存在的痛点，以智能营销为手段加快数字化转型，结合行内数据现状和业务需求，打造了智能营销体系，构建了不同场景下的智能营销方案，形成了基于数据驱动的银行全场景运营模式，解决了行内存量客户在使用金融服务过程中遇到的问题，提供以客户为中心的新型金融服务，有效提升了营销效果。

重庆银行基于客户大数据构建了精准的个性化服务。个性化服务包括产品定制化、定价差异化和营销精准化等，使得银行存款规模、产品销售、支付规模分别提升59%、87%、34%。客户将更加看重自己的需求有没有被满足，整体办理业务或是购买产品的流程是否舒适流畅。重庆银行的个性化推荐系统在服务客户的过程中通过算法推测出不同客户客群的需求，并针对客户客群的需求给到一线业务人员策略上的推荐，丰富业务人员对客户的了解；再将客户的反馈信息记录下来，作为后续决策的参考。在当今移动

---

① 蒋承峰. 重庆银行：数字服务驱动业务转型，坚持数字革命跑出"加速度"[EB/OL]. (2022-04-07)[2025-02-26]. https://www.jiemian.com/article/7305319.html.

互联网时代，针对手机 App 用户，将他们所需要的金融产品、活动或优惠放在最显眼的位置进行个性化推荐变得尤为重要，能够使客户更加快速便捷地参与并使用。譬如，某客户 9:10 在星巴克进行了一笔信用卡刷卡消费，12:15 在购物商场进行了一笔信用卡刷卡消费，19:20 在海底捞进行了一笔信用卡刷卡消费。重庆银行互联网运营管理平台根据客户的交易事件，如果满足单日消费达到三次就可以参加银行积分兑礼活动，即自动推送营销短信和微信消息触达客户，提醒其参与活动。若客户参与领取权益礼品后尚未使用，系统还会继续推送消息，给出即将过期提醒。

重庆银行打造了基于案例库的营销方案智能生成体系。作为银行，仅仅了解客户是远远不够的，传达到客户面前的内容介质也是至关重要的。优质的内容营销管理能够针对各种各样的营销素材进行管理，支持营销内容的模板化配置、效果预览、页面卖点设置以及数据监测，大大减少了过往开发动态内容所需的时间，并提高业务的自主能动性。同时，优质的营销内容可以帮助银行发声，能够促进营销转化；银行也可以通过营销内容与终端客户产生互动，捕捉更多商机获取潜在客户。譬如，通过搭建重庆银行营销共享能力中心，把散落在行内的运营数据和营销资源集中起来，把客群洞察、智能决策、精准预测等核心能力复用至各个前端渠道驱动业务，实现线上线下全渠道数字化运营协同。建立了面向全客户、支持全业务、覆盖全渠道的无缝衔接的运营服务流程，为客户提供"一点接入、全网响应、体验一致、高效顺畅"的高品质共享服务。

作为数字化转型中的亮点项目之一，重庆银行的智能营销方案通过对日常业务进行数据洞察分析，优化当前业务和实行自动化营销，取得了阶段性成功，并激发了全行各部门对智能营销的热情。那么，智能营销是什么？有什么特点？需要具备什么基础能力才能实施智能营销？有哪些常见的智能营销策略可供企业使用？这一章我们将围绕智能营销进行讲解，回答以上问题。

# 7.1  智能营销的内涵与基础

## 7.1.1  智能营销的概念

随着移动互联网、智能手机和可穿戴设备等的普及，消费者正在远离传统营销媒体。企业面对众多新媒体营销渠道和复杂营销环节，很容易陷入内部管理混乱和浪费营销资源的状况。铺天盖地的营销信息也容易造成消费者出现信息过载而不愿意甚至厌烦接收营销信息的心理。为了解决传统营销模式的这些问题，企业开始应用大数据、云计算与人工智能等新兴智能技术，赋能传统营销管理模式，从而催生了智能营销这一新概念。

1. 当前营销面临的挑战

1）消费者正在远离传统媒体

传统营销面临的巨大挑战之一便是消费者正在远离电视、收音机和印刷媒体等传统媒体，造成了传统营销策略与方法失灵，营销效果不断下降。根据全球知名的市场研究公司 eMarketer 统计，2016 年中国用户每日花费在数字媒体上的时间占比为 51%，首次超过传统媒体；2023 年中国用户平均每日花费在数字媒体上的时间比例已达 68.4%，而代表传统媒体的电视、收音机和印刷媒体的日均用时比例分别为 28.6%、2.1% 和 0.9%。

2）新媒体营销渠道众多、杂乱且彼此独立

进入数字化时代，除了报纸、杂志、电视、广播、传单和户外广告等传统媒体以外，新的营销媒介随着技术的发展成熟不断涌现：互联网、移动互联网、数字电视、车载媒体和可穿戴设备等。与此同时，微信、微博、抖音、快手、小红书、哔哩哔哩、大众点评等不同营销渠道提供的营销方式和规则各不相同，一种渠道还没弄清楚，另一种新的营销渠道又出现，让企业营销人员应接不暇，时常陷入营销管理混乱状态。

除了新的营销渠道层出不穷、杂乱无章之外，企业新媒体营销过程中的一大痛点是企业的营销渠道往往孤军作战，各营销渠道彼此独立，难以形成合力。例如，随着微博的兴起，众多公司组建了微博运营团队。这些团队的成员通常身兼数职，他们需要同时不断探索各个新平台的使用方法和运作机制。此外，团队往往相对独立地工作。微信出现后，情况也比较类似，企业管理部门要求早日介入微信营销，然而常常又在重复微博营销的许多老问题。新的营销渠道只能以尝试性的方式投入使用，营销团队相对独立，发布的营销内容也相对独立。新营销渠道团队成员往往人手不足，加上不太熟悉新渠道的特点与规律，因此常常对新营销渠道感到束手无策。

3）新媒体时代消费者信息过载

随着新媒体时代的到来，人人都成为营销内容的创作者，各种营销信息以很低的成本在很短时间内创作而成，并通过社交媒体、微信公众号、电子邮件等方式将内容传递给消费者，造成消费者时常面对大量信息的局面。信息过载是指消费者接触到的信息远多于他们能够或愿意加工的信息的局面，他们时刻处于一种信息接收超负荷的状态。根据 Coremail 邮件安全人工智能实验室数据显示，2023 年第四季度国内企业邮箱用户收到超过 7 亿封的垃圾邮件，环比上升 2.45%，同比上升 21.51%。面对信息过载，将产品信息强推到消费者面前的营销方式开始失效，不痛不痒的产品信息只会被消费者当成噪声过滤掉。

4）消费者个性化需求的崛起

随着互联网的发展和移动设备的不断普及，消费者的消费认知、心智和自主意识均有大幅提升和成熟，消费偏好也更加多元化、个性化，强调小而美。品牌与消费者的关系不再局限于单向的传播和影响，呈现双向互动的特征。以宝洁为例，作为曾经的营销之王，在国内能与其竞争的产品寥寥无几，消费者对宝洁洗发水、沐浴露等产品趋之若鹜。宝洁只要将产品批量化生产，并通过电视台这个单一传播渠道对消费者进行品牌轰炸，再对超市进行渠道垄断，就能实现较好的营销效果。然而，在当前互联网传播环境下，这种传统营销模式已经失效，此时谁能迅速有效地找到消费者，准确洞察消费者的需求，谁就占得先机和商机。而这种营销分析、洞察和判断是建立在人工智能和大数据的基础上的。

5）企业营销数据的价值难以实现

为了迎接新媒体营销带来的机会，企业会部署各种营销管理软件，软件越来越多，每个软件又产生了众多数据，而这些软件往往各自为政，很容易形成信息孤岛，使企业淹没在数据海洋之中。信息孤岛是指相互之间在功能上不关联互助、信息不共享互换以及信息与业务流程和应用相互脱节的计算机应用系统。与此同时，从事广告或营销职业的人发现，企业的营销数据在不断增多，并且呈现出海量化与杂乱无章的特点，难以实现企业营销数据潜在的价值。据 Infogroup（一家数据和营销服务公司）和 Yesmail 的报告称，68%的营销人计划增加数据花费，45%的营销人认为分析与应用数据是最大的挑战，83%的营销人考虑使用实时数据，78%的企业称准备利用社会化媒体的数据促进其他渠道的营销，39%的营销人不准备使用数据优化各渠道营销信息。

2. 智能营销概念的出现

在技术推动和需求拉动的共同作用下出现了智能营销。一方面，大数据、云计算和人工智能等新兴信息技术的发展推动传统基于人工决策的营销范式朝着基于数据驱动的智能营销范式转变；另一方面，企业面对营销渠道众多、营销环节杂乱无章、营销效果无法追踪等问题，也亟须新型智能化手段解决企业营销管理过程中遇到的问题。

在概念上，智能营销是指利用大数据、云计算和人工智能等技术捕捉消费者信息和洞察消费者行为，赋能营销传播洞察、营销内容生产与分发，以及营销效果监测等不同环节，构建以消费者为中心，并且具有自动化、智能化和协同化等特点的营销体系，帮助企业降低营销成本、提升营销效率。与传统营销相比，智能营销借助大数据技术有效整合企业线下渠道和线上渠道，使营销模式能够进入全方位互动时代，有效利用多渠道营销优势。企业可以利用人工智能分析用户画像、市场状况、营销场景和营销内容，实时洞察营销对象的诉求点，利用智能算法向消费者精准推荐合适的营销内容，从而实现营销的个性化、智能化，让营销变得更加精准、更加有效，大大提高营销效率。

智能营销模式能够同时解决企业和消费者在数字化时代遇到的问题和挑战，从而实现双赢。对于企业而言，随着可选择的营销渠道越来越多，涉及的营销环节与领域越来越复杂，企业营销人员经常疲于奔命，压力陡增。智能营销可以帮助企业营销人员缓解压力，因为智能营销可以让营销更加集成、更加自动化，甚至变成一个黑盒。营销管理人员输入自己的营销目标，并进行一些参数配置，就可以让系统自动执行营销计划，并监测相应的营销效果。对于消费者而言，他们最苦恼的事是广告铺天盖地，对自己有用的却寥寥无几。智能营销可以帮助消费者改善营销体验，针对不同用户提供个性化营销。智能营销能够优化消费者的体验，通过最合适的渠道、营销方式和营销内容，实现针对不同用户的个性化营销。例如，企业可以利用数据掌握不同消费者的需求变化，筛选出最合适的信息，通过最合适的渠道推送给消费者，并根据掌握的数据及时发现消费者在使用产品或服务中遇到的困难，及时与消费者互动沟通，进行相应的服务支持。

## 7.1.2 智能营销的特点

智能营销协同多个营销流程、数据资源和部门，利用智能化技术自动化设计与制定营销方案，并快速进行效果检验与迭代优化，不仅大大缩短了营销链路，而且可以以最快的速度响应消费者的个性化诉求。智能营销的核心在于它能够像人一样地思考，从人的诉求出发与人进行互动，在交互的过程中，逐渐激发人的需求。

### 1. 智能化

"智能化"是智能营销最应该体现的基本特点之一，例如以今日头条为代表的资讯平台设计智能算法，通过计算机强大的记忆能力和处理能力，分析用户阅读习惯、偏好和兴趣，为用户进行个性化智能推荐。传统营销往往凭感觉获取消费者，而智能营销利用大数据和智能算法了解企业自身营销状况，依靠人工智能进行现状测评。人工智能测评就像一名医生，对企业营销各个环节存在的"病症"进行诊断，进而发现问题所在。类似的人工智能分析会贯穿营销各个重要环节，帮助企业进行相应的判断与分析，并给出建议和策略。人工智能还会自己学习与本企业类似的同行企业在营销方面的策略，并且逐渐成为这些方面的专家，而且其成长速度要远远快于人类。智能化还可以帮助企业选择最佳的发布渠道，将相关信息精准推送给潜在客户，智能生成和合成相关创意内容，发现和抓住稍纵即逝的营销热点。

在智能营销出现之前，营销领域陆续出现了口碑营销、社会化媒体营销、体验营销、整合营销等不同营销实践，关注重点逐渐侧重于消费者体验和数据，且在手段和思路上向智能化演进，以期能搭建起营销者与消费者紧密对话的桥梁。智能化时代，消费者接触到的信息更加丰富，视野更加开阔，需求因此变得细分化和个性化，营销人员面临的挑战难度加大，催生了营销领域技术与模式的变革。新技术的发展使实体接触点和数字接触点的紧密连接成为可能，营销领域的内容生产、信息推送、辅助决策、效果监测变得高效和智能。计算机视觉、语音识别、自然语言处理、机器学习等技术的兴起为营销领域核心问题的解决带来新的思路，消费者的行为特征、真实状态和精神内核等重要信息变得触手可及。以人工智能为代表的工具性技术力量正逐步渗透到营销领域的方方面面，推动营销效率的提升、营销效果的达成。过去营销模式下无法解决的数据不完整、分析水平不足、精准程度不高等问题在新技术的加持下得以有效解决，从而使营销核心逻辑开始从过去基于人的经验判断的营销模式转向基于数据的智能化营销。例如，美国Infinite Analytics公司开发了一套机器学习智能系统用来预测消费者会不会点击某则广告，为一家全球消费性包装产品公司改善了其线上广告的投放效果，将广告的投资回报率提高了300%。

### 2. 自动化

"自动化"是智能营销的重要特点之一，并且自动化相关技术的不断进步使企业营销效率得以不断提升。营销自动化的概念可以追溯到1992年，并在B2B（一种电子商务模式）领域得到广泛应用。全球营销自动化平台Marketo将"营销自动化"定义为：允许企业简化、自动化及测量营销任务与工作流，进而可使企业提高运作效率并更快增加收入。从这个定义可以看出，营销自动化与智能营销有着天然的血缘关系。自动化会让许多与营销相关的流程由后台系统自动完成，代替了过去营销过程中的过多人工操作。自动化可以帮助企业自动在不同新媒体平台上发布内容，可以一键式快速建立或生成企业相关网站、App、HTML5（构建Web内容的一种语言描述方式）页面等不同媒体平台及媒体内容，自动化配合智能化还可以代替人工客服回答用户咨询和疑难问题。程序化广告是智能营销自动化特点的一个典型案例，也称广告程序化购买，是通过数字平台自动

地执行广告媒体购买的流程，并实现精准购买，不同于传统方式的人力购买。Marketo
将测量营销自动化的关键指标（Key Performance Indicator，KPI）分为五个：第一，新的
名字进入营销合格商机的转化率；第二，营销合格商机的总数量；第三，营销合格商机
中获得客户的比例；第四，来源营销管道的比例；第五，每个来源于营销的客户的投入
（获取用户的成本）。

自动化可以减少人工比例，加快营销速度，提高营销精准度，增强营销效果，提高
营销转化率，从而提高整体的营销效率。第一，自动化减少人工比例。营销自动化中许
多环节只需要少部分的人工参与，甚至某些环节不需要人工参与，只要通过一定的规则
设置，系统就能够自己根据条件选择合适的用户、合适的渠道，发起营销活动。第二，
自动化加快营销速度。由于营销各环节中人工比例的减少，营销系统的运行速度会变得
更快，这对于应对瞬息万变的市场，抓住稍纵即逝的市场机会，都是相当有利的。在智
能营销时代，"快"字当头——把信息以最快的方式推送给最适合的用户。第三，自动化
提高营销精准度。选择合适的用户、合适的渠道，推送最合适的信息，即意味着营销的
精准度不断提高。由大数据支撑的营销自动化系统，时刻关注用户的购物习惯及新的需
求变化，并视其为营销的各种机会，投其所好。第四，自动化增强营销效果。随着营销
精准度的提升，自动化不但减少了用户对不相关广告的厌烦感，而且帮助用户减少了搜
索与比较的工作量，从而使用户越来越愿意接受相关的商业信息，增强了营销效果。第
五，自动化提高营销转化率。更好的营销效果，意味着营销信息打动用户可能性的提高，
从而提高了营销转化率。同样的信息推送数量，有了更高的用户获取比例，就有了更高
的营销回报。

### 3. 协同化

智能营销的智能化与自动化是以"协同化"为基础的。智能营销的协同化特点可以
体现在营销流程协同、数据资源协同、跨部门协同与人机协同等多个方面。营销流程协
同方面，基于智能化与自动化的智能营销工具和平台往往涉及多个功能模块和流程，许
多模块与流程需要相互衔接。因此，如果想要更大程度实现智能化和自动化，就需要将
这些模块或流程进行高效衔接和有机联动。在营销流程协同中，数据也需要相互打通共
享。例如，在智能化测评等智能分析过程中，也往往需要将多个系统的数据进行抽取、
整合，进而形成协同化的全面数据分析与策略建议。智能营销协同也需要跨越营销部门
实现多部门协同。更大范围的协同涉及营销相关系统与企业的订单、记账等系统，以及
沉淀用户资源，在企业市场和营销工作人员发生变动时实现有效交接，以实现用户资源
的长期留存。

智能营销的协同化特点也体现在营销过程中人与机器的协同。随着人工智能在营销
实践中的应用越来越多，企业需要协同营销人员的人类智能与人工智能技术的机器智能。
一方面，利用人工智能大模型技术的赋能，快速生成基于数据洞察的备选营销方案和策
略；另一方面，也需要整合营销策略师和市场分析师的专长，解读人工智能提供的数据
洞见，并将其转化为实际的营销战略。人工智能大模型技术和人类创意的结合不仅能增
强营销活动的效果，也使运营商能够更加快速、准确地响应市场变化。

### 7.1.3　智能营销的基础

在新媒体时代，营销是一个数据驱动、持续运营的过程。因此，智能营销的关键在于构建涵盖营销全环节的数据监测能力和数据分析能力，从而实现全场景、全实时、全漏斗、全数据、全流程的智能化及自动化和协同化营销。无论是营销活动的设计、多渠道的精准投放，还是客户拉新、激活、转化、传播，都依赖于业务指标的数据监测和数据分析来实现迭代式优化的营销闭环。数据驱动的智能营销，体现在从客户洞察、营销策略、广告投放、执行管理到增长分析全流程的指标分析与管控，通过对数据回流的迭代式反馈来持续发现、总结并解决问题。以广告投放为例，智能营销通过对数据的监控，不仅可以在投放前和投放中发挥作用，也可以对投放后的效果进行监测及环节优化。从数据中得出各种各样的经验总结，帮助营销活动进行优化，例如吸引消费者关注的内容有什么共性，流量比较多的渠道有哪些，渠道的 ROI 情况等。做好营销策略的迭代和复盘工作，能够帮助企业整理出一套最佳模板，也能为后续的重复工作省下很多时间和成本。

#### 1. 数据监测能力

扩展阅读 7.1　大数据营销研究综述与未来展望

数据监测能力是实现智能营销的前提条件。在大数据和云计算的技术支持下，营销人员收集到底层数据的丰富性，在某种程度上决定了智能营销的"智能性"，通过数据监测能力使企业具备通往智能营销的感知功能。数据监测能力需要构建多渠道的数据资源，打破数据孤岛，全方位、立体式洞察、透视和评估用户，实现用户、产品、渠道、促销、定价等多维度的精准刻画，从而为客群圈选、定向投放和产品定价等提供依据。近年来最亮眼的数据监测案例是"双十一"电商狂欢节。自从网络捧红了"双十一"光棍节后，淘宝的数据监测显示在这个人为的节日里，年轻人的购买欲望特别强烈。于是根据"80 后"购买力已提升的数据监测信息，2009 年天猫推出了第一个光棍购物节营销活动，当天交易额为 0.5 亿元，随后是9 亿元、50 亿元、190 亿元，直到 2022 年的 3434 亿元。

构建数据监测能力的关键步骤是设计与建设用户标签体系，这是实现对单一客户、客群的刻画和洞察的基础。用户标签体系通常涵盖基础标签和高阶标签。基础标签包括消费者数据（性别、年龄、职业、教育程度等）、媒体数据（广告位、上下文内容、App渠道等）、环境数据（天气、时间、地理位置等）等，能够较为准确、直接地刻画客户基础信息。高阶标签是统计加工后的聚合信息，如客户生命周期、贡献度、流失概率、信用分、风险等级等。高阶标签的优势是可与运营指标直接关联，难点在于数据的加工计算，对数据的质量和全面性有一定要求。在传统营销中，建设全面的客户标签体系，对广告主来说是个难题。当进入数字营销时代，这些都不是问题。通过智能营销不断沉淀全渠道的客户、营销活动数据，打通渠道间的自动化，实现数据资源管理，让营销内容在合适的节点以恰当的形式迅速找到"对的人"，使得营销真正实现智能化，从而提高营销效率和价值转化。

不少企业和营销人员对构建数据监测系统实现智能营销存在一些误解。首先，企业营销管理人员应该认清数据监控的价值，重视它在企业广告投放中的作用，了解它在营销整体环节中的逻辑地位。在数据监控流行的初期，有些营销人员使用数据监控的目的是节约成本。这错误地理解了数据监控的作用，没有搞清楚数据监控在整个营销环节中的逻辑顺序。其次，企业应该理性地分析、谨慎巧妙地运用数据监控的结果。数据监控的作用是用数学解释如何进行广告投放，但是有时数学无法计算突发性事件对广告投放的影响，仍旧需要一个专业的营销团队进行审核、加工和预估，直至最终形成一份优质的营销策略。例如，韩国某地突然对中国公民实行免签政策，消息传来，新一季度的投放策略正在准备，之前常规的数据结果已经无法对本次免签做出任何反应，某在线旅游公司总监迅速找出泰国某岛免签时的旅游数据，进行类比，同时测评韩国某地的容客量，针对市场饱和度重新做了分析，最后给出了一份后期效果非常好的广告投放方案及产品属性调整方案。最后，数据监控是需要企业长期投入的一个工程，而非短期、一蹴而就的事情，需要由营销专职人员完成。在数据监测成为常态后，企业可以测算出网络广告对企业的直接贡献和虚拟贡献，可以降低企业主的无效成本，提高广告投放的精准性。

2. 数据分析能力

数据分析能力是智能营销的核心基础。随着营销过程中数据监测系统的发展和成熟，企业将积累越来越多的数据资源，而数据分析能力是释放数据资源潜力和挖掘数据资源价值的关键能力，因此成为智能营销的关键基础。数据分析技术的应用可以帮助营销人员科学地评估目前的营销状况，包括营销效果的好坏、营销渠道的优劣、营销成本的高低等，并发现其中的营销管理规律。作为深层次的数据分析技术，数据挖掘可以帮助营销人员在海量数据中发现那些无法被经验获取但极具价值的信息或规律，这些信息或规律的利用，往往会对营销结果产生极佳的作用。数据挖掘技术又称数据库中的知识发现。它是一个决策支持过程，基于人工智能、机器学习、模式识别、统计学、数据库、可视化技术等前沿技术，可以帮助使用者做出归纳性的推理，从而"预测未来"。

沃尔玛的"啤酒与尿布"案例是应用数据分析实现智能营销的典型案例，正式刊登于 1998 年的《哈佛商业评论》，并在营销界广为流传。故事发生于 20 世纪 90 年代的沃尔玛超市中，超市管理人员在进行销售数据分析时发现一个规律："啤酒"与"尿布"这两款完全无关的商品经常会被同时采购。经过一系列调查后，超市发现该购物倾向出现的对象是年轻的父亲。一方面，由于在美国，一般是由母亲在家照顾婴儿，父亲负责去超市采购。而父亲在采购尿布的同时往往会顺便为自己采购啤酒。另一方面，如果该父亲在超市中只能买到两者之一，往往会放弃购物而选择去其他超市尝试。这就是"啤酒"与"尿布"经常会出现在同一个购物篮中的原因。于是沃尔玛根据这一数据分析的结果，将啤酒与尿布摆放在了同一区域，结果发现这两件商品的销量都有显著增长。该案例被广泛应用于不同场景下解释数据分析的重要用途，由此也引出了数学分析中著名的购物篮分析。通俗地说，数据分析可以发现那些无法被肉眼识别的"宝藏"，而这种营销规律往往是无法通过碎片化的经验获取的。

数据分析对于制定和发布营销广告尤为重要。营销广告有三个要素：对谁说（消费者）、在哪儿说（媒体渠道）和说什么（广告内容）。如何让广告更受欢迎正是一个逐步提升三要素质量的问题。数据分析帮助营销管理人员了解目标消费者，从而使广告推送到需要的人面前，解决对谁说的问题。数据分析能够客观地评价媒体渠道的优劣，解决在哪儿说的问题。数据分析能帮助营销管理人员判断广告内容的被接受程度，进而根据分析结果优化广告创意，提升广告质量，从而解决说什么的问题。数据分析正在深入数字化时代营销的每个环节，甚至基本的数据分析技能在某些企业已经成为对营销人员的标准要求。以下是数据分析用于智能营销的典型场景：

1）明确内容营销的制作方向

进入新媒体时代，营销内容的制作与发布已经非常容易。但是在这个信息爆炸的时代，如何给用户传达有效的、符合用户需求并契合其兴趣的内容却成为难题。数据分析技术可以帮助营销人员打破静态思维，发现甚至预测用户的关注点，从而制作出真正吸引人的营销内容。

2）选择合适的内容发布时间

通过数据分析，营销人员可以洞察用户对某类内容关注的重要时间节点。借助定向发布技术，在发布时确保目标用户在正确的时间和地点看到与他们最相关、最有趣和最具冲击力的营销内容，从而提升营销效果。

3）营销方案及策略的自动化调整

利用数据分析技术，营销管理人员可以将收集到的各类营销数据进行分析，从而科学地评估营销结果，找出营销过程中的问题，进而借助数据分析结论指导优化营销方案。这主要是利用了数据分析的归纳预测功能。通过对海量营销数据的挖掘，发现某类营销规律，针对客户的营销现状进行预测，并依据挖掘出的规律对当前方案进行智能调整，进而高效提高营销性价比。

# 7.2　智能营销策略

## 7.2.1　基于客户大数据的精准推送

### 1. 基本介绍

精准推送是指通过某种方法将营销内容推送给最适合的潜在客户。在过去，精准营销最大的挑战是难以找到目标人群并推送合适的营销内容，例如在筛选符合条件的用户和向这些用户推送内容方面都存在范围有限、精度不准和效率低下的问题。然而随着大数据和人工智能的出现，企业可以围绕客户构建大数据，精准定位用户兴趣爱好，帮助企业实现可度量的、低成本的、高效率的精准营销策略。《大数据时代》作者维克托·迈尔-舍恩伯格指出，大数据时代的来临使人类第一次有机会和条件在非常多的领域以及非常深入的层次获得并使用全面、完整和系统的数据，深入探索世界规律，获取过去不可能获取的知识，得到过去无法企及的商业机会。

基于客户大数据的精准推送是指营销人员利用多平台采集的客户大数据，借助大数据和人工智能技术的分析与预测能力，将合适的营销内容以合适的方式和渠道推送给合适的客户，从而为企业带来更高的投资回报率。在大数据时代，消费者在日常生活中留下的每个"足迹"都是有价值的，因为它聚集了大量的"前兆性"行为数据，如购买商品前在互联网上浏览、比价的行为，观看电影前搜索影评的行为等。把这些数据集结起来，通过大数据技术的进一步分析可以快速获取影响未来的信息。例如，如果将来有一天，你早上洗漱时还在为牙龈出血而抱怨，上午打开手机浏览时便"恰巧"看到了某个防止牙龈出血的牙膏广告，这时你千万不要惊讶，因为你正是广告主通过大数据技术找到的目标受众。

### 2. 关键步骤

#### 1）多平台数据采集

大数据的数据来源通常是多样化的，多平台的数据采集能使用户行为的刻画更加全面和准确。多平台数据采集从宏观上来看可以来自互联网、移动互联网、广电网、智能显示屏、可穿戴设备甚至智能家居等一切与消费者发生关联的数据，从微观层面来说至少要包含现有主要社交媒体平台和应用软件的数据。

#### 2）确保时效性

在新媒体时代，用户的消费行为和购买方式极易在较短时间内发生变化，因此在合适时机及时对用户进行营销非常重要。不少第三方大数据营销代理机构现在非常重视时间营销的策略，主张通过技术手段充分了解用户的需求，并及时了解每一个用户的即时需求，令目标受众在决定购买的"黄金时间"内接收到广告。

#### 3）实施个性化营销

在新媒体营销时代，广告主的营销理念已经从"媒体导向"转变为"受众导向"。以往的营销活动须以媒体为导向，选择知名度高、流量大的媒体进行投放。如今，广告主完全以受众为导向进行广告营销，因为大数据技术可以让他们知晓目标受众身处何方、关注着什么位置的什么屏幕以及想要获取什么样的信息。大数据技术可以做到当不同用户关注同一媒体的相同界面时，广告内容有所不同，大数据时代的营销带有鲜明的个性化特征。

#### 4）提高性价比

和传统广告"一半的广告费被浪费掉"相比，大数据营销在最大限度上让广告主的投放做到有的放矢，并可以根据实时效果反馈，及时对投放策略做出调整。这样使基于大数据的营销广告成为最具性价比的广告形式。

#### 5）增强关联性

基于用户大数据的精准营销的一个重要特点在于消费者关注的广告与广告之间的关联性。由于大数据在采集过程中可快速得知目标消费者关注的内容，以及目标消费者身处何处，这些有价值的信息能够让广告的投放过程产生前所未有的关联性，即消费者所看到的上一条广告可与下一条广告进行深度互动。

### 3. 营销效果与挑战

著名广告大师约翰·沃纳梅克曾经说过："我知道我的广告费有一半浪费了，但遗憾的是，我不知道是哪一半被浪费了。"营销就意味着投入，投入必然与产出发生关联。广告主关心的是企业的投入能否产生相应的回报。越来越多的企业意识到精准营销的重要性，只有精准的营销才能对消费者购买产生直接影响。在大数据时代，基于客户大数据的精准推送的最大特点在于能够精准锁定媒体和受众。按照广告主的要求，从上百万网络媒体和上亿中国网民中挑选出媒体与广告主的目标人群，让广告在恰当的时间以恰当的方式呈现给有需求的人，从而解决了营销费用大部分被浪费的问题。以百度的精准广告为例，百度结合了搜索排名原理和网盟媒体广告投放形式，一旦锁定人群，将会在百度多个流量频道开放各种形式的广告位对单个受众进行跟踪投放，达到有效频次，直到产生点击行为才计费。在对的时间给对的人看对的广告并产生互动，从而能积累影响，催生深度关注，这是以客户大数据为基础的精准推送为广告主带来的营销效果。通过对目标人群行为数据的采集，大数据会给广告主最合适的建议来刺激目标人群进行购买，目标人群很可能会在愉快的心境下产生购买行为，并且非常乐于反馈使用体验，并且广告主通过对目标人群使用产品数据的再分析，判断出哪些用户可能会成为产品广告的二次传播者。最后，整个营销的过程将会被进行数据化的评估，营销的效果如何、消费者对产品的满意度如何等都会再次及时反馈给广告主，从而为下一次营销和产品升级提供依据。

　　然而，大数据在为企业提升营销精准度的同时也带来了新的挑战。由于信息采集与传输更为便利，企业所处的营销环境也趋于复杂化，信息安全、个人隐私和营销成本等问题也是企业发展过程中需要重视的。这是因为：第一，大数据背景下，企业拥有非结构化、半结构化和结构化等多种类型的数据，消费者信息、垃圾信息数量也愈来愈多，这会影响数据分析的质量。企业分析海量数据是一个"海底捞针"的过程，通常包括数据理解、数据收集、数据清洗与整理、数据探索等诸多环节，如果无法保证数据的准确度，就会影响数据分析的质量和营销结果，可能引起消费者对产品质量和营销推荐的怀疑，不利于企业开展营销活动。第二，大数据时代网络安全与个人隐私问题日益凸显。大数据时代是一个信息分享十分迅速的时代，物联网、可穿戴设备、智能手机等技术设备让数据呈几何级数增长，在线活动与交易不断增加，网络安全问题不断涌现，不法分子会通过网络病毒、网络爬虫、系统漏洞等方式获取消费者的数据，借助网络实施犯罪和诈骗，给消费者造成极大的安全隐患。2017年，在腾讯安全团队和京东的帮助下，一起特大窃取贩卖公民个人信息案被公安部侦破，犯罪嫌疑人盗取消费者信息50亿条，涉及社交、购物、医疗等多个领域，并在网络黑市贩卖。

　　**4．实践案例**

　　通过以下案例场景，我们可以看到基于客户大数据的精准推送在企业中的实践应用，了解如何利用客户大数据帮助营销人员更好地满足客户需求、提高营销效率和提升营销效果。

　　1）电子商务个性化推荐

　　你是否注意到当你在网上购物时，会收到与你之前的购买记录相关的个性化推荐？这是基于客户大数据精准推送的杰作。通过追踪客户在电子商务网站的浏览、点击等行为数据，电商企业可以为客户推荐更多相关的产品，增加购买的可能性。

　　2）客户细分

　　假设你经营一家健身房。通过分析会员的运动偏好、运动量和出勤率等客户数据，你可以将会员分成不同的群体，进而为每个群体提供特定的促销和服务，满足他们的需求。

3）地理定位广告

当你走到一家咖啡店附近时，手机上突然弹出了一则咖啡店的广告。这是通过客户的地理定位数据来实现的。商家可以精确定位你的位置，并向你推送相关广告，吸引你的光顾。

4）社交媒体分析

许多企业会基于用户在社交媒体上的数据，包括用户发布的帖子、评论和点赞等信息，了解用户的看法和需求，进一步改进产品和回应用户的反馈，以此提升用户满意度。

5）商品组合分析

超市基于消费者过往购物篮中的商品购买数据，分析和挖掘可能同时购买的商品组合。例如，超市会发现消费者经常同时购买牛奶和麦片，那么就可以将这两者放在同一个货架上，同时提高这两种商品的销售额。

6）预测未来需求

通过历史销售数据，零售商可以预测哪些产品在未来可能会热销，这有助于商家避免库存积压和及时满足客户需求。

## 7.2.2 基于生成式人工智能的营销方案制作

### 1．基本介绍

以 ChatGPT、Midjourney 和 Sora 为代表的生成式人工智能正在重塑营销从业人员的工作方式。生成式人工智能是一种能够利用大量的数据和先进的算法，自动创造新的内容、数据或代码的技术，它具有高度的灵活性、创造性和普适性，可以应用于各种领域和场景，如文本、图像、音频、视频、软件等。生成式人工智能可以帮助营销从业人员创建个性化的广告文案、生成博客文章与图片、总结长篇文章、提取内容摘要、梳理非结构化的数据

扩展阅读 7.2 人工智能在市场营销领域的应用与研究综述

等。通过使用人工智能工具，营销人员可以更快生成比以往任何时候都更有效的营销方案。在 IBM（国际商业机器公司）的一项调查中，35%的参与者认为生成式人工智能是最受欢迎的未来技术之一，未来几年内可能会极大地改变包括营销在内的企业流程。生成式人工智能有望推动营销方案制作的自动化和智能化，主要体现在以下几个方面。

1）内容生产自动化

基于大语言模型和自然语言处理技术，生成式人工智能可以帮助营销人员大量、高效率地生成营销内容。人工智能生成的文本、图片和图像可以用于各种营销内容的创作任务，包括产品描述、博客文章和电子邮件等。

2）总结文章要点

生成式人工智能可以从文章和报告中收集核心要点，用于目录、摘要、简报，甚至是与内部利益相关者分享的概要描述，大幅提升营销从业人员的工作效率。

3）生成社交媒体帖子

基于生成式人工智能工具，营销从业人员可以输入一个提示，例如"在 Instagram 上

写一个关于 XYZ 产品的吸引人的标题"，就会得到一份量身定制的引人关注的帖子。

4）生成搜索引擎优化关键词

找到友好的、相关的、高级别的关键词和短语，可以提高企业的数字营销表现。生成式人工智能会检查大量数据，发现消费者行为趋势，帮助营销人员生成主题与关键词、合适的内容标题、创建结构化内容等。

5）生成图像/视频

除了文本外，多模态生成式人工智能还可以自动创建图像/视频，能够为在线商店、社交媒体平台和其他营销材料提供产品照片、设计 logo、创造赏心悦目的广告、制作专业的营销和产品演示视频等，从而促进营销落地。

6）了解客户活动

人工智能可以用于自动化客户服务，快速掌握消费者关切的内容，并比人工客服更快速地响应他们，包括提供全天候聊天机器人客服服务、自动发送电子邮件快速回复客户咨询等。

2. 关键步骤

营销从业人员利用生成式人工智能工具等人工智能系统制作营销方案有以下几个关键步骤。

1）数据收集与整理

收集各种行业的营销案例，这些案例可以是广告、社交媒体帖子、电子邮件营销、内容营销等各种形式的营销活动。将这些案例按行业、目标受众、营销渠道、成功指标等分类，以便在后续分析和生成过程中能够有针对性地选择案例。

2）自然语言处理（Natural Language Processing，NLP）技术

使用 NLP 技术来处理和分析收集的案例文本，包括文本清洗、关键词提取、情感分析等步骤，从而理解每个案例的关键信息和成功因素。

3）特征工程

为每个案例创建特征向量，这些特征可以包括目标受众特征、使用的营销渠道、广告内容、营销预算、营销活动周期等。这些特征向量将用于机器学习模型的训练和推荐。

4）机器学习模型训练

使用历史案例数据来训练机器学习模型，例如决策树、随机森林、神经网络等，以学习案例之间的关联性和成功模式。可以使用监督学习、无监督学习或强化学习等方法进行训练。

5）营销方案生成

当营销人员需要一个新的营销方案时，可以提供当前业务和营销目标的信息。人工智能系统可以使用训练好的机器学习模型来从案例库中选择与用户需求最匹配的营销案例，并生成相应的推荐策略。系统还可以提供自定义选项，让用户根据其特定需求进行微调。

6）评估和优化

每次生成的营销方案都可以跟踪和测量其效果，以评估其成功与否。这些数据可以

用于优化机器学习模型，以便不断提高生成的方案的质量和准确性。

3. 营销效果与挑战

基于生成式人工智能的营销方案能够使企业在竞争激烈的市场中形成独特的竞争优势。

1）提供个性化的用户体验

生成式人工智能能够根据用户的个人喜好和行为数据生成个性化的内容，从而提供个性化的用户体验。这种个性化的内容推荐能够满足用户的特定需求，提高用户的参与度和忠诚度。通过精准的个性化推荐，企业可以更好地理解和满足用户的需求，从而建立稳固的用户基础。

2）创造引人注目的营销内容

生成式人工智能可以生成有创意、有趣且引人注目的内容，帮助企业在激烈的竞争中脱颖而出。通过分析市场趋势和用户喜好，生成式人工智能能够创造出与众不同的内容，吸引用户的注意力并引发他们的兴趣。这种创新的内容生成能力为企业带来更多的曝光和关注，有助于建立品牌形象，增加市场份额。

3）提高营销内容的生产效率

生成式人工智能的自动化生成和管理功能可以大大提高内容生产的效率。相比传统的手工撰写和编辑，生成式人工智能能够快速生成大量的内容，减少人力资源的投入。这种高效的内容生成过程不仅节省了时间和成本，还保持了一贯的质量和风格。企业可以更快地响应市场需求，推出更多、更丰富的内容，增加与用户的互动。

4）实现个性化营销策略

生成式人工智能的个性化内容生成能力可以帮助企业实施更精准的营销策略。通过分析用户数据和行为模式，生成式人工智能能够生成针对特定用户群体的定制化内容，传递更有针对性的信息。这种个性化营销策略能够提高营销效果和转化率，促进企业将资源和投资集中在最有潜力的目标客户上。

当然，生成式人工智能不是被用来取代销售和营销从业人员的，而是要为他们的工作提供帮助。营销人员为了获得理想的效果，仍需贡献战略洞察力、同理心，以及对目标受众更深层次的理解等。企业应该鼓励和引导员工学习领域内人工智能专业知识，以更好地开展工作。生成式人工智能带来的机会是无限的，如果正确利用，对企业绩效的提升将事半功倍。

4. 实践案例

蓝色光标集团旗下 AI 策划助手销博特（XiaoBote）与中国广告协会携手共建广告策划智能助理平台。依托人工智能和大数据技术，该广告策划智能助理平台涵盖广告创意的多个工作场景，包括一键智能营销传播规划、品牌口号、海报、直播策划、创意支持机、营销日历、logo 生成等功能，为广告人提供策略与数据可视化支持，在全流程工作场景赋能广告从业者。

营销日历：这是一款营销人员必备的日历和运营辅助工具。营销要创造爆点和影响力，而节日是很重要的营销节点。借助营销日历中的重点日期标注和解析功能，自定义热点营销日历一目了然，并可以推荐以往热点案例作为参考，方便营销运营人员有的放矢地进行运营规划，提前追踪热点事件，创造有爆点的营销。

智能策划：DIY（Do It Yourself）菜单式目录选项，只需要通过录入品牌信息，借助后台技术和专业营销模型，5～10分钟一键生成营销策划草案。目前策划涵盖8大品类、30个行业、4000个品牌、15000个营销案例，帮助企业快速搭建营销方案框架，对营销事件快速作出反应。

创意风暴：基于创意模型制作的智能创意工具，包含10万条语料文本，帮助营销人员更好地梳理思路、激发灵感，借助创意概念生成、引导式启发和人机交互。

人群分析：在实际的营销与投放中，每一家企业选择切入点时都想一步触达目标受众，这一功能涵盖人口属性、内容偏好、生活方式等维度，分析潜在受众人群的表现，配合消费者行为洞察、消费心理学，了解消费者行为认知，为锁定目标人群并制定精准营销方案提供依据。

传播标题：系统根据品牌数据信息，利用算法和模型自动生成传播标题和slogan（口号），通过语义和词向量技术不断训练，快速生成品牌slogan和激发品牌营销创意灵感。目前已经掌握了四种创意路径和多种语言风格，如现代文学、网络热词、流行、古典文艺风、科幻小说、名言歌词、电影文学、古诗词等，这些是百科全书级的超级知识库。

logo设计：和市场上其他logo生成工具不同的是，该产品融入了可编辑功能，完全可以根据个人喜好进行编辑和创作，没有美术基础的人也可以完成logo设计。从数千张图形素材中，通过解析录入的文本进行创意匹配，一键生成供参考的logo组合，构建企业的视觉符号。

一键海报：启迪创作灵感，简易海报快速生成，海报文案智能修订，多场景、多类型模板一键生成海报主题。根据录入的文字内容，快速生成不同风格和主题的创意海报供参考，可实现多主题风格改写、智能排版和效果追踪。

品宣短片："10万+"优美文案机器深度学习，根据品牌成熟度、文案风格智能推荐核心文案，并根据核心算法生成品宣文案、海报以及动效组合生产品牌形象宣传短片。

新闻易稿：该板块包含辅助协作模块和模板写作模块。前者填写需求，一键生成新闻稿，人机合作快速优化新闻稿；后者秒级响应快速查询，参考模板精准匹配，提升写作效率。

直播策划：用户通过选择题的输入模式就可在60秒内生成一个具有通用指导意义的直播策划建议书。

## 7.2.3　基于 SEO 技术的免费流量获取

### 1. 基本介绍

搜索引擎营销（Search Engine Marketing，SEM）包括狭义的搜索引擎广告（Search Engine Advertising，SEA）和广义的搜索引擎优化（Search Engine Optimization，SEO）。其中，狭义的搜索引擎广告是指付费的搜索引擎推广，例如谷歌和百度的竞价排名。本书主要关注基于SEO的免费流量获取这种智能营销策略。

从字面意思上讲，搜索是对事物的查找，具有主动的行为特征。基于搜索的营销方式也是受众的主动性行为，且这种主动性行为潜在地包含了搜索者对搜索引擎的客观需要和权威认可，所以搜索引擎营销成为网络营销中的"刚需"，被广大广告主寄予高效转化的厚望。搜索引擎的工作原理是根据特定的计算机应用程序搜集互联网上的信息，根据每个页面中关键词的分布和网站的更新频率等进行一系列判定，然后对信息进行组织和处理，并将处理排序后的信息展现给搜索者。从用户体验的角度考虑，每个权威的搜索引擎都希望通过对搜索者意图的判定，将最真实权威的信息在第一时间展现给搜索者。

基于 SEO 技术的免费流量获取是基于搜索引擎的搜索规则，对企业网站和营销内容进行有针对性的优化，提高网站和内容在搜索引擎中自然排名的方式，吸引更多用户访问网站和阅读营销内容，提高网站的访问量、宣传能力和品牌效应。基于 SEO 技术的免费流量获取具有信任度高，见效时间长，预算花费少，跨搜索引擎平台的效果。为了提升其网站的流量，很多电子商务企业，诸如京东和淘宝等，花费大量的时间和人力资源来提升网站在搜索引擎中的自然排名。据统计，开设博客的网站平均会多获得 434% 的被索引页面，长尾搜索自 2004 年以来增长 68%，其中内容营销是长尾关键词获得更好排名的途径，同时内容丰富的网站能多生成 97% 的链接，大大增加了搜索引擎的收录数量。

2. 关键步骤

1）关键词研究和选择

关键词是 SEO 中最为重要的元素之一，它决定了企业网站和营销内容是否能够被搜索引擎收录和排名。因此，在进行创作营销内容之前需要进行关键词研究和选择。优秀的关键词应该具备以下特点：第一，需求量大，即通过工具分析选取搜索量较大的关键词；第二，竞争度适中，即选取竞争度不高但能够带来流量的关键词；第三，相关性强，即选取与营销内容主题相关性强的关键词。

2）标题创作

标题是营销内容中最重要的部分之一，也是吸引读者点击和影响搜索引擎收录排名的重要因素。因此，在进行标题创作时，需要注意以下几点：第一，标题应该包含主要关键词；第二，标题不宜过长，应该在 20 个字符以内；第三，标题应该具有吸引力，能够吸引读者点击。

3）提升内容质量

营销内容是吸引读者和提高搜索引擎排名的关键。因此，在进行内容创作时，需要注意以下几点：第一，营销内容应该围绕主题展开，不要偏离主题；第二，营销内容应该具有实用性，能够帮助读者解决问题；第三，营销内容应该具有独特性，避免抄袭和模仿。

4）设计内部链接

内部链接是指在营销内容中添加到网站其他页面的链接。内部链接可以帮助搜索引擎更好地理解网站结构和内容关系，提高网站权重和排名。因此，在进行内部链接设置时，需要注意以下几点：第一，内部链接应该自然而然地融入营销内容中；第二，内部链接应该选取相关性强的页面；第三，内部链接数量不宜过多，建议每篇营销内容添加3～5 个内部链接。

5）设计外部链接

外部链接是指在营销内容中添加指向其他网站页面的链接。外部链接可以提高网站权重和排名，但需要注意以下几点：第一，外部链接应该选取权重高、相关性强的网站；第二，外部链接数量不宜过多，建议每篇内容添加 1～2 个外部链接；第三，外部链接应该避免添加到竞争对手网站。

6）设计网站结构

网站结构是指网站的层次结构和页面布局。一个良好的网站结构可以帮助搜索引擎更好地理解网站内容和关系，提高网站排名。因此，在进行网站结构设计时，需要注意以下几点：第一，网站应该具有清晰的目录结构，方便搜索引擎抓取；第二，页面布局应该简洁明了，避免过多广告和垃圾信息；第三，网站应该具有良好的导航和内部链接。

7）提升网页加载速度

一个快速加载的页面可以提高用户体验和搜索引擎排名。因此，在进行页面速度优化时，需要注意以下几点：第一，优化网页中加载图片的大小和格式，缩短页面加载时间；第二，网页设计时避免使用过多 JavaScript（一种编程语言）和 CSS（层叠样式表）文件；第三，使用内容分发网络加速网络访问。

8）善用社交媒体平台

社交媒体是指各类社交网络平台，包括微博、微信和 Facebook（脸书）等。通过在社交媒体上分享营销内容，可以提高内容曝光度。因此，在进行社交媒体营销时，需要注意以下几点：第一，选择适合自己的社交媒体平台；第二，定期分享优秀的内容；第三，利用社交媒体平台与用户互动，增强用户黏性。

9）重视数据分析

数据分析是指通过各类工具对 SEO 效果进行监测和评估。通过数据分析，可以了解 SEO 效果和改进方向。因此，在进行数据分析时，需要注意以下几点：第一，选择适合自己的数据监测工具；第二，定期对 SEO 效果进行监测和评估；第三，根据数据结果调整 SEO 策略。

3. 营销效果与挑战

基于 SEO 技术的免费流量获取对企业来说是非常重要的营销策略，它可以帮助企业免费获得更多的流量和客户，提高企业在线的可见度和知名度，从而增加用户对品牌的忠诚度和企业营收。第一，SEO 可以提高品牌的在线可见性。网络是当今主要的宣传渠道之一，有了 SEO，公司能够使其网站显示在搜索引擎的首页上。当用户输入他们想要获取的信息时，公司的网站就会出现在用户的眼前，将品牌展示给潜在消费者，如此便提高了用户对品牌的认知度和自身的知名度。第二，SEO 可以增加网站流量。通过显示在搜索引擎页面前列，可以大幅提高网站的流量。更多的流量意味着更多的潜在客户和曝光度，有更多的流量进入网站，将有更多的用户了解企业，增加购买企业产品的机会。第三，SEO 可以提高网站在搜索引擎中的信誉度。如果重要的关键词排名靠前，公司就可以证明它是其领域的权威，具有可信度、专业度，从而获得更多用户的信任。第四，SEO 可以提高市场份额。在竞争激烈的市场中，SEO 能帮助企业获得更多的市场份额。SEO 不仅能为企业带来流量和知名度，还可以帮助企业增加受众、潜在客户和最终的销售额。因此，企业应该制定适合自己的 SEO 优化策略，从而在数字营销中获得竞争优势。

当然，基于 SEO 技术的免费流量获取也有一些缺点，企业在实施时需要注意。首先，优化累积时间长，至少要经过 6 个月 SEO 的效果才会慢慢显现出来。其次，SEO 是在不断地去适应搜索引擎的抓取规则，在这个过程中，搜索引擎的抓取规则也在不断地变化，而且 SEO 本身并不是商业广告的一种，所以没有办法保证网站能够得到固定的展示和点击。最后，搜索引擎虽然没有大量广告费用的支出，但是长时间的人力优化需要公司内部产品、设计、技术等多部门的配合协调和长期投入。

4. 实践案例

Ever Pretty 是苏州凯帝丽莎网络信息技术有限公司旗下品牌，集礼服设计、生产、销售于一体。公司的主要业务是通过 B2C（Business to Customer）和 B2B（Business to Business）模式，面向全球市场销售专业礼服。Ever Pretty 为客户提供个性化的服务，旨在为客户创造独特且舒适的购物体验，得到了广大国际消费者的认可。自品牌创立以来，凯帝丽莎一直遵循着 Make you pretty forever 的宗旨，以满足全球数百万客户对美丽的追求为目的。首席执行官 Anna Shi 创建了团队并将之扩大为跨国团队，从而成为广大海外服装代理批发商热抢的品牌，每年在全球销售数百万件商品。2019 年 8 月，Ever Pretty 与某一家数字营销公司达成合作，目的是提升其网站 SEO 流量。具体的 SEO 优化策略包括：

（1）SEO 优化：对整站做全面的 SEO 检查，提出切实可行的 SEO 优化方案并实施，确保网站迁移平稳过渡，同时做好国际多语言定位，确保用户精准访问。

（2）关键词调研：调研主要竞争对手，全面梳理和优化关键词策略，针对品牌词、行业词、长尾词进行详细分类，调研搜索量以及可挖掘空间。

（3）筛选项页面策略：调整型号、参数等筛选项，解决页面收录问题。

（4）结构化数据：优化网站内容富媒体展现形式，提高点击率。

（5）高质量内容创建：创建与产品穿着场景相关主题，购物季和热门节日相关主题，搭配指南类主题等提升关键词权重。

（6）外链建设策略：提供主流且详细的外链建设策略，提升网站外链整体质量，促进网站权重提升。

在服务期间，该营销公司帮助 Ever Pretty 做了很多 tag（标签）页面和长尾词，例如领口、长度、材质、风格等不同组合的关键词页面，获得了不错的排名。在做了博客内容体系搭建后，Ever Pretty 的博客页面流量也冲进了 Top10。具体来说，第一，经过一个季度的网站优化，SEO 流量提升 65%，半年服务期 SEO 流量提升了 200%，关键词数提升了 100%。第二，随着博客内容的持续增加与优化，博客页面 SEO 流量保持稳定增长的良好趋势。第三，细分长尾分类和优化目录页，大幅度提升了企业流量。

## 7.3 智能营销案例分析

阿里巴巴集团作为中国领先的电子商务平台，凭借其强大的技术实力和广泛的数据资源，在智能营销领域取得了显著的成就。通过大数据、人工智能（AI）、生成式人工智能内容（AI-Generated Content，AIGC）和云计算技术，阿里巴巴为商家提供了个性化、精准化的营销服务，极大地提高了营销的效率和效果。

阿里巴巴通过整合其庞大的用户数据和智能技术，创建了一个全面的营销生态系统。以下是阿里巴巴在智能营销和 AIGC 方面的具体策略。

（1）个性化推荐系统。阿里巴巴利用人工智能算法和大数据技术，为用户提供个性化推荐服务。根据用户的浏览记录、购物历史、兴趣偏好等数据，系统可以实时为用户推荐相关的商品和服务，提升了用户的购物体验，同时增加了商家的曝光率和转化率。

（2）智能广告投放。阿里巴巴的广告平台使用 AI 技术，通过分析用户的行为和习惯，自动为不同的目标群体投放最合适的广告。例如，在天猫和淘宝平台上，商家可以通过阿里巴巴的广告系统自动优化广告内容，确保广告只展现给最有可能产生购买行为的消费者。这不仅提高了广告的转化率，还降低了营销成本。

（3）AIGC 赋能营销内容生成。阿里巴巴积极应用 AIGC 技术，通过生成式人工智能自动生成营销内容。AIGC 能够根据消费者的偏好和市场趋势，实时生成富有创意的广告文案、产品描述、图片甚至视频。这种生成式内容大幅提高了营销效率，帮助商家快速推出多样化且个性化的营销内容。例如，某服装品牌通过阿里巴巴的 AIGC 在双十一活动中快速生成了一系列符合时尚趋势的广告海报，吸引了大量年轻消费者。

（4）智能客服与用户互动。阿里巴巴还通过 AI 智能客服（如阿里小蜜）为用户提供即时、精准的在线服务。智能客服可以自动处理大量的常见问题，大大减少了人工客服的工作负担，并为用户提供了更好的售前和售后体验。此外，AIGC 技术还能够帮助客服实时生成个性化回复，进一步提升了用户的满意度和互动体验。

阿里巴巴的智能营销和 AIGC 技术显著提升了商家在平台上的竞争力。通过精准的数据分析和生成式内容的应用，商家能够更好地理解用户需求，优化营销策略，最终实现销量的增长。例如，某知名化妆品品牌通过阿里巴巴的个性化推荐系统、智能广告投放与 AIGC 生成的创意广告，在"双十一"购物节期间销售额增长了 300%。

扩展阅读 7.3　新零售时代下的数据智能营销战略研究

阿里巴巴的智能营销与 AIGC 实践为其他企业提供了宝贵的经验和启示：①数据驱动的决策。利用大数据、人工智能和 AIGC 技术进行市场分析和内容生成，能够更精准地触达目标消费者。②技术赋能营销。AI、AIGC 和云计算等技术为企业提供了新的营销手段，帮助提升营销效率和效果。③个性化与自动化营销的价值。通过 AIGC 生成个性化的内容和购物体验，不仅提高了用户的满意度，还能增强用户对品牌的忠诚度。

阿里巴巴通过智能营销与 AIGC 技术的成功应用，不仅提升了自身平台的商业价值，也为商家提供了具有创新性的营销工具。AIGC 的发展加速了内容生成的智能化，帮助商家以更低成本、更高效的方式进行多样化营销。智能营销和 AIGC 是未来市场营销的重要方向，企业应积极探索并应用这些先进技术来保持竞争力。

## 本章小结

本章主要介绍了智能营销的基础知识，首先介绍了智能营销的概念、特点和基础，接着介绍了三种场景的智能营销策略，阐述每一种策略的基本概念、关键步骤、营销效果与挑战，并借助实践案例进行详细介绍。

## 关键术语

智能营销（Intelligent Marketing）

信息过载（Information Overload）

大数据（Big Data）

云计算（Cloud Computing）

人工智能（Artificial Intelligence，AI）

自动化（Automation）

智能化（Intellectualization）

协同化（Synergy）

数据监测能力（Data Monitoring Capability）

数据分析能力（Data Analysis Capability）

精准推送（Accurate Delivery）

生成式人工智能（Generative Artificial Intelligence，GAI）

自然语言处理（Natural Language Processing，NLP）

搜索引擎营销（Search Engine Marketing，SEM）

搜索引擎优化（Search Engine Optimization，SEO）

## 课后习题

1. 智能营销的概念是什么？
2. 智能营销有哪些特点？
3. 企业应该如何正确看待数据监测分析？
4. 为什么数据分析能力是智能营销的核心基础？
5. 日常生活中你见过哪些智能营销策略？请结合具体企业案例进行阐述。

## 即测即练

自学自测    扫描此码

# 第三篇

# 新媒体营销工具与实践

**│第8章│**

# 微 博 营 销

## 🖥 学习目标

1. 熟悉微博营销的定义、特征和价值。
2. 学会制作微博营销内容。
3. 掌握微博营销的不同方法。
4. 熟悉如何进行微博运营和推广。
5. 了解如何实现微博运营变现。

## 🖥 案例导入

### 支付宝如何利用微博平台进行营销？ ①

2018 年 9 月 29 日 14:00，支付宝官方微博宣布："十一出境游的朋友，请留意支付宝付款页面，可能一不小心就会被免单。"该条微博宣布在 10 月 7 日将从转发指定微博的用户中抽取 1 位"中国锦鲤"赠送丰富礼品，并在评论中用支付宝官方账号列出了礼单，涵盖了鞋包服饰、美食券、化妆品、旅游免单等多个品类的奖品。"中国锦鲤"微博一经发出便受到微博用户的广泛关注，截至 2018 年 10 月 7 日，该条微博收到了超过 300 万微博用户的转发。与此同时，支付宝于 10 月 7 日通过微博官方抽奖平台进行了抽奖，公布名为"信小呆"的用户获得了这份"中国锦鲤全球免单大礼包"。

支付宝在微博平台上的营销事件中，看似庞大的"中国锦鲤全球免单大礼包"，实际上是由众多国内外商家的小投入成本组成的，所以除了支付宝这个最大的赢家之外，众多商家也以其官博的身份在微博上利用小成本收获了巨大的转发流量。并且，微博用户信小呆以其"中国锦鲤"的身份走进了大众的视野，分享的"锦鲤"日常在收获粉丝关注的同时，也将支付宝在微博平台上的短时抽奖活动转化为持续的流量价值增长。

本次活动的幸运儿信小呆所得到的利益，除了将近一年的物质方面的奖品，更重要的是此次微博营销活动为其带来的影响力及后续利益。具体地说，"锦鲤"和"信小呆"将通过这次活动被连接甚至等同起来，形成 IP。最直接的体现是，现在一搜"锦鲤"，出来的不再是杨超越，取而代之的几乎都是支付宝的"信小呆"。这个巨大的 IP 所包含的

---

① 国人在线. 支付宝"中国锦鲤"信小呆，一次零成本的完美营销[EB/OL]. (2018-10-13)[2024-10-20]. https://zhuanlan.zhihu.com/p/46645645.

商业价值是难以描述的。想想我们日常在朋友圈或者社交平台所看到的"转运锦鲤"每月甚至每周被转发出现的频率。再想想今后将被"信小呆"取而代之，继而被全民转发传播，单纯从这一点看，其影响力波及的范围就已经十分巨大。信小呆在微博上已经有了138万粉丝，完全具备接广告变现的能力。

在这场微博营销活动中，支付宝无疑是最大赢家。支付宝通过这次微博营销活动抢先占用了"中国锦鲤"这个称号。作为本次活动发起方的支付宝所付出的成本主要是奖品，而这些奖品几乎都是由合作品牌广告商资助的。并且许多品牌方充当了宣传的角色，自愿转发，扩大了活动的影响力，量变最终形成了质变，在网络上达到了堪称震撼的推广效果。另外，奖品的设计也是别出心裁，各大品牌几乎遍布世界各地，侧面为支付宝"走向全球"做了宣传。微博网友在吃惊于奖品数量之多的同时，也会发现原来"支付宝覆盖范围已经遍布全球"了，这可远比请世界各地的大明星做广告的性价比高出很多倍。

通过支付宝借助微博平台开展营销活动的案例，我们可以看到微博营销的魅力和价值。那么在本章中我们将思考以下问题：什么是微博营销？如何制作微博内容？有什么方法可以开展微博营销？如何运营和推广自己的微博账号？如何通过微博运营实现变现？

# 8.1　微博营销入门

## 8.1.1　微博营销的定义

微博营销是指个人和企业通过微博平台发布相关微博内容，借助微博平台与其他用户进行互动交流，完成信息的发布与更新，并开展品牌宣传、商品信息传递、消费者售后服务与关系维护等各种活动，从而提升用户体验和品牌影响力，实现更好的商业价值。

开展微博营销的主体主要有个人和企业两类用户，具体的营销过程由两个方面构成。第一，个人用户可以利用微博平台分享个人经历、日常资讯和趣闻轶事等信息，使粉丝增加对自己的了解，并提升自身的知名度和影响力。企业用户利用微博平台发布包括商品促销、产品更新信息在内的营销内容，从而增加消费者对企业和商家、商品与产品的了解。第二，个人用户可以与粉丝进行互动，增加粉丝的忠诚度，吸引更多用户的关注，为价值的进一步实现奠定基础。企业和商家可以借助微博平台与消费者进行互动交流，进行售前和售后服务，提升用户的消费体验。在发布信息的方式上，微博提供了一个方便快捷的平台。同时，企业、个人用户可以利用其较低的营销成本，将发布的商业信息精准、即时、快速地传播至目标用户，实现企业和个人影响力的扩大以及价值与利润的提升。

## 8.1.2　微博营销的特征

目前我国新浪微博、腾讯微博和搜狐微博等微博平台具有用户量大、活跃度高、言论多元等优势，已经成为国内第一大网络舆论阵地。不同于传统营销方式中基于特定渠道的单向性传播，微博营销借助微博平台的优势展现出实时性、低成本、形式多样、聚合度高、账号拟人化等特征。

### 1. 实时性

不同于其他一些营销方式，微博营销的显著特征在于实时性。微博平台强大的即时通讯功能使微博营销具有极强的实时性。营销主体在微博平台上发布内容，其内容将被粉丝快速阅读并进一步转发传播。发布者发布营销内容后，其内容除了被瞬时显示于粉丝的首页，还将被其他用户基于关键词或者话题搜索到。由于微博具有较强的实时性，一些突发事件的产生、演变情况将被实时更新于微博平台，易于引发更大用户群体的关注。

### 2. 低成本

微博平台在注册、发布信息方面具有较低的门槛。任何拥有网络服务的微博账号主体可以在任何时间、任何地点对微博内容进行发布、更新、删除等操作，实现信息低成本实时更新。相应地，营销主体也可以低成本在微博平台上对营销内容进行发布、更改，实现营销内容的更好传播。

### 3. 形式多样

微博平台支持多种形式的信息发布，包括文字、图片、视频等，能够立体化、多样化地展示用户的信息，提升受众的阅读体验，增加其信息的影响力。营销主体利用微博进行营销时可随意组合文字、图片和视频，在丰富信息内容的同时还提升了营销信息的趣味性。除此之外，微博还支持品牌联合、抽奖等各种营销活动。个人、企业、商家之间可以进行联合营销，通过多个营销主体的联动，使其营销信息传播面迅速扩大，达到更好的营销效果。营销主体还可以进行抽奖等形式的营销，以一些低门槛的抽奖资格条件（如关注指定用户、转发指定微博、点赞指定微博、评论指定微博等）吸引大量的用户，使得营销内容在发布抽奖活动、公布抽奖结果这两个过程中重复曝光，增强营销效果。

### 4. 聚合度高

微博平台提供"微博话题"模块，微博用户可以在发微博时将其内容编辑进特定微博话题，提升用户和内容的曝光度，也可以点击该话题进入相应的微博话题界面查看、评论、发布与该话题相关的信息。如果话题的互动量、点击量高，还将被展示在微博热搜榜单上，提升该话题内容的影响力，实现同类话题内容的聚合。

相应地，在微博营销中，营销主体可以通过两种方式实现相应内容的聚合。第一种是营销主体借助现成的热点事件、热点人物表达自己的态度，达到营销效果。例如，腾讯在 2015 年发起 9 月 9 日公益日活动，旨在通过互联网、社交平台等创新互动方式进行公益活动。在微博#99 公益日#话题下，除了宣传各式的公益活动外，还发起了营销活动。名为"CoCo 都可官方"的微博账号在该话题下发布微博："留下一句祝福或鼓励给大山里的春蕾女孩，揪 5 位爱心 Co 粉喝饮品～截至今年的#99 公益日#，CoCo 都可已连续 8 年支持春蕾计划。累计捐赠约 400 万元，帮助近 1000 位山区贫困女孩重返校园，守护女孩们坚韧前行。"此条微博不仅贴合了话题主题，在宣传公益的同时展现了在公益事业上的企业担当，还以"留下祝福"、抽奖互动等方式将话题流量转化为微博账号自身的流量，实现了借助既有微博话题实现微博营销的目的。

第二种是营销主体创建自己的话题。首先，营销主体应选择恰当的话题标题；其次，在创建话题后，营销主体应申请成为话题主持人，掌握话题的主导权，积极更新话题的内容并吸引更多用户的参与，实现更好的营销效果。如#乘风破浪一路向前#是比亚迪汽车官方微博创建的话题，在该话题中，多个微博话题账号发表与比亚迪汽车相关的内容，其总阅读量高达 1.1 亿，互动量达到 1.8 万，实现了较好的营销效果。

5. 账号拟人化

微博的登录模式允许多个现实主体共同运营同一个账号，为以品牌拟人化为特征的微博营销提供了良好的基础。一个企业官方账号或个人账号的背后可能是整个营销运营团队。营销团队往往选择塑造一个有利人设，将营销账号塑造成一个鲜活的屏幕人物，从而拉近与消费者、用户之间的距离，在日常的营销活动中实现更好的营销效果。

如果企业家希望微博作为企业宣传推广的延伸，就不能一味地发布与企业相关的微博，因为微博浏览者不会对企业相关微博进行精细加工，从而对企业家形象形成较高的评价。当微博浏览者阅读一位企业家的微博时并不会直接形成对企业品牌形象的评价，而是首先通过对企业家形象进行评价进而形成对企业品牌形象的评价。所以企业家在发布微博内容时可以多一些与个人相关的正面信息，在传递企业相关信息时可以将企业信息以个人化的手法来进行传达，使微博浏览者在阅读微博时能对企业家的形象有一个更直接的认识和评价，进而传递到对企业品牌形象的评价。

## 8.1.3 微博营销的价值

基于微博营销的特点和特征，微博营销的开展更加低成本、便捷和高效，能够更好地实现个人和企业的营销目标。微博营销的价值主要体现在以下几个方面。

1. 提升营销速度

微博提供了一个信息平台，其最大的特点就是信息传播速度极快。同时鉴于微博的开放性，其针对的人群范围极广。微博媒体的浏览量达上亿人次，将微博作为营销平台效率极高。目前微博的营销模式被称为"微营销"，其特点就是高速、快捷。同时，微博支持多种信息平台，手机、电脑，包括其他传统媒体均可使用，普及人群很广。同时微博的便利操作使得转发极为方便，这一点更加有利于营销信息的传播。微博的传播量是几何级放大的，其宣传效果不可估量。在微博上发布营销信息，直接面对着亿万的观众，互动性极强，使得短时间内即可达到海量的目击人数。微博营销模式成为目前最为快捷和高效的营销模式之一。

2. 节省营销成本

微博营销成本较为低廉，运用微博营销模式可有效降低交易过程中的费用，减少商家和企业的营销成本，从而能够在低价格成本的框架中获得更多的利益。这种营销方式也是微博营销所特有的价值优势。微博营销不需要众多繁杂的审批程序，也无须向微博平台支付宣传费用，这种方式节约了企业的运行成本，其中包括人力成本的节约。虽然在微博上发布内容有 140 字的限制（2009 年微博规定），但这种方式更加突显了微博的草根性，微博可以分布到各个网络平台，可以实现多平台营销方式，并朝多个垂直细分领域的方向发展，多渠道营销方式可进一步帮助企业售出商品，增加企业收入，为企业营销提供更加广阔的空间。

**3. 推广品牌和提升品牌知名度**

微博具有内容低门槛、传播高效率、互动更多元的特性，可将企业品牌信息迅速传递到广大用户群体中。任何企业都可以按照品牌宣传需求，随时随地在微博平台发布品牌推广广告或其他内容。微博平台本身就具有高聚合和强互动特点，意见领袖可以在很大程度上对普通用户产生态度和行为上的影响。企业介入微博营销中，可以有效提升品牌信息传播速度，并且扩大品牌信息传播的范围。

企业可以利用微博营销特征中的实时性和形式多样性促进品牌知名度的提升。因为微博营销具有实时性的特征，企业以几乎零成本的形式在微博上发布的有关产品促销、账号增粉、产品升级、企业转型等一系列营销信息会被瞬时推送给粉丝和一些潜在用户，从而迅速提升企业和品牌的曝光度及知名度。

**4. 维护用户关系**

由于微博提供了一个企业与消费者直接沟通的平台，营销主体能够在微博平台上与消费者进行意见、建议等信息的交换，在互动中实现产品的推销，进一步加深消费者对产品的印象。企业营销环节的成功与否直接影响着企业的运营，以及产品的去留，从营销额中也可以直接感受到用户对产品的喜爱程度，因此营销是企业正常发展中至关重要的环节。运用微博营销可以更加突出消费者的地位，了解消费者的个性化需求，从而帮助企业确定市场发展方向，并促进企业结构优化升级。

**5. 帮助企业与个人变现**

企业和个人用户通过微博运营，获取了一批粉丝后，可以帮助企业和个人导流销售和获取收益。例如，企业在微博平台发布产品推文时，植入产品的购买链接，粉丝看到微博内容后，可直接通过链接进行购买。微博提供了一个可以开展数字营销且易于变现的渠道，除了内容变现、广告变现、电商变现等直接变现渠道之外，还提供了通过影响力提升而实现间接变现的渠道。

**6. 有助于市场调查**

市场调查是企业开展营销不可缺少的环节，通常企业可以通过问卷调查、人工调研、数据购买等方式调查用户的需求。但这些调查方式耗费的财力和人力都较大，不同行业的效果也参差不齐。然而，微博的出现，为企业提供了一个低成本、高效率的创新工具。基于微博用户的巨大数量和微博平台几十个垂直领域的划分，每个用户都有其对应的兴趣领域标签。企业可以有针对性地触达特定偏好的用户并进行调研，这为企业制订个性化服务提供了极大的便利。同时，企业还可以对目标用户发布的微博内容进行针对性的分析，更深入地挖掘用户的潜在需求，更精准地制定营销策略。

**7. 帮助企业进行危机公关**

在微博平台上，涉及知名企业产品质量、企业信用问题等公众事件会迅速登上微博的热搜榜。企业如果不及时进行应对处理，事件持续发酵会对企业非常不利。企业可以通过微博快速了解并应对突发情况。通过检测关键词，企业可以迅速了解对事件高度关注的用户群体，从话题中可以全面了解用户对此事件的评价和意见。由此，企业能够迅速在微博上锁定危机公关的目标人群，了解危机发生的原因和经过，并迅速采取更有针对性的措施。

# 8.2 微博内容制作

## 8.2.1 内容策划

微博营销内容的策划需要明确内容发布的目的、目标受众，并且注意微博内容的质量、多元化等，这样才能更好地实现内容营销效果。在内容策划时需要考虑以下几个方面：

### 1. 确定微博账号定位

企业微博账号要有准确的身份定位，这意味着发布的内容要服从微博账号定位的要求，体现独特的风格。如果企业品牌是时尚快速消费品类的，那么微博内容就必须体现积极活泼等年轻的基调，应该多发布轻松活泼、时尚的内容。例如，凡客的企业定位是青春活泼的快时尚形象，对应的微博内容以语言风格活泼、图片色彩鲜艳为主。又如，艾瑞咨询集团是一个提供数据服务的企业，对应的微博内容应该以发布权威严肃的数据为主。

另外，企业需要根据账号用途的不同确定不同的定位，为接下来微博内容的策划奠定基础。例如，企业微博的定位可以分为官方微博账号、售后专用账号、品牌推广账号、领域知识分享账号等，个人微博的定位可以分为兴趣特长账号、日常分享账号等。良好的微博账号定位能够引导微博具体内容的策划，为微博内容奠定基调。

### 2. 明确发布微博的目的

不同的目的决定了微博不同的内容和文风，因此需要明确微博内容的目的，是提高品牌知名度，还是推广某个产品或服务，或者是增加账号的粉丝量和提升知名度。

### 3. 了解目标受众

需要了解目标受众的需求和兴趣，以确定微博的内容和风格。例如，如果企业产品的目标受众是年轻人，那么企业微博内容就需要更具有活力和创新性，可以使用年轻人喜欢的语言、表情符号和一些网络用语以拉近与用户之间的距离。

### 4. 制订内容计划

需要根据目的和目标受众，制订一个详细的内容计划，包括确定微博的主题、内容和发布频率。同时，需要及时关注当前的社会热点和流行趋势，抓住宣传时机，提升曝光度，以吸引更多用户的关注。建立品牌与焦点事件、公众话题、趣味段子的关联性。适度参与转发焦点话题，将热点事件巧妙地与品牌性质联系起来，使客户和粉丝产生联想。

### 5. 制造互动价值

企业和个人微博可以通过抽奖活动、引导评论、意见咨询、日常互动等形式积极建立与其他用户之间的紧密互动，以提升用户对本账号的亲切感，增加本账号的亲和力，达到更好的微博内容发布效果。

**6. 更新频率**

从微博账号自身的定位和营销需要出发，需要制定账号自身的微博更新频率。既要积极保持微博的活跃度和新鲜感，也要根据用户反馈和数据分析进行优化和调整，以提升微博发布的效果。

**7. 确定内容形式**

应积极运用多元化的内容形式。除了文字，微博还支持图片、视频等多种形式的内容。应根据相应的微博内容选择合适的形式，以提升微博内容的创新性和影响力。

**8. 合作与推广计划**

可以制订与其他微博账号、网红、意见领袖等的合作计划，共同推广微博。这可以增加微博账号的曝光度和影响力，吸引更多目标受众。

**9. 数据分析和优化**

定期分析微博内容的数据，从日常的互动数据、营销数据、销售数据、账号粉丝数据等中了解目标用户的需求和兴趣，及时优化微博内容的方向和计划。

## 8.2.2　内容撰写

在撰写微博内容时，需要围绕微博账号定位和目标受众选择相应的撰写内容及展现形式。微博内容文案需要突出亮点、结合热点并且选择合适的语言风格，具体需注意的要点如下。

**1. 精简扼要**

微博内容需要精简扼要，能够快速传达目标信息，遵守微博的字数限制，选择合适的展现形式，避免冗长的内容和复杂的表达方式，以提升内容质量和用户的阅读体验。

**2. 突出亮点**

在撰写微博内容时，需要突出产品和账号的特点及优势，将需要传达的主要信息准确、高效地传达，以吸引用户的关注，达到更好的微博发布效果。

**3. 结合热点**

在撰写微博内容时，可以结合当前的社会热点和流行趋势，调整自己的内容方向，以增加微博内容的曝光率和影响力。

**4. 情感化表达**

结合微博营销的账号拟人化特征，微博内容可以情感化地融入语言文字和表情来传达信息，提升内容的可信度和趣味性，增加用户的共鸣和认同感，拉近与用户之间的距离，以达到更好的微博发布效果。例如，企业家在撰写微博时字里行间应尽量充满积极的情绪，并使用幽默、自我剖析等情绪化的手法来唤起微博浏览者的情绪，从而获得更高的个人形象评价，进而促进消费者对企业品牌形象的正向评价。

**5. 语言风格**

根据目标群体的特点、兴趣和账号定位，选择合适的语言风格。例如，日常分享账号的内容撰写可以选择轻松搞笑的语言风格，企业官方账号可以选择严谨的语言风格，以符合账号定位并提升微博营销效果。

### 8.2.3  活动设计

企业可以发起微博活动进行有效的微博营销。在活动奖品设置上，将企业新产品或知名度高的产品作为奖品更利于活动内容的推广；在活动背景上，以节日或大型实地活动为背景，可以使活动以较少的投入得到较为满意的产出；在活动形式上，在活动空窗期举办系列活动，既能保持企业微博活跃度，又能扩大官微影响力；在活动对象上，如果活动只针对特定用户群，容易造成投入冗余；在活动参与上，相对简单的活动参与过程更利于活动的推广，提高营销效果。企业也可以根据营销效果与其他企业同类型的微博营销活动进行对比，找出自己的优势与不足，进一步通过分析投入或是产出指标的冗余，弥补不足之处，使企业的微博营销活动更加高效。目前微博活动主要有以下几种类型。

**1. 转发有奖**

用户只需要转发活动信息并满足一定的条件，就有机会获得奖品。这种类型的活动操作简单，奖品具有吸引力，能够快速增加粉丝数量。企业可以在设置抽奖规则时根据不同的营销目标选择转发、评论、点赞的抽奖条件，激励用户实现营销内容的信息扩散和意见表达。

**2. 评论留言排名**

这种类型的活动需要用户在活动微博下发表评论，根据评论的点赞数或者特定条件（例如最早的评论等）进行排名，前三名或者前几名可以获得奖品。这种活动能够提高用户的参与度，同时也可以增加微博的活跃度和热度。

**3. 发布微博内容并@官方微博**

这种类型的活动中，用户在发布微博时@官方微博，并满足特定的条件才能获得奖品，例如包含特定的关键词或者话题。这种活动能够提高用户的参与度和互动性，同时也可以提升微博的曝光率和关注度。

**4. 带话题发布微博**

这种类型的活动中，用户在发布微博时带上特定的话题或者关键词，并满足一定的条件才能获得奖品，例如一定的评论数或者转发数。这种活动能够增加用户对于话题的讨论和参与度，同时也可以提升微博的曝光率和关注度。

除了以上这些常见的活动类型，还有一些其他类型的微博活动，例如投票等。不同类型的活动具有不同的特点和效果，可以根据具体情况进行选择和设计。在设计活动时需要充分了解微博的特点和用户行为，充分利用微博营销所具备的社交属性、热门话题功能和多媒体属性，增加微博活动的创意性和效果。同时需要根据实际情况进行灵活设计和调整，以实现最佳微博活动效果。

## 8.2.4　发布个人微博

发布个人微博需要注意微博内容的质量和价值、精简表达、搭配图片和视频、积极参与话题和热门话题等方面，这样才能更好地吸引更多的关注和粉丝，提高微博的影响力和传播效果。具体来说，发布个人微博时需要注意以下几个方面。

**1. 定位明确**

在发布微博前，明确自己的定位和目的，以吸引粉丝和其他目标受众的关注和兴趣。同时，需要保持微博内容和风格的一致性，以更好地保持微博的专业形象。

**2. 内容有价值**

在发布微博时，需要注重内容的质量和价值。高质量且有价值的微博内容更容易在微博平台中被其他用户点赞、收藏和转发，从而产生影响力。

**3. 精简表达**

由于微博字数的限制，内容需要精简表达，突出重点。在表达自己的观点和意见时，要尽量简明扼要，遵守微博字数限制。

**4. 搭配图片和视频**

在发布微博时，可以搭配一些图片和视频，以吸引用户的注意力和提高微博的可读性。但是需要注意图片和视频的质量及相关性，不要发布无关或者低质量的图片和视频。

**5. 积极参与话题和热门话题**

参与话题和热门话题是增加微博曝光度和互动性的好方法。可以通过加入相关的话题和热门话题，与用户进行讨论和交流，从而提高微博的关注度和互动性。

**6. 注意言论措辞**

在发布微博时，需要责任自负，注意言论的合法性和合规性。不要发布与法律、国家利益以及社会道德相违背的观点和信息，以避免引起争议和纠纷。

## 8.2.5　使用微博话题

微博话题是指微博中与某个主题相关的讨论内容的集合。在微博中，话题主持人可以创建与某个主题或事件相关的话题页面，并在该页面中发布与该主题或事件相关的微博。这些微博会根据其内容和相关度进行聚合，方便其他微博用户浏览和讨论。使用微博话题，可以聚集同一主题或事件下的微博，帮助用户更好地了解某个主题或事件的最新进展和各方观点，同时也可以帮助用户发现和自己有相同兴趣的人并进行交流。

微博话题的创建需要输入"##"，然后将话题词放在井号内，发布时就会自动生成话题标签。这些标签会显示在微博的标题和正文下方，方便用户进行查找和参与讨论。使用微博话题主要有微博文字、私信文字、评论文字三种使用方式。如果想要微博话题拥有更强的吸引力，在设置话题词时可选择使用新鲜亮眼、简洁的词语，且避免使用特殊符号和表情符号，维持长度在 4 个字到 32 个字之间（微博 2013 年规定）。使用微博话题进行营销还需要注意以下几点。

**1. 定位好目标人群**

所有营销活动的前提都是要认准营销的目标群体是谁，他们需要什么，有什么特点，然后"对症下药"，有针对性地进行营销策划。如果品牌的目的是"火出圈"，那么它的目标人群是所有能够使用网络的人群，也就是说此时营销的目的是扩大品牌在公众中的知名度。然后，了解当下的大众消费群体有哪些特点、对什么感兴趣，以此作为依据拟定话题。

**2. 设计和创建话题**

在对目标人群进行过调研与分析之后，结合品牌特点和产品、服务的特色拟定一个适合大多数人参与，并且具有传播潜力的话题。一般来说，话题需要设置成具有吸引力、让人产生情绪点的效果，如新奇、幽默、悲愤等情感，引发大众点击话题进入话题页面进行互动与讨论。在话题的用词与表达上，品牌企业也可多做揣摩，以达到更好的传递效果。

**3. 选择分发方式**

在拟定好话题之后，需要选择一个合适的平台进行发布。以微博为例，因为用户量大、活跃度高、内容丰富，品牌乐于在这一平台进行话题的发布。同时，微博的"大 V"、明星等具有意见领袖影响力的用户可以成为品牌初期分发话题的得力助手。这些意见领袖的影响力和号召力首先会让其粉丝注意到话题，再通过粉丝们的转发、评论等扩大热度，引起其他用户的注意。

**4. 做好后续话题**

在品牌通过话题达到了营销的预期效果之后，由于时间的推移，用户们的注意力和热情也开始消退，此时再推出后续话题，不仅能借助话题的"余温"再刷一波存在感，同时也能达到"善始善终"的效果，提升口碑与形象。而且，后续话题能够避免原话题对用户造成的审美疲劳和腻烦心理，使其保持自然的热度。

在话题营销的几个步骤当中，品牌要想达到良好的营销效果，最重要的是找到或者制造一个符合大众需求的好"话题"。选对话题才能"爆红"，才能让品牌"出圈"。从以往的成功案例来分析，企业可以从以下几点设计话题：

**1）节日和活动**

重大的节日或者活动一般都能够引起公众的期待和讨论，例如端午、国庆、清明等节日，以及春晚、五四晚会等重大活动。企业可以借这些"节日活动"之势在话题上引来一波热度，利用现成的话题进行营销，将企业品牌与节日融合在一起，不仅能借此吸引关注，更能通过这种融合让大众看到企业的特色和亮点。

在 2017 年中秋节到来之际，家居企业欧派拍了一支广受好评的特色短片《狼人的中秋烦恼》，视频播放量近 5000 万，而其微博话题#月圆之夜，狼人变身#的阅读量也超过了 1.6 亿，成为一个借助节日进行话题营销的成功案例。欧派的这支短片与中秋节的话题非常契合，同时其创意也彰显出了品牌的特点：狼人是人们在社交当中非常熟悉的一个 IP，而这个视频将狼人塑造成了一个温和善良的家居男，并且经常好心帮倒忙，在团圆之际，狼人错误百出，但在妻子和欧派的帮助下，狼人感受到了关怀和温暖，不仅与中秋节家人团圆的温馨气氛吻合，更是一改人们心目中的反派形象，拥有了反差萌，而且更主要的是突出了欧派"有家有爱"的高端家居品牌内涵。

2）热点新闻

除了节日和活动外，热点新闻本身具有聚集用户的特性，企业同样也可以加以利用。在利用热点新闻进行话题营销时，要注意与话题的结合度，对于话题的选择也要谨慎，最好避免蹭严肃负面事件的热度，以免弄巧成拙。

韩寒执导的《后会无期》在热映期间，是一个讨论度较高的新闻热点。新浪新闻客户端正是利用这个热点新闻，借助#我想和韩寒谈谈#这个微博话题，成功从同期的多个热点话题中脱颖而出。新浪新闻客户端利用这个话题获得成功，首先体现在它的文艺性，巧妙地化用了韩寒的《1988：我想和这个世界谈谈》的书名，引发了读者粉丝的共鸣和关注，然后在话题当中设置了送电影票的环节，激发了用户们的参与热情，再加上大力度的推广，使得这个话题能够在数天内取得如此佳绩。

3）社会痛点

利用社会痛点激起人们关于人性的思考，也是企业设计微博话题的良方。《都挺好》这部都市家庭剧引发了广泛的讨论，"原生家庭""重男轻女""啃老""职业女性"等社会热点在微博平台的话题数量和热搜时长不断增长。正是这些社会热点话题戳中了大多数人内心的痛点，使他们在观剧评点人物时能够联系到自身，引发社会与时代的共鸣，成为一时间大热的话题。

除了社会痛点话题以外，《都挺好》原著作者阿耐、主创团队正午阳光以及一众演技派演员的名人效应也令其受到人们的信赖与瞩目，而在进行话题营销的同时，主演的互动、话题的讨论、表情包等熟悉的微博营销方式也吸引了网友们的参与，使其火热程度更进一步。抓住社会痛点，让大众产生共鸣与讨论，是品牌创造热点话题的重要方式。在反映社会与时代现状的同时，加入品牌的关怀，能够让群众对品牌产生好印象，从而提升口碑。

4）名人逸事

利用明星、意见领袖等知名人物的社会影响力和号召力从圈内向圈外扩展，也是非常稳健的一种方式。品牌在进行话题营销时，先在名人的粉丝圈形成一定的话题度，随后扩散到整个平台，带动品牌的知名度。"蹭"明星、意见领袖现成的热度和影响力，是一种风险低且较为有效的话题营销手段，但在利用名人效应的同时还要注意彰显出品牌的特色和价值内涵，注意好"借光"的度，让大众通过名人对品牌产生记忆点和好感。

德芙请来知名女演员关晓彤作为"德芙女孩"演绎"年年得福"的广告，吸引了明星粉丝进入#关晓彤#和#德芙女孩#话题进行讨论。而广告中关晓彤为了证明自己是一个好演员与母亲争吵离家奔波，不仅以明星和冲突吸引了大众的焦点，更是用这种常见的家庭小矛盾和温暖亲情感动了大众。从名人引入时代话题，再融合品牌内涵，德芙的这条广告获得了好评，并且成功让这两个话题登上微博热搜。

## 8.2.6　设计头条文章

微博头条文章具有高效发布、阅读流畅、传播力强等特点，且微博头条文章在微博信息流的权重全站最高。为打造更优的创作体验，自 2022 年 1 月以来，微博头条文章产品功能持续升级，除了提升编辑工具效率、支持 PC 和移动双端编辑能力之外，还增设作者卡片、热搜卡片、错词检测等新功能，大大提升了创作的便利性。企业在设计头条文章时，通常需要注意以下几点。

**1. 确定主题和受众**

首先需要明确文章的主题和受众，包括阅读受众群体、文章发布目的、涉及的行业领域等，以便更好地把握头条文章的方向和内容。并根据主题和受众，搜集相关的素材和资料，包括新闻报道、热点事件、专家观点、用户反馈等，以便进行撰写和分析。

**2. 使用各种内容及形式**

根据需要发表的主题搜集相应的素材和资料，撰写头条文章。在撰写过程中需要注意文章的结构、逻辑、语言、表达方式等方面，丰富包括音频、视频、图片在内的多种表达形式，尽可能简明扼要、条理清晰、生动有趣，吸引读者继续阅读。

**3. 确保头条质量**

完成头条文章撰写后，需要进行编辑和审核。编辑主要包括头条文章的修改、润色和排版等，主要审核文稿的正确性、客观性、完整性等方面，以确保文章的质量和价值。

**4. 提升曝光度**

完成编辑和审核后，将头条文章发布到微博和其他媒体平台上并进行推广。在发布和推广过程中，需要注意文章的标签、话题、营销策略等，以提高文章的曝光率和关注度。

**5. 注重头条文章价值转化**

微博头条文章支持打赏功能和推荐其他文章功能。创作者可以开放打赏功能，扩展变现渠道，也可以在文章底部添加推荐自己的其他文章，拓展文章的曝光渠道。除此之外，微博头条文章创作者还可以设置阅读全文的条件，如将发布的文章设为仅粉丝可见，要求读者关注创作者后才可阅读全文，以增加粉丝量。

# 8.3 微博营销方法

## 8.3.1 借助微博热搜

微博热搜是指在微博平台上，微博用户一段时间内搜索最多的某些主题、类型和关键词，包括微博实时热搜榜、推荐热搜榜、文娱热搜榜、要闻热搜榜、视频热搜榜以及同城热搜榜等。通过微博热搜，用户可以轻松找到相关信息并分享自己感兴趣的内容。目前已经有一些搜索引擎以及第三方服务商开始介入运营微博热搜，使其拥有更丰富的功能和服务。微博热搜分为两种：专业类热搜和娱乐类热搜。前者以新闻资讯为主，后者以娱乐八卦为主。专业类热搜主要集中于行业内最新动态，如汽车、医疗、旅游等；娱乐类热搜一般涉及娱乐圈的话题，如明星绯闻、恶搞、搞笑等。

借助微博热搜营销，可以使企业的营销内容结合时事热点、热门话题，通过合理运用话题标签、关键词等手段来增加账号内容的曝光率和关注度。利用微博热搜营销的方式有许多种，主要包括以下几种策略。

扩展阅读 8.1 2024年微博热点趋势报告

## 1．明星导向

在注意力稀缺的时代，自带流量的微博账号大多来自明星。微博热搜前十基本一半以上与明星相关。在成熟行业，运用明星资源可以使企业品牌形象与竞品区隔。对起步阶段的品牌，明星资源能迅速拉近品牌与消费者距离，建立信任感。利用粉丝体量大和口碑好的明星、网红的影响力及带货力，通过微博等社交媒体平台进行品牌推广和营销活动。例如，"#王鹤棣必胜客品牌代言人#"这一话题在发出 24 小时内获得了 1.8 亿的阅读量和 115.7 万的互动量。这一热搜利用了明星导向进行营销，从中达到了提升品牌认知度和曝光度、提升品牌形象和销售额的目的。

## 2．跨界导向

跨界导向是指与其他品牌或 IP 合作，共同推出新品或联名款，借助其他品牌或 IP 的影响力和粉丝基础，扩大市场覆盖范围，吸引更多消费者关注。这种热搜展现方式能让双方碰撞出新的亮点，实现产品的创新和多元化发展，激发用户的互动。例如，"#茅台瑞幸酱香拿铁#"这一话题一经发布就引起网友热议，登上热搜榜第二位，提升了瑞幸的影响力。好的跨界能让双方资源互补，实现双赢。跨界具有三个作用：第一，提供优质内容素材；第二，吸引对家粉丝；第三，借对方 IP 丰富品牌内涵，提升品牌魅力，使消费者产生共鸣，并影响消费者认知。

## 3．事件导向

事件导向是指企业利用特殊事件进行造势以实现微博热搜，包括各类发布会、明星见面会等，旨在造势抢占话语权。例如，2019 年"双十一"热搜话题"#董明珠让利 30 亿打击低劣#"在"双十一"前一天上线，同时也在公众号、新闻端等扩散。品质是家电消费决策的重要因素，"董小姐"已成为格力的活招牌，代表着格力的高品质，其强硬高调的背后，源自格力对自家产品的自信，以此来赢取消费者对品牌的信任。

## 4．赞助导向

赞助导向是指影视剧、综艺、演唱会、体育赛事等植入冠名，是手机、快消、汽车等行业比较青睐的措施，类似话题包括奥利奥《明星大侦探》冠名、舒肤佳《一路成年》冠名、凯迪拉克赞助林俊杰演唱会等。

## 8.3.2　借助粉丝头条

粉丝头条是新浪微博推出的轻量级推广产品，以自有粉丝为基础，帮助账号实现阅读量、转评赞数量的提升，并且能够助力粉丝数量增长和粉丝变现效率的提升。粉丝头条主要有以下几个特点：①置顶推广博文可以让粉丝第一眼看到你的博文；②海量公域流量可以将博文推广给更多潜在人群；③多重流量扶持实现无限热门流量推广优质内容；④强调更温和、更自然的原生形式；⑤强大算法模型可以以更专业的数据算法支撑转化结果；⑥界面简洁，功能强大。粉丝头条的产品主要分为三个部分：内容加热、营销推广和帮上头条。

## 1．内容加热

内容加热是指推广不含营销信息的博文，给博文赋予广告流量、扶持流量和推荐流量。内容加热直击内容创作者痛点，助力优质原生内容热度升级。内容加热后博文自然融入用户的阅读场景，更容易产生互动。内容加热接入推荐流量池，除了获得原本的加热流量外还会被赠送推荐自然流量，优质内容更能获取热门百万自然流量。适用人群主要包括持续生产垂直内容的领域达人和意见领袖、需要提升博文曝光量的企业认证用户，以及希望在平台持续健康成长的橙 V 认证用户和粉丝数较少有涨粉需求的普通用户。

### 2. 营销推广

营销推广是指推广个人或企业等具有营销诉求的用户，能够实现粉丝增长、链接跳转和基于多维算法模型的精准投放。营销推广通过接入微博广告的多维算法，对投放引擎进行升级，锁定易转化人群，使营销目标更明确，满足用户涨粉的需求。在投放前，要做好充足的准备，让投放效果更佳。

若推广已有博文，建议选择有一定互动或者阅读量的博文进行推广。如果准备重新发布一条微博，可以从以下几个方面着手：首先，要明确本次推广的目标是什么，针对不同的推广目标，博文内容的侧重点也会不同，如果想扩大宣传、增加曝光，博文内容要偏向于产品介绍等单向输出的内容；如果想提升互动，博文内容要注意抛出问题或者引导用户在评论区回复；如果想精准涨粉，博文内容要从引导用户关注这个方向思考。其次，需要起草博文。把你想表达的内容用"关键词"的方式罗列出来，然后再加上修饰词变成通顺的语句。最后，修改博文。避免直白的广告语，站在用户的角度看博文的表述是否能够直击心灵，抓住自己。

### 3. 帮上头条

帮上头条是将他人的博文置顶在其粉丝信息流中，同时利用帮上头条独有的冠名功能，将微博昵称展示给目标用户，借助明星和"大 V"的影响力，宣传变得前所未有的简单。帮上头条适用于多种场景，只要想给其他人的博文上热门，都可以使用帮上头条。帮上头条具有以下几个独特的产品优势：①借势营销，帮上头条是对他人的博文进行推广，可以借助明星和"大 V"的营销力催动粉丝转化收割；②强力冠名，将名称展示在推荐区，实现客户和红人强关联，提升营销能力；③操作便捷，手机端、电脑端都可以投放，产品量级轻，操作简便，轻松上手。

将一条微博设置为粉丝头条后，当粉丝首次刷新微博时，这条微博会出现在粉丝首页的首条。除此之外，非粉丝会在推荐、热门等其他场景查看到该条微博，这样便在不知不觉间扩大了微博的影响力和曝光度。例如，在红地球品牌与明星白敬亭合作的案例中，红地球品牌利用粉丝头条，抢占白敬亭粉丝第一关注流量。在品牌和代言人的词云中，白敬亭和红地球产生关联，成为粉丝讨论焦点，实现从产品属性讨论到表达购买意愿，全方位提升行动力。

## 8.3.3　打造微博营销矩阵

微博营销矩阵是指企业围绕营销目标在微博平台上通过部署多个微博账号从而实现最大化企业营销资源的一种方法。利用微博营销矩阵进行营销有利于针对性地发布既相互联系又具备各自特点的微博内容，进而提高营销信息的传播度和覆盖面，提升微博营销的有效性。微博营销矩阵的成员主要可以分为三类。第一类是作为企业微博矩阵核心的企业官方微博，包括通常用于直接发布品牌、产品和一些官方促销活动的企业品牌微博和产品微博；第二类是相关意见领袖类的微博，这些账号具有一定的权威性和一定规模的关注者，能在一定程度上吸引潜在消费者；第三类是相关生活服务类的微博，用于发布一些经济实用性的信息，还用于科普一些与企业相关的知识与技能。

从微博营销矩阵开展模式来看，耶利米·奥扬提出了企业社会化的五种模式，即集权式、分布式、HUB 式、蒲公英式和蜂巢式，如图 8-1 所示。集权式是指存在一个管理和统领其他微博账号的微博账号。分布式与集权式相反，不存在一个管理与统领的微博账号。HUB 式是指存在一个位于集中位置的跨职能的微博账号，并帮助各个其他微博账号。蒲公英式是一种类似于 HUB 式的模式，更类似于跨国公司，由一个微博账号协调多个子品牌或子公司的微博账号。蜂巢式指的是每个微博账号都在一定安全范围内得到授权，各自展开行动。

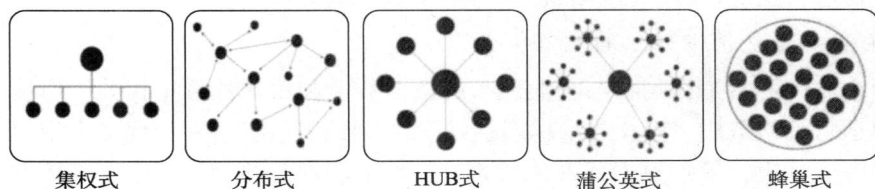

图 8-1　五种微博营销矩阵开展模式

欧莱雅的微博矩阵是典型的 HUB 模式，将企业认证官方微博作为营销矩阵的中心，旗下各品牌官方微博呈放射状分布。各个品牌账号与集团账号相互链接，彼此保持一定的独立性，分工明确。阿迪达斯集团采用的是多账号并驱的蒲公英模式，如图 8-2 所示。阿迪达斯将微博营销矩阵中的主体按照不同的业务进行分类，拆分成阿迪达斯跑步、阿迪达斯足球、阿迪达斯篮球等多个微博账号。这样的蒲公英式微博营销矩阵有利于扩大信息传播的覆盖面。

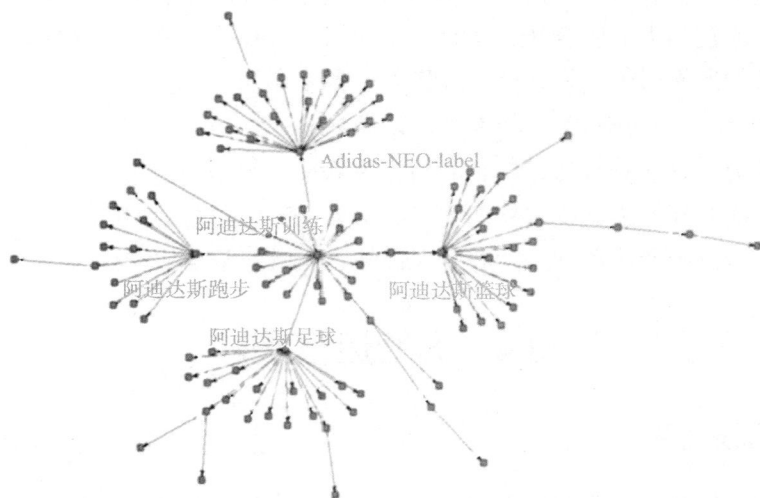

图 8-2　阿迪达斯集团微博账号矩阵

### 8.3.4　开展营销活动

在微博开展营销活动时，需要以合适的策略将企业的产品、价格嵌入微博。在这个过程中，需要使用合适的营销策略。常见的策略包括注重营销内容创新、积极发挥意见领袖作用、利用粉丝经济培养品牌价值认同、实时关注微博舆论导向，以及与粉丝建立良好互动关系等。企业利用微博开展营销活动时应注意以下几点。

**1. 企业应重视与真实微博粉丝的客户关系管理**

企业应当通过微博主动与粉丝沟通，发布能与粉丝互动的高质量消息，包括符合企业价值的有奖活动、有趣故事、人生哲理等，从不同角度获取真实粉丝，形成企业与真实粉丝的良性互动，通过微博听取并解决客户反映的问题，有效提升真实粉丝对企业的信任度，通过粉丝的口碑效应扩大企业品牌和营销影响力。

**2. 企业要避免伪造粉丝的虚假繁荣**

尽管企业微博营销影响力与企业发布的微博数量和粉丝数量正相关，但新浪微博的名人微博运营策略造成"粉丝数量越多越好"的"唯粉丝论"，一定程度上误导了企业微博营销的舆论环境，导致不少公关公司通过技术手段刷粉丝、刷评论、刷转发并从中牟利，以迎合企业微博营销实践中大量存在的急功近利的非正常现象。企业应该避免盲目追求粉丝数量而花钱购买虚假的"僵尸粉丝"，造成自欺欺人的粉丝虚假繁荣。

**3. 企业微博营销策略要根据企业实际情况制定**

大品牌需要重视自己在微博的先发优势，在做好粉丝的客户关系管理的同时，争取在微博平台获得更多推荐和宣传的机会。同时，通过明星、广告、大型活动等，选择合适时机推出各种企业微博营销活动，进一步增加粉丝关注以及企业在微博的知名度和品牌影响力。对于中小品牌而言，首先要做好企业本身的产品和服务，通过与消费者的直接接触倾听反馈意见并改进，通过长期运营积累品牌知名度和粉丝的信任，挖掘潜在客户。同时可以通过与大品牌合作，或是与微博名人合作，提高品牌影响力，未来还可以考虑微博平台的搜索引擎广告和页面广告等更多方案。

**4. 企业微博营销可作为长期品牌建设的战略**

由于影响力的自然衰减作用和企业与粉丝多层次互动的放大作用，企业在微博上的品牌影响力是随时间不断累积的长期运营的结果。希望通过微博扩大品牌影响力的企业，应该长期保持企业微博活跃度，开展常规性的企业微博营销活动。

## 8.4　微博运营推广

### 8.4.1　增加粉丝量

微博的关注机制为企业运营推广提供了一个针对目标消费者精准营销的机会，有利于企业营销信息的传播,从而更好地连接粉丝与品牌。微博平台上的粉丝大致可以分为以下几类:第一类是对品牌真正热爱的"忠实型"粉丝;第二类是容易被优惠活动打动的"功利型"粉丝;第三类是积极拥护品牌的"狂热型"粉丝;第四类是对品牌漠不关心的"冷漠型"粉丝。粉丝体量大小和粉丝类型占比对企业在微博上的营销效果有显著影响,如何增加粉丝量和提升高价值粉丝类型占比是企业微博营销中需要考虑的重点问题之一。提高粉丝量的方法主要有以下几类。

**1. 扩展微博好友圈**

在创建微博账号初期,可以先与身边的亲戚、朋友、同学互关,获得第一批微博粉丝。在此基础上,可以加入一些同城、相同兴趣爱好的微博圈子,以获得志同道合的粉丝,为获取更多微博粉丝打下基础。

**2. 积极参与微博活动**

转发抽奖等激励类微博活动能够引发粉丝们的群体兴奋,因此企业在日常发表社交类内容的基础上应该积极发起激励类微博活动,促使用户的参与,实现粉丝量的快速增长。企业在微博营销的过程中应该主动发起和参与热门话题,以获得公众的关注度。除此之外,企业还可以借助名人本身的话题效应,增加企业的曝光度,促进粉丝量的提升。

**3. 外部活动导流**

除了利用微博内部活动增加粉丝之外,企业还可以通过其他直播、笔记、问答类社交平台进行营销活动,并且导流至微博平台,实现微博平台粉丝量的增长。

**4. 与粉丝积极互动**

在微博营销的过程中,要获得粉丝量的增长,除了需要增加曝光度外,还需要持续的良好经营。企业可以将企业微博拟人化,并积极与用户进行评论、转发等互动,建立良好的消费者意见发表和情况反馈渠道,与用户建立良好关系并积极提升对用户的服务,从而增加用户黏性,提升用户对企业的好感度并促进企业微博的粉丝量的增长。

微博账号的粉丝数有增加,也会有减少,那如何防止微博账号"掉粉"呢?微博账号粉丝减少往往有以下几种原因。

(1)频繁发布微博但内容没什么价值,粉丝往往会选择取消关注。早期新浪微博的"微访谈"功能可以让提问自动同步到微博,那么关注的粉丝可能在一个小时内连续看到相关的十几条微博动态,即使是明星且回答诚恳,粉丝也会认定这是在"刷屏",很可能会选择取消关注。

(2)没有稳定的内容。很多微博运营者缺乏足够的原创能力,或者微博内容基本靠转发维持,时间长了粉丝觉得这个账号没有什么价值,就会取消关注。

(3)长期发布让粉丝反感的广告。粉丝多了,影响力大了,微博账号就有了广告商业价值,但是如果微博账号长期发布广告,很多粉丝就会取消关注。

(4)和粉丝的立场相抵触。粉丝喜欢某个账号,往往是认为该账号能够代表其立场,一旦发现账号的立场和自己的心理预期不相符,就可能开始反对微博账号的观点甚至展开攻击。

## 8.4.2　提升活跃度

活跃度是指微博博主在一段时间内发布微博的数量和质量，包括原创微博、转发微博、评论和点赞等互动行为。高活跃度的账号能强加被其他用户展示在微博首页的概率。发布高质量的微博内容、积极转发评论其他用户的微博、与微博好友聊天等行为都能迅速提升活跃度。提升活跃度主要有以下几种方式。

1. 发布高质量微博内容提升活跃度

通过提高微博内容质量提升活跃度，例如，发布有用的微博内容会引发粉丝互动，从而提升账号活跃度。微博平台提供四种与粉丝互动的方式：第一是评论，粉丝在微博评论区进行评论，博主会收到提醒。第二是转发，转发别人的微博内容会在自己的微博账号中出现。如果博主设置了接收全部提醒，将会看到粉丝的转发。第三是私信，某粉丝发送给博主的私密信息，其他人看不到此类信息。第四是提醒，在微博中"@+微博昵称"的形式被称为提醒，例如使用"@微博小秘书"对方就会收到你的消息提醒。

2. 通过及时与粉丝互动提升活跃度

及时与粉丝互动提升活跃度的方式主要有以下四种。

1）及时回复

假如收到粉丝的提醒或评论，如果内容是运营者感兴趣的，运营者要在第一时间回复，及时回复往往会让粉丝感到受重视。有时候一些粉丝会提到运营者的微博账号但是不会用提醒，运营者可以定期搜索"自己名字或相关信息"，找出相关微博，主动和这些人互动。

2）及时转发

如果粉丝的评论非常精彩，运营者应该主动转发，粉丝看到自己的微博被转发会非常高兴。假如运营者是"大 V"，运营者的转发会给粉丝带来几十次乃至上百次提醒，这对粉丝而言是一种难忘的体验。

3）私信交流

有些粉丝在线提醒官方微博或"大 V"的问题，运营者并不方便公开回复，可以私信沟通。需要注意的是，运营者不要轻易晒出私信，以免造成粉丝尴尬或者被攻击。

4）增强粉丝之间的互动

除了运营者自己与粉丝之间的互动，运营者还可通过设置一些粉丝与粉丝之间的互动，提升粉丝群体之间的活跃度。

3. 利用话题提升活跃度

微博平台有两种利用话题提升活跃度的方式：第一种是利用热点信息，一般能够引发讨论和转发的微博都是热点信息；第二种是利用微博平台的话题功能，运营者可以把话题关键词用"#"标注，引发更多粉丝注意。

### 8.4.3　巧用推广工具

巧用微博平台的推广工具有助于企业快速开展有效微博营销。例如，在 HBN 品牌与明星王子文官宣推广中，借势王子文的热点利用博文共创、博文评论流植入、微博热搜等各种途径实现品牌和明星的互相引流。王子文联动百人 KOL 权威实测产品成分，实现直播预热持续引流。这场营销推广活动使 HBN 品牌提及量提升 1683%，相关热搜最高上榜位为第 15 位，并获得 10.4 小时的累计在榜时长。微博平台提供以下几种推广方式。

1. 意见领袖和名人代言

企业可以根据意见领袖的特点调整营销内容，借助意见领袖的影响力和传播力进行传播。企业在选择意见领袖时应关注企业和意见领袖所在领域的匹配程度。企业还可以选择合适的名人，利用名人的已有粉丝量和名人可信度进行推广，实现目标粉丝群体购买意愿提升的目标。

2. 借助微博活动推广

企业可以选择开展微博抽奖、话题创建、直播等各式各样的微博活动，吸引用户参与，并利用活动推广营销内容。

3. 利用粉丝头条推广

企业可以选择使用粉丝头条工具，将推广内容嵌入微博发现页、开机报头、热搜话题等推广位置，基于微博算法获取更大的流量，获得更好的推广效果。

## 8.5　微博运营变现

### 8.5.1　微博内容变现

微博用户可以通过创作优质的内容进行变现，微博平台也为用户提供多种内容变现方式，主要包括如下几种。

1. 利用打赏功能变现

在新浪微博平台上，账号粉丝量大于 1000 且具有黄 V 认证的账号可以开通打赏功能。当开通打赏功能后，微博账号可以在多个渠道接受打赏。第一种方式是文章赞赏，用户的微博文章的末尾显示"赞赏作者"按钮，如果文章阅读者看完后可以点击此按钮为文章创作者打赏；第二种方式是博文赞赏，发布博文后，在博文正文页或点赞处会出现赞赏按钮；第三种方式是视频赞赏，发布视频后将在视频正文页、点赞按钮处和详情右下角出现赞赏按钮；第四种方式是直播赞赏，账号发起直播后在微博直播间可接受礼物赞赏；第五种方式是个人主页赞赏，其他用户可通过账号主页对博主进行赞赏。

2. 付费问答变现

2016 年 12 月 16 日，微博上线"微博问答"功能，打开了付费问答的市场。付费问答使得用户可以选择相应的类型并获得相应收益。微博问答和打赏功能使得博主和粉丝之间的互动方式更加丰富，也提供了一个运营变现的渠道。当微博粉丝数大于 1000 个且完成微博认证后，可以申请开通付费问答权限。完成擅长领域及定价（价格区间为 1～10000 元）的相关信息设置后，其他用户可以通过个人主页和问答正文推荐位进行付费提问。博主可以根据个人喜好选择性回答问题并获得收益，在扣除个人所得税及手续费等费用后，收益将转入回答者的账号中。

### 3. 付费专栏变现

付费专栏是为头条文章作者提供的变现功能，粉丝量在 1 万及以上并且进行微博认证后才可以开通。开通付费专栏功能的作者可以发布需要付费才能查看的专栏文章。作者在创建专栏的时候需要填写预计更新章节数、专栏价格、优惠价格等信息。博主可以进行内容创作并选择展示其中一部分内容以供普通读者阅读，并在下方展示付费按钮，付费后可进行接下来的阅读，以此实现内容变现。

## 8.5.2 微博广告变现

微博广告变现是指微博账号利用广告的形式进行变现，主要包括微博创作者广告共享计划和微任务两种方式。

### 1. 微博创作者广告共享计划

微博创作者广告共享计划是微博平台为内容创作者开通的扶持项目，是对博主在广告、电商、内容付费等领域的补贴。收益主要包括两类：一类是博文分成位置，包括在正文页 banner、评论、主页广告、文章详情页广告等位置；另一类是视频分成位置，主要在播放详情页。获得收益的要求主要包括两种：第一种是满足阅读数条件，要求粉丝数大于 1 万、上个自然月阅读量大于 100 万；第二种是开通视频号，上个月视频播放量大于 5000。具体分成根据账号内容质量进行综合评定。粉丝数超过 1 万且月阅读量大于 100 万的个人用户或者微博 MCN 合作机构均可申请加入"微博创作者广告共享计划"。只要入驻成功，就可以通过持续发布优质内容和微博平台共享广告收益。

### 2. 微任务

为了防止发布广告被屏蔽，微博官方为博主提供了统一的广告推广平台——微任务。博主报价后，广告主可以根据需要进行投放。微任务包括原创任务、转发任务和评测任务三种形式。第一种是原创任务。原创任务由官方发起，面向所有用户开放，符合任务具体要求的用户可以查看并参与。参加任务的用户必须在截止期限前将原创内容投稿至指定渠道。内容符合要求并成功参与后即可参与瓜分奖金。第二种是转发任务。转发任务仅面向指定用户开放。具备创建权限的用户可以选择一条自己发布的公开可见的原创微博（非商业博文）发起转发任务，设置奖励金额及参与条件，邀请符合条件的用户进行转发，提高优质内容的曝光度。第三种是评测任务。评测任务主要分为申请使用、二次确认、名单公布和发布测评四个流程。用户需要根据商家要求使用产品并进行测评内容创作、投稿和发布测评。

## 8.5.3　微博电商变现

微博电商变现是微博为了推广其电子商务业务而为微博用户推出的变现形式。微博内容导购平台是微博电商带货最重要的工具，微博小店的上线也推动了微博电商生态的完善，强化"社交+电商+直播"的消费场景。微博用户可以通过以下两种方式实现微博电商变现。

### 1．微博好物发现官

与淘宝联盟类似，博主在微博内容导购平台中发布微博内容，并在内容中嵌入商品购买链接，从而赚取商品成交的佣金。这类通过推荐其他店铺好物来赚取佣金的博主在微博平台被称为"好物发现官"，在微博平台有其专属认证。这类账号也可以通过发布优惠券来吸引粉丝购买进而赚取佣金。

### 2．自营微博小店

在微博内容导购平台，微博博主也可以推荐自营淘宝店铺的好物。博主可以在微博内容发布时展示自己的商品橱窗。微博小店能支持店主将商品添加至微博小店、将商品分享到信息流中进行展示，并且能够使用户在浏览信息过程中随时进行购买。此外，微博宣布推出一系列电商扶持政策，包括电商内容激励计划、小店购物津贴、返佣激励计划、专属运营对接、在线电商学院和专属直播权益等。"Amanda 的小厨房"是微博知名美食博主，粉丝量超 770 万，同时也是曼食文化创始人。在电商带货方面，Amanda 已有自主品牌和自营店铺，通过微博图文和直播为自己的电商业务营销带货，电商收入也成为其营收的重要组成部分。

## 8.5.4　微博影响力变现

微博影响力即衡量一个账号每天在微博平台中影响力大小的数值。微博平台可以通过博主微博数量、被评论与转发的数量以及活跃粉丝的数量来综合评定一个账号的影响力。影响力由活跃度、传播力和覆盖度三大指标构成，这三项指标各自又有着极为复杂的算法。发布高质量的博文吸引粉丝阅读、转发与评论均能迅速提高活跃度。每篇博文的平均被转发次数和被评论的次数越多，用户传播力越强。当天登录的粉丝数和对账号转评赞的粉丝数越多，覆盖度越高。微博影响力变现是指利用微博账号的影响力进行变现，主要包括以下方式。

### 1．代言变现

微博博主因其在微博平台的影响力，会有很多与品牌合作的机会。例如，为了推广新上市的手机，华为联合微博优质真人博主进行宣传代言，这正是微博博主借助影响力进行变现的一个典型案例。

### 2．产品变现

有一定影响力的微博博主开发图书、课程、训练营等产品，并在微博平台传播和营销，实现产品变现。例如，秋叶老师通过微博平台进行日常的内容输出，向粉丝推荐了自己开发的相关产品，进行了间接的导流，实现了影响力变现。

### 3. 粉丝订阅变现

"V+粉丝订阅"是"大V"和粉丝关注关系的升级，粉丝可以按月或按年付费，表达对博主的喜爱和支持。对于"大V"来说，"V+"能帮助"大V"通过付费订阅筛选出核心粉丝，实现核心粉丝的持续活跃和留存。对于粉丝来说，"V+"为粉丝们搭建了与"大V"进行互动的关系通道，粉丝通过付费订阅，获得"大V"专属的粉丝身份、付费内容和权益福利，同时也表达了对"大V"的喜爱与支持。

## 8.5.5 微博 MCN 机构

微博 MCN 是微博平台联合某一公司或机构共同推出的扶持计划，通过政策倾斜和资源扶持鼓励旗下博主创作更多优质内容，并帮助 MCN 成员在微博平台提高知名度和影响力。目前，国内 MCN 机构的商业模式包括广告、电商、直播打赏、知识付费、IP 授权、版权业态、平台补贴等，其中广告、打赏、电商是 MCN 机构收入的主要来源。

### 1. 广告

广告是目前绝大多数 MCN 机构的主要收入来源。内容营销和影响力营销在近几年取得了飞速发展，以内容的方式宣传商品以及达人"种草"已成为如今越来越多人的选择。其运作流程主要是，广告主找到平台或者 MCN 机构，MCN 机构按照广告主的要求进行定制化内容生产，投放之后在平台内部或者代理方内部进行结算。现在不少国内平台都建立了商业广告接单系统，平台会抽取一部分广告收入作为技术服务费用，剩下的广告收入由 MCN 机构和创作者分配。

### 2. 打赏

对于 MCN 机构来讲，广告变现是 B2B（企业对企业）模式，而打赏则是 B2C（企业对客户）模式。对于直播类网红及其 MCN 机构（或直播公会），直播打赏是其主要的变现渠道。粉丝通过平台给网红送虚拟礼物、现金打赏，打赏收入由平台方、MCN 机构、主播三者分成。根据艾瑞咨询报告统计，2018 年直播行业整体规模突破 600 亿元，以游戏直播为例，虚拟物品道具打赏占比一直保持在 85% 以上，剩下的才是广告和其他收入。

### 3. 电商

"网红+电商"模式推动了 MCN 机构快速发展，电商迅速成为其重要收入来源。电商类 MCN 又可以细分为内容电商和直播电商。前者多为自创品牌，以销售自家商品为主，例如国内第一家纳斯达克上市的 MCN 机构如涵控股，大部分收入来自服装电商销售，通过其签约的网红在微博平台以图文、小视频形式分享时尚穿搭内容，吸引流量到淘宝店铺成交。而近两年火爆的直播电商则主要以推广其他品牌商品为主，主播和公司通过直播带货获取销售分成。

## 本章小结

本章主要介绍了微博营销的定义、特征和价值，接着讲解了制作微博内容的关键步骤和注意事项，阐述了常见的微博营销方法，进而介绍如何运营和推广微博，最后阐述了微博运营实现变现的常见形式。

## 关键术语

微博营销（Microblog Marketing）
内容制作（Content Production）
营销活动（Marketing Activities）
营销方法（Marketing Methods）
运营推广（Operation Promotion）
微博变现（Realization Using Microblog）
营销矩阵（Marketing Matrix）
微博影响力（Microblogging Influence）
网红营销（Influencer Marketing）
意见领袖（Opinion Leader）

## 课后习题

1. 微博营销的定义是什么？
2. 微博营销有哪些特征？
3. 如何利用粉丝头条进行微博营销？
4. 微博平台的粉丝可以分为哪几类？各有什么特征？
5. 请举例说明企业利用微博变现的一些经典案例。

## 即测即练

自 学 自 测　　扫 描 此 码

## 第 9 章

# 微 信 营 销

## 学习目标

1. 熟悉微信个人号营销技巧、好友与朋友圈经营以及个人号变现。
2. 了解微信公众号营销优劣势,掌握相关营销策略和变现方法。
3. 理解微信视频号的特点、运营、数据分析及其变现方法。

## 案例导入

### 瑞幸咖啡的微信营销[①]

瑞幸咖啡的微信营销是现代营销策略与社交媒体平台结合的成功典范。面对资本市场的重挫和疫情的严峻挑战,瑞幸咖啡基于微信平台开展一系列创新的营销策略,通过精准的账号规划、粉丝群体定位以及微信全平台的打通,实现了从宣传到转化的无缝对接。每一个环节都精心设计,旨在提高用户的留存率和复购率,最终实现了品牌的再次崛起。

瑞幸咖啡的营销策略主要依托于微信平台的强大商业闭环,通过公众号、视频号、直播、小程序、社群等多元化渠道,实现了全方位的用户互动和品牌曝光。在内容营销上,瑞幸咖啡保持幽默快乐的基调,贴合目标用户群体的兴趣,通过高频互动和多篇优质内容,形成了强大的品牌影响力。新品发布前的倒计时和发布后的"饮用手册"更新,引导用户参与拍照、分享和口味评价,有效提升了用户的参与度和品牌的互动性。

在私域营销方面,瑞幸咖啡通过朋友圈倒计时造势、社媒打卡活动、联动视频号直播等手段,不断带动活动气氛,吸引客户参与。例如,与椰树的联名营销活动,通过神秘氛围的营造和互动性的增强,成功打造了爆款椰云拿铁,提高了品牌的转化率和声势。瑞幸咖啡的视频号内容以广告片、中奖名单公布、简单剧情场景演绎等为主,71%的视频时长小于 30 秒,保证了内容的快速传播和高效吸收。视频号首页的"直播""抽奖""公众号"等醒目字眼,以及具有导流功能的简介,都极大地提升了用户的参与度和品牌的互动性。

瑞幸咖啡的案例为我们提供了一个利用微信平台进行有效营销的绝佳范例。在本章

---

① 增长顾问 Vivi 姐.【案例分析】瑞幸咖啡营销策略成功之道[EB/OL]. (2021-10-15) [2025-02-26]. https://zhuanlan.zhihu.com/p/421709677.

中我们将思考如下问题：如何利用微信平台提供的个人号、公众号、视频号和微信群等功能开展新媒体营销活动？微信平台的这些不同功能有什么特点？微信用户如何运营和管理这些功能以实现更好营销？如何基于这些功能实现营销的变现？

# 9.1　微信个人号营销

## 9.1.1　微信个人号营销技巧

微信个人号营销是一种利用微信个人账号开展的营销推广活动，涉及品牌塑造、内容制作和用户互动。不同于传统的企业号和公众号，微信个人号营销源自微信普通用户的个人账号。通过策略性的内容规划和有效的用户互动，个人号能够吸引关注者并构建个人品牌，推广各类产品与服务。个人也可以借助微信个人号的运营创造商业价值和实现盈利。微信个人号的每个细节都是个人品牌形象的一部分，精心设置可以增强社交影响力和提升个人品牌价值。在微信个人号营销中，真诚和个性化是关键，应避免过度商业化和失真的表现，以建立真实可信的个人形象。为了打造微信个人号，可以从以下几个方面开展工作。

扩展阅读 9.1　2024 微信朋友圈用户研究报告

### 1. 设置昵称

设置微信个人号的昵称是构建个人品牌的起点。微信个人号昵称应该与自己的其他社交媒体平台保持一致，以便于识别。昵称应该简洁易记，便于搜索和输入，可附加职业标签以明确身份。同时，个人号昵称需要避免过度技巧，例如昵称前加"A"，以免给人造成负面印象。

### 2. 选择头像

头像是第一印象的关键。微信个人号的头像应该选择清晰自然、贴近自身职业的图片。可以适当美化，但要保持真实性。头像类型多样，但应避免使用无关联的图片甚至缺失头像。

### 3. 定制微信号

微信号类似于网络身份证，应易于记忆和输入。建议使用全拼音或绑定手机号，便于记忆和输入。避免复杂的字母组合和长串数字，以免难以识别。

### 4. 设置个性签名

个性签名是展示个人特色的窗口，应充分利用 30 字的空间，传达个人价值观或座右铭。避免空白签名或过于商业化的内容，以免引起反感。

### 5. 选择背景图

背景图应选择美观的图片，如个人或风景照，避免与头像重复，不建议广告化，以免影响个人形象。

6. 设置所在地区

地区应真实反映个人生活地，避免设置偏远或国外地区，以免影响可信度。

## 9.1.2 微信个人号好友经营

微信个人号好友经营是通过与个人微信好友建立和维护积极的互动关系，以推广个人品牌和产品服务的一种策略。这种经营方式重点在于建立亲密、信任的关系，通过与好友的私下互动实现推广和营销的目的。微信个人号有以下好友经营策略。

1. 导入通讯录好友

微信好友最直接的来源是微信用户原有的朋友，这些朋友的联系方式一般在手机通讯录中。微信平台支持用户导入通讯录好友，只需点击"添加朋友"中的"手机联系人"就可以添加手机通讯录中开通微信的朋友。不过，能够通过手机号码搜到微信的前提是用户在"隐私"中设置"添加我的方式"，开启"可通过手机号搜索到我"。

2. 扫二维码加好友

在微信平台中，用户可以通过扫描对方微信账号二维码添加好友。一般我们习惯通过"我"—"我的二维码"调出自己微信的二维码，也可以直接在"添加朋友"页面调出自己微信的二维码。另外，也可以在名片上附上自己的微信二维码，方便他人快速添加。

3. 微信"发现"

微信的"发现"页面有"附近的人"等随机添加陌生人为好友的功能。点击"附近的人"就可以显示附近正在使用微信的人，点击页面右上角的"…"还可以对这些人进行筛选。

4. 多社交平台引流，汇聚一堂

微信用户可以在微博、QQ、知乎、电子邮件等其他社交平台上留下自己的微信个人号。如果微信用户乐于互动，喜欢分享，有高质量和高价值的内容，其他社交平台用户想进一步认识，就可以通过搜索微信号加为好友，这样一来就扩展了微信用户本人的好友圈。

5. 信任代理推荐

信任代理推荐是指借助有一定影响力的人推荐（例如名人推荐），或者借助朋友的口碑推广，从而吸引其他用户的关注。不过要特别注意，通过信任代理推荐，微信用户本身必须有一定的专业技能。如果自身没有内涵和价值，即使加了很多好友，也会留不住，无法带来转化，还会损害朋友的推荐信誉。

6. 通过社群加好友

社群是一个非常好的添加微信好友的入口。以下是三种寻找有价值的社群的方法。

1）搜索

直接搜索相关关键词查找微信群，例如在百度网站搜索"××微信群""××交流群"等关键词。也可以通过相关知名艺人或核心人物的微博、论坛等账号获得粉丝群。

2）线下活动

通过线下活动可以加入很多相关社群和认识更多用户，通过他们的引荐进而认识更多相关的人。可以关注相关的信息平台获取线下活动信息，例如小米社区有许多线下活动信息。

3）自建社群

自建社群是指通过自己建立微信群，将相关专业的朋友聚在一起，吸引其他用户主动加入，这个方法与自身的专业度和影响力息息相关。

7. 软文推广

微信用户可以通过写文章或者引用好文章，例如通过分享自己的故事、生活或知识等，并在文章中巧妙地加入自己的微信号或微信二维码，然后发布到各个社交媒体平台，包括论坛和贴吧等。这也是见效较快、加好友较精准、好友黏度较高的一种方法。

8. 线下引流

微信用户可以线下参加同学聚会、同行聚会、线下论坛、行业交流等活动，参加的时候多和其他人交流，建立关系，获得对方微信。通过这种方式添加的好友黏度也较高。

9. 公众号引流

如果微信用户已经运营了微信公众号，积累了一定的粉丝，可以考虑将微信公众号上的粉丝引流到微信个人号并加为好友。微信公众号每天推送的次数有限，而且加上订阅号折叠等原因，打开率可能下降，因此可以考虑通过微信个人号与用户建立联系，效果会更佳。

### 9.1.3　借助微信建立信任机制

建立信任机制是促进互动、深化关系和增强品牌忠诚度的基础，对于任何社交和商业活动都是至关重要的。在微信平台上，信任机制的建立尤为关键，它不仅维系着人们之间的基本情感，还影响着人际交往中的预期和决策。借助微信建立信任的关键是要关注用户的需求，并提供有价值的信息。通过关注用户需求、提供有价值的信息，并建立促进信任与合作的语言交流基础，可以有效地在私域微信中与客户建立信任关系。企业与个人可以通过以下几个措施与用户建立信任。

1. 个性化问候

在开始与用户聊天之前，主动向用户问好并称呼其姓名。这样可以给用户一种被重视和认可的感觉。

2. 关注用户需求

在与用户交流的过程中，要尽可能了解他们的需求和问题。提问、倾听和思考用户的回答，以便提供更好的解决方案。

3. 提供有价值的信息

分享有关行业趋势、市场动态和实用技巧的专业知识，以帮助用户更好地了解他们所在的领域。这样可以让用户认识到你有实力并愿意为他们提供有价值的信息。

### 4. 及时回复和跟进

确保在用户发来消息后，及时回复并跟进，以表现出对他们的关注和认真的态度。

### 5. 建立信任和合作的共同语言

与客户建立良好的沟通和互动，找到彼此语言交流的切入点和利益点，使双方更容易形成合作关系。

### 6. 提供优质的售前售后服务

始终确保用户在购买产品或服务前后都能得到高质量的服务和支持。对于用户的问题和反馈要及时回应并予以解决。

### 7. 建立信誉和口碑

通过满足用户的需求并提供超出期望的服务，逐渐建立良好的口碑和信誉。用户的满意度和推荐度将有助于吸引更多的客户。

## 9.1.4 微信朋友圈经营

随着微信用户规模不断扩大，其在使用频率和信息流量等方面的市场价值越来越大，眼球经济逐步攻占朋友圈，朋友圈因此成为营销和发展的重要平台。朋友圈广告的设计、制作、发布也随着微信功能的逐步完善而更灵活随意。然而，目前朋友圈广告存在暴力刷屏和虚假宣传等问题，要发挥朋友圈微商广告宣传的有效性需要用生活化分享代替纯广告推送，实施精准传播，控制广告发布内容、频率和理性宣传等策略，这样才能切实发挥朋友圈微商广告的作用，实现微商盈利。

### 1. 生活化分享代替纯广告推送

研究表明，很多人认为微信朋友圈是一个私密的社交场所，不适合作为商品的经营场所。即便是熟人在朋友圈里经常发广告刷屏，用户还是会拉黑屏蔽的。部分通过微商购买产品的消费者还是从熟人处购买的。但熟人的数量是有限的，如果想与广大消费者联系并实现"生人"变"熟人"，提高微商经营的经济利益，需要利用微信朋友圈分享日常生活，并适当嵌入产品广告，而不是仅仅将微信朋友圈作为广告推送渠道。

### 2. 精准广告传播替代"暴力刷屏"

微商是依靠朋友圈社交网络的力量和影响来传播信息的，如果想让用户保持对产品关注的主动性，就要控制发布广告的时间和频率。现有研究表明朋友圈微商每天推送的微商广告数最好控制在 3 条左右，其他和产品有关系的动态可以根据时间进行安排，分时段推送，否则用户看到刷屏的信息会反感。不同的目标群体由于工作或生活习惯等原因，对于理想的微商广告浏览时间没有较为固定和一致的习惯，因此微商在推送广告时最应避免的仍是暴力刷屏。

### 3. 理性宣传产品，重在价值输出

微信朋友圈广告的内容应该以符合用户需求和有用性为原则。在进行投放时，要立足于自身产品特点并结合用户兴趣，提高所投放广告的内容质量，增加用户对产品有用

性的感知。发布"实用技巧"类文章，例如化妆品广告可以推送一些科学的护肤知识，服装类广告可以分享一些实用的穿搭指南等。总之，微商必须挖掘自身的优势，为客户创造价值，不断地输出各种技巧、经验，这样才能持续吸引消费者的注意力。

4. 明确目标受众，打造分众传播

微商在朋友圈内发广告进行产品的宣传推广时，可以根据目标受众采取分众传播。针对不同目标受众的特点，运用不同媒介及不同的传播语言和传播方式，使用不同的传播手段，定点、定向、定时进行传播，以达到受众的最大信息接触度，产生更加精准的传播效果。微商在推广过程中采取受众的分众传播，能够最大限度避免无用信息对受众的干扰，增加目标信息的传播效果。有些微商经营的产品大部分是化妆品，女孩子一般会比较感兴趣，有些男孩子会有厌烦情绪，因此可以将一些女性用品广告采取分组可见，这样就既不会影响到其他受众，又能保证目标受众接收到信息。这种分组可见是分众传播最常见、最为简便的操作，既可以避免受众朋友圈被微商广告刷屏，又能保证微商广告信息的有效到达，从而提升微商广告的传播效果。

## 9.1.5　微信个人号变现

作为微信平台的一种社交工具，微信个人号具有广泛的用户基础和丰富的社交功能，为个人和企业提供了多样化的变现途径。

1. 流量主变现

微信个人号可以通过开通流量主功能来实现变现。这通常涉及在个人号的朋友圈、群聊或者私聊中分享广告链接，根据点击量或者展示次数获得收益。这种方式需要个人号拥有一定的粉丝基础和较高的互动率。

2. 内容付费

如果微信用户在某个领域具有专业知识或独特见解，可以通过微信个人号提供付费内容，如专业文章、视频教程、在线课程等。用户需要支付一定费用才能获取这些内容，从而实现变现。

3. 产品销售

微信个人号可以作为销售渠道，推广和销售产品，产品可以是实体商品，也可以是虚拟商品，例如电子书、软件等。通过朋友圈的展示和推广，结合微信支付的便捷性，可以有效地促进销售。

4. 赞赏功能

微信个人号可以开通赞赏功能，用户可以对发布的内容进行打赏。这是一种基于内容质量和用户满意度的变现方式，适用于拥有高质量内容创作能力的个人号。

5. 知识课程

如果微信用户在某一领域具有专业能力，可以通过制作课程、提供解决方案或咨询服务等方式进行变现。这种方式的边际成本较低，一次制作可以多次销售，适合深耕某一领域的自媒体人。

### 6. 社群运营

微信用户通过建立微信群，聚集具有共同兴趣或需求的用户，提供专属的内容和服务，进而通过会员费、活动门票、定制服务等方式进行变现。社群运营需要较高的维护成本和互动管理能力。

# 9.2  微信公众号营销

微信公众号营销是一种基于微信公众平台的数字营销方式，可以使组织、企业和个人通过创建公众号来推送内容、提供服务、互动交流，并最终建立起忠实的粉丝群体。这种营销策略的有效性在于其能够精准地触达目标受众，并通过持续的内容互动来增强用户黏性和品牌忠诚度。2011年江小白产品上市，通过微信公众号营销在短时间内积累了百万粉丝。江小白微信公众号主要运营三个栏目，分别是小白酒馆、新品get、合作招聘。小白酒馆通过链接到江小白购买商城，主要内容来源于江小白商城小程序"这周你拼酒喝了吗"，简单的封面再配合俏皮的广告语，能够给客户一种爽朗的感觉。新品get会为客户推送最新产品，帮助客户快速了解到江小白新款酒品的特点。合作招聘可以为江小白招贤纳士以及寻找到合适的合作伙伴，进一步扩大产品影响力，让江小白走进更多人的视野中。

## 9.2.1  微信公众号营销优劣势

作为新兴的社交媒体平台，微信公众号凭借其独特优势为企业、组织和个人提供了一个全新的营销渠道，以下是微信公众号营销的优势介绍。

### 1. 广泛的用户基础

微信作为中国最大的社交平台之一，拥有庞大的用户群体，为微信公众号营销提供了广阔的受众基础。

### 2. 高互动性

微信公众号可以与用户进行实时互动，通过消息推送、朋友圈分享等方式，提高用户的参与度和对品牌的认知度。

### 3. 精准的定位能力

微信公众号可以根据用户的行为和兴趣进行分类，实现精准营销，提高广告和推广内容的相关性和转化率。

### 4. 多样化的内容形式

微信公众号支持文本、图片、语音、视频等多种形式的内容发布，使得营销活动更加丰富多彩，满足不同用户的需求。

### 5. 低成本的运营方式

相较于传统媒体广告，微信公众号营销的成本较低，尤其是对于中小企业而言，是一种性价比较高的营销方式。

微信公众号在为企业、组织和个人提供高效、便捷的营销渠道的同时，也面临着信息过载、内容同质化、用户隐私保护和平台规则限制、技术更新快速等方面的挑战，使得微信公众号营销也有一定的劣势。

**1. 信息过载**

微信用户关注大量的公众号可能会导致信息过载，从而降低对单一公众号内容的关注度。

**2. 内容同质化**

许多公众号为了吸引用户，可能会发布相似的内容，导致内容同质化严重，难以形成特色和竞争力。大量公众号之间内容相似，缺乏创新，使得用户难以区分和选择，降低了内容的价值。

**3. 用户隐私保护**

微信平台对用户隐私的保护越来越严格，公众号获取用户信息的渠道受限，可能影响个性化营销的效果。

**4. 平台规则限制**

微信平台的规则和政策可能会影响公众号的运营和推广，如内容审核、广告限制等，给营销活动带来不确定性。

**5. 技术更新快速**

微信平台的功能和算法不断更新，公众号运营者需要不断学习和适应新变化，以保持营销效果。

## 9.2.2　微信公众号营销基本设置

微信公众号的基本设置是为了帮助公众号运营者更好地管理公众号，为关注者提供更加丰富和个性化的内容，同时也保护公众号的安全性和稳定性。公众号运营者可以通过以下措施来更好地管理公众号。

**1. 公众号账号设置**

1）头像设置

头像是公众号的"面孔"，一个具有辨识度的头像可以让关注者快速识别并记住公众号。通常头像应该与公众号的主题或品牌形象相符，这样有助于塑造公众号的专业形象和提升用户信任感。

2）微信号设置

微信号是公众号的唯一标识，设置为公众号名称的拼音或相关词汇，便于用户搜索和记忆，同时也有助于提升公众号的品牌形象。

3）介绍设置

公众号介绍是对公众号功能的简要说明，让潜在的关注者了解公众号的主要内容和价值，有助于吸引更多感兴趣用户的关注。

2. 公众号自动回复设置

1）被关注回复

当新用户关注公众号时，自动回复可以作为公众号的"欢迎词"，给用户留下良好的第一印象。同时，也可以在回复中提供公众号的使用指南或推荐内容，促进用户的进一步参与。

2）消息回复

对于用户发送的消息，自动回复可以提供即时反馈，提升用户体验。同时，也可以引导用户获取他们需要的信息或服务。

3. 公众号菜单设置

菜单是用户与公众号互动的重要界面，通过设置合理的菜单结构，可以让用户更方便地浏览和获取公众号提供的内容或服务。例如，可以设置文章分类和服务项目等，以提高用户的使用效率。

4. 原创赞赏设置

原创赞赏功能是对公众号创作者的一种激励机制，鼓励创作高质量的原创内容。通过设置赞赏账户，公众号创作者可以获得用户对其内容的认可和支持，有助于提升公众号创作者的创作积极性和内容质量。

5. 外部网页跳转设置

虽然个人公众号菜单不能直接跳转外部网页，但通过文章底部的原文链接可以实现这一功能。这为用户提供了更加多元化的内容来源，同时也为公众号运营者提供了推广合作网站或产品的途径。

6. 公众号人员设置

人员设置是为了确保公众号的运营安全和管理效率。通过绑定运营者微信号并设置权限，可以有效地控制公众号的管理操作，防止未经授权的操作，确保公众号内容的安全性和稳定性。

### 9.2.3 微信公众号内容推送策略

为了更好地满足用户的需求，提高内容的吸引力和互动性，微信公众号运营者需要制定和实施恰当的内容推送策略，才能在新媒体营销中取得更好的效果。在微信公众号运营中，可以结合以下策略来优化内容推送，提高用户互动和品牌影响力。同时，这些策略也需要根据公众号的具体情况和目标用户群体进行调整与优化，以达到最佳的推送效果。

1. 内容个性化和定制化

根据用户的兴趣和行为数据，推送个性化的内容，提高用户的阅读兴趣和参与度。例如，如果用户经常阅读健康类文章，那么公众号可以定期推送相关的健康小贴士或最新健康资讯。

### 2．互动性内容推送

通过问答、投票、小游戏等形式增加内容的互动性，让用户参与到内容的创作和分享中来。例如，可以举办有奖问答活动，鼓励用户参与并分享到朋友圈，增加公众号的曝光度。

### 3．利用节日和热点事件

结合节日、纪念日或社会热点事件进行内容推送，提高内容的时效性和关注度。例如，在春节、国庆节等重要节日发布节日祝福或相关主题的内容，吸引用户的关注和互动。

### 4．高质量内容的持续产出

保持内容的专业性和高质量，建立公众号的专业形象。例如，定期发布深度分析报告、行业研究等高质量内容，吸引目标用户群体的持续关注。

### 5．合理利用图文结合

图文结合可以更直观地传达信息，提高用户的阅读体验。使用图表、图片来辅助解释复杂的数据或概念，使内容更加生动易懂。

### 6．定期进行内容回顾和总结

定期对推送过的内容进行回顾和总结，帮助用户快速获取信息。例如，可以每月发布一次"本月精选"，汇总当月的热门文章或重要信息。

### 7．利用数据分析优化推送策略

通过分析用户行为数据，了解哪些类型的内容更受欢迎，哪些时间段用户活跃度更高，据此调整内容创作优化策略和推送时间。例如，通过数据分析发现用户在周末更倾向于阅读轻松娱乐的内容，就可以在周末推送相关文章。

### 8．建立用户反馈机制

鼓励用户提供反馈，及时调整内容创作优化策略。可以在文章末尾设置"喜欢本文请点赞"或"留言告诉我们你的想法"，收集用户的意见和反馈建议。

## 9.2.4　微信公众号活动策划策略

微信公众号活动策划策略是公众号运营的重要组成部分，旨在通过有趣的活动吸引用户关注、提升用户参与度和增强品牌影响力。运营者可以通过以下策略来策划并执行微信公众号活动，为公众号带来更多的流量和影响力。

### 1．明确拉新目标并量化

在策划活动时，首先要明确活动的主要目标是吸引新粉丝，并将这个目标具体化和量化。例如，设定整个活动计划增加 1000 个新粉丝，这样可以为活动预算、奖品设置、文案创作等提供明确的参考和方向。

### 2．设置吸引力强的奖品

奖品是吸引用户参与活动的关键因素。了解目标用户群体的兴趣和需求，设置与之相关的奖品。例如，如果目标用户群体是年轻女性追星族，奖品可以是明星的演唱会门票、亲笔签名专辑等，这样的奖品具有很高的吸引力。

**3. 简化活动流程**

活动的参与步骤应该简单易操作，避免过于复杂的操作流程。复杂的步骤会降低用户的参与意愿，为参与者带来不好的体验，简单的活动流程可以让用户快速参与并获得结果，提高活动的参与度和传播效率。

**4. 利用社交传播**

借助各种技术工具生成活动海报，通过邀请的形式进行社交传播，利用已有用户的社交网络进行裂变传播，有效增加公众号的粉丝数量。在活动中展示公众号品牌和二维码，增强公众号的品牌曝光度。

**5. 规范文案和海报设计**

文案和海报设计要简洁明了，确保活动的真实性和有效性，避免使用露骨或不规范的宣传方式。

**6. 提供优质客服服务**

在活动期间，及时回复用户的问题和反馈，提供优质的客服服务。这样可以增加用户的信任感和满意度，有助于提高活动的成功率。

**7. 根据不同场景和人群定制活动**

根据不同的活动场景和目标人群特点，策划相应的活动方案。个性化的活动方案可以更好地满足用户的需求，提高活动的吸引力和参与度。

### 9.2.5　微信公众号数据分析

微信公众号的数据分析是一项关键的运营工作，它能帮助运营者了解公众号的运营情况和用户行为习惯，优化公众号内容策略，提高文章阅读量和用户互动，从而优化公众号运营策略和提升用户体验。微信公众号的数据分析是一个复杂的过程，包括数据获取、数据清洗、数据分析和数据可视化等多个步骤。

**1. 数据获取**

数据分析需要获取公众号的相关数据。这通常包括文章的阅读量、点赞数、分享数、评论内容等。可以通过专业的数据分析平台如次幂数据和爱微帮微榜来获取这些数据。这些平台提供了公众号榜单、发文监控、数据采集和分析等服务，能够帮助用户快速找到中头部公众号，并提供多维度的数据分析。

**2. 数据清洗**

获取到的原始数据可能包含噪声，如重复数据、无效或错误的信息等。数据清洗是确保数据质量的重要步骤。使用 Java 编写的 Web 爬虫可以帮助抓取微信公众号平台的信息，并进行数据清洗。可以借助 ApacheCommons、GoogleGuava 等数据处理库进行有效的数据清洗，包括删除重复数据、剔除无效或错误数据，并对数据进行过滤和格式化。

**3. 数据分析**

分析阶段的目标是找出影响公众号阅读量的关键因素。首先，从描述性统计开始，分析阅读量的分布情况。其次，进行探索性数据分析，使用文本处理和分词工具对标题进行分析，找出频繁出现且阅读量高的关键词。最后，可以构建预测模型，例如使用机器学习方法来预测文章的阅读量，并找出影响阅读量的关键因素。

**4. 数据可视化**

数据可视化能够帮助运营者更好地理解分析结果。使用 Java 的图形库如 JFreeChart，可以将复杂的数据通过图表形式展现出来，使分析结果更加直观易懂。

**5. 测试与优化**

通过 A/B 测试，可以将数据分析的理论成果转化为实践，并持续进行优化。在相似内容的文章中使用不同的标题策略，比较两者的阅读量，选择更加有效的策略。同时，可以利用机器学习方法，根据历史和当前数据动态调整标题策略，以适应读者口味的变化。

**6. 持续学习和创新**

公众号的运营需要不断学习新的技术和方法。随着大数据和人工智能技术的发展，可以利用这些前沿技术进行更深入的数据分析，以提升工作效率和文章吸引力。同时，要注重内容的质量，提供有价值的信息，以增加公众号的关注度并提高影响力。

## 9.2.6　微信公众号变现

微信公众号的变现是运营者关注的重要问题，通过公众号获取收益可以激励创作者持续产出高质量的内容。常见的微信公众号变现方法如下。

**1. 原创赞赏**

原创赞赏是一种直接的变现方式，它依赖于读者对内容的认可和支持。例如，一个专注于科技评论的公众号，通过发布深度分析的文章，吸引了大量忠实读者。这些读者可能会通过赞赏功能，对作者的努力表示认可，从而为公众号带来一定的收入。

**2. 广告流量主**

广告流量主是公众号最常见的变现途径之一。公众号可以在文章底部、文章中间或者视频后插入广告，每当读者点击这些广告时，公众号就能获得一定的收益。例如，一个专注于美食推荐的公众号，可以在文章中插入与其内容相关的食品广告，从而吸引读者点击。

**3. 广告收入**

与广告流量主不同，广告收入是通过与第三方品牌合作，通过公众号文章推广特定商品或服务来实现的。例如，一个拥有大量年轻女性读者的时尚公众号，可以通过发布与时尚品牌合作的文章，推广新款服装或化妆品，从而获得广告费。

**4. 社群变现**

社群变现通常需要公众号拥有一定的用户基础和影响力。例如，一个专注于个人成长和自我提升的公众号，可以开设线上课程或工作坊，教授时间管理、效率提升等技能，通过售卖课程或服务来实现变现。

**5．电商变现**

电商变现要求公众号具有较高的专业性和公众信任度。例如，一个专注于户外运动的公众号，可以销售户外运动装备，如登山鞋、背包等。通过公众号的影响力和专业知识，吸引读者购买推荐的产品，从而实现变现。

# 9.3　微信视频号营销

## 9.3.1　微信视频号的特点

微信视频号以其新颖的内容呈现方式、简单的流量获取、便捷的推广营销、低门槛的创作环境、优化的内容推荐、社交传播的优势以及巨大的商业潜力，成为微信生态中不可或缺的一部分，为用户和商家提供了新的机会和挑战。它具有以下几个显著特点。

**1．内容呈现形式新颖**

微信视频号的内容呈现形式更加多样化和新颖。它以信息流的形式展示内容，支持横竖屏播放，这使得视频内容可以更好地适应用户的观看习惯。此外，微信视频号还可以同步朋友圈视频，让用户能够更方便地记录和分享生活中的点滴。

**2．流量获取简单**

微信视频号背靠微信庞大的用户基础，使得流量获取相对简单。与其他短视频平台相比，微信视频号的参与门槛更低，内容题材更加广泛，无论是个人还是商家，都可以轻松上手进行品牌和产品的推广。

**3．推广营销方便**

微信视频号为商家提供了便捷的推广营销渠道。商家可以通过简单的操作在视频号中发布内容，并在视频中添加扩展链接。用户观看视频时可以通过点击链接直接进入企业的公众号文章或小程序商城，极大地提高了推广效率和转化率。

**4．低门槛，适合大众**

微信视频号的创作门槛较低，适合大众进行内容创作。这为那些因为公众号创作成本高而流失粉丝的创作者提供了新的平台，使得人人都能够轻松创作和分享内容。

**5．优质内容得到更多推荐**

微信视频号的算法会对优质内容进行标签化，并根据用户的喜好进行个性化推荐。这意味着优质内容更容易获得官方推荐和热门机会，从而获得更多的曝光。

**6．基于社交的传播优势**

微信视频号的社交属性使得内容的传播更加方便。用户发布的内容首先会被好友看到，基于熟人之间的信任关系，内容更容易获得认可和传播。但这也可能导致马太效应，即强者恒强，朋友较少的用户可能会面临更大的挑战。

**7．巨大的商业潜力**

微信视频号在腾讯的战略布局中占据重要地位，被视为公司未来发展的希望。视频号的使用时长、日活跃创作者和视频上传量都有显著增长，广告主也开始意识到视频号在广告投放和私域转化方面的巨大潜力并将其视为新的营销渠道。视频号直播服务收入的大幅增加，以及直播带货销售额和主播总收入的增长，表明了视频号在商业化方面的巨大潜力。

## 9.3.2　微信视频号运营

微信视频号的运营是一个系统化的过程，涉及内容创作、用户互动等多个方面。为了吸引并留住用户群体，实现内容的传播和商业价值的最大化，可以采取以下措施对视频号进行有效运营。

### 1. 账号设置

确保遵守微信视频号的运营规范，例如账号名称应与内容相符、不得重复或侵犯他人权利等。在注册时，选择一个易于记忆且能够体现账号主题的名称，这有助于用户的快速识别和账号内容的传播。接着完善账号简介，清晰地介绍账号的主要内容和特色，吸引目标用户群体。

### 2. 内容创作与发布

在视频内容创作和社区建设方面，关键在于创作高质量、有价值且简单易懂的视频内容，同时保持原创性和避免版权问题。视频时长应控制在适当范围内，这样更容易快速吸引用户的注意力。为了维持用户的持续关注，定期发布内容，保持一定的频率至关重要，这样可以建立起用户的期待感，使他们定期回访以获取内容更新。

### 3. 积极与用户互动

积极回复评论和参与话题讨论，有助于建立良好的用户关系，并提高内容的参与度。利用热门话题和标签可以增加内容的曝光率，让视频更容易被潜在用户发现，从而扩大用户群。此外，与其他视频号博主的合作也是一个有效的策略，通过互相推广和合作创作，可以扩大双方的影响力，吸引更多的用户，提高视频内容的整体传播力。

## 9.3.3　微信视频号数据分析

微信视频号作为一个新兴的社交媒体平台，其数据分析对于内容创作者、品牌和商家来说至关重要，因为数据分析有助于更好地了解视频号运营情况、用户行为和优化内容策略，实现商业目标。微信视频号数据分析主要可以从以下四个方面的数据指标进行。

### 1. 播放量、点赞数和评论数

这是微信视频号中最基础的数据指标，通过这些数据指标，运营商可以分析出哪些视频更受用户欢迎。只有用户喜欢的视频才会被转发、分享，才能吸引更多的用户观看。同时，点赞数和评论数也可以反映出用户对视频的喜爱程度，这些数据指标都是提升用户留存率的重要参考因素。

### 2. 播放时长和用户停留时间

视频的播放时长及用户停留时间是提升用户留存率的重要参考因素。一个好的视频往往可以吸引用户持续观看，用户停留时间越长，留存率也就越高。如果视频号运营者能从视频的播放时长和用户停留时间中了解到用户的兴趣点，就可以运用这些数据来推出更受欢迎的视频，提升用户留存率。

**3. 用户终端设备分析**

微信视频号的用户来自不同的终端设备，通过分析不同设备用户的渠道来源、地域、年龄、性别等信息，视频号运营者可以精准定位用户群体及其兴趣点。同时，视频号运营者可以构建用户画像，分析出观看不同类型视频的用户喜好，以及他们在不同时间段、不同访问设备上所观看的内容，为后续运营提供参考依据。

**4. 视频互动转化率**

视频互动转化率是指用户观看视频后转化的反馈率，包括转发、分享、留言、点赞等互动行为。提升视频互动转化率是提升用户留存率的一个重要因素。用户愿意与视频内容互动，可以加强用户对视频的记忆，同时从满足用户需求的角度来看，这也是提升视频价值的重要契机。

### 9.3.4 微信视频号变现

视频号作为微信生态中不可或缺的一部分，为创作者和商家提供了多种变现途径。以下是几种典型的变现方式。

**1. 技能变现**

创作者可以利用自己的专业技能，通过视频号吸引目标受众，并将他们引导至自己的微课、训练营或公众号。例如，一位擅长摄影的创作者可以通过发布摄影技巧的教学视频，吸引摄影爱好者，并推广和销售自己的线上摄影课程和工作坊，从而实现变现。

**2. 广告变现**

对于拥有较多粉丝的视频号，可以通过接受品牌广告来实现变现。例如，一个专注于时尚领域的视频号，可以通过与服装品牌合作，发布穿搭教程视频，并在视频中植入品牌广告，从而获得广告费用。

扩展阅读 9.2　KANTAR：2024 微信视频号超级玩家营销价值研究报告

**3. IP 变现**

坚持发布特定类型内容的视频号可以逐渐建立起自己的品牌 IP。一旦成为某个领域的知名 IP，就可以通过视频导购、品牌合作等方式进行变现。例如，一个专注于健康饮食的视频号，可以通过推荐特定的健康产品或与健康品牌合作，实现商品销售和推广收入。

**4. 种草导购**

种草导购特别适合做产品测评和时尚分享的视频号。通过发布产品使用体验和推荐视频，引导用户进行购买。例如，美妆博主可以在视频号上分享化妆品的试用体验，并通过链接引导粉丝前往小程序或电商平台购买产品，从中获得销售佣金。

## 本章小结

本章主要围绕微信平台介绍利用微信个人号、公众号、视频号开展新媒体营销的策略。首先，介绍微信个人号营销技巧、好友经营策略、借助微信建立信任的方法、朋友圈经营策略以及微信个人号变现途径；其次，讲解微信公众号营销的优劣势、公众号营销基本设置、内容推送策略与活动策划策略、微信公众号数据分析以及微信公众号变现方法；最后，讲解视频号的特点、运营策略、数据分析和变现方法。

## 关键术语

微信平台（WeChat Platform）
微信营销（WeChat Marketing）
微信运营与管理（WeChat Operation and Management）
微信个人号（WeChat Personal Number）
内容推送（Content Recommendation）
活动策划（Event Planning）
微信公众号（WeChat Official Account）
微信视频号（WeChat Video Account）
微信群（WeChat Group）
数据分析（Data Analysis）

## 课后习题

1. 请简述微信个人号营销中，如何构建和提升个人品牌形象？
2. 微信公众号如何进行数据分析？
3. 微信视频号的变现方式主要有哪些？
4. 微信公众号营销有什么优劣势？
5. 微信视频号有哪些显著特点？

## 即测即练

自学自测　　扫描此码

## 第 10 章

# 短视频营销

## 学习目标

1. 了解短视频营销的概念、特点和常见平台。
2. 掌握短视频营销的内容策划和运营流程。
3. 掌握短视频营销策略和主要玩法。

## 案例导入

### OPPO："原来你是酱紫的"挑战赛[①]

2018 年 4 月，OPPO 联合短视频发起了一轮超级有范儿的#原来你是酱紫的#挑战赛。此次挑战赛依旧少不了短视频达人的参与。借助短视频达人自带的粉丝效应，再加上海量的短视频用户，获得高曝光率自然不在话下。挑战赛开启仅 3 天，即创下 12.4 万参与人次的纪录，产出超过 14.1 万条原创视频，视频总播放量高达 7.8 亿。此外，OPPO 还和短视频联合定制了「星空紫面具」贴纸，贴纸颜色来源于 OPPO R15 的星空紫特别版。

---

① MROYAL 美御一站式营销咨询集团. 短视频十大营销案例-短视频成功营销案例分析[EB/OL]. (2020-06-08) [2024-10-19]. https:// www.mroyal.cn/dsp/newsyyzx678.html.

显然，随着移动互联网的快速普及，人们的网络行为习惯也发生了翻天覆地的变化，使用和关注短视频的用户规模不断增加，不少企业都开始借短视频的势头进行营销活动。短视频营销的特点有哪些？我们应如何利用短视频进行营销？本章将对短视频营销进行介绍。

# 10.1　短视频营销基础知识

## 10.1.1　短视频及短视频营销

随着信息传播媒介从电脑端快速转换至手机端，加之 5G 通信技术迅猛发展，时长短、传播快、互动性更强的短视频逐渐获得用户、企业和各大平台的青睐，并已经成为备受市场关注的营销方式，迅速发展为营销领域不可或缺的一部分。

短视频是指以新媒体为传播渠道，时长通常控制在 5 分钟之内的视频，是继文字、图片、传统视频之后又一种新兴的内容传播媒体。它融合了文字、语音和视频，可以更加直观、立体地满足用户的表达、沟通需求，满足人们互相展示与分享的诉求。

短视频营销则可视为企业或品牌运用短视频平台推广产品或品牌、建立品牌形象的营销方式。短视频营销融合了文字、音频以及视频等不同的表达形式，将事物具象化地展现在用户眼前，给用户带来直观的视觉冲击，改善并提升营销效果。

短视频营销是在短视频这种新兴模式出现之后产生的新兴营销方式，它主要体现出以下几个特点。

1. 碎片化

短视频主要在移动设备上播放，适合用户在移动、休息的时间观看，这决定了短视频的内容呈现出快餐化、碎片化的特点。

与图片和文本相比，视频更容易理解，尤其是在快节奏的生活中，用户更倾向于对短而爆炸性的视频内容做出反应。

在大多数情况下，进入短视频平台后，人们只需要用手指在屏幕上向上滑动就可以观看下一条短视频，然后决定是否对短视频进行评价。这种简单易懂的操作，促使人们在零碎的闲暇时光更爱浏览短视频。

2. 个性化

短视频平台以大数据和人工智能为基础，不断收集用户的使用数据，使平台能够选择用户感兴趣的内容进行准确、个性化的分发。这使得用户更加沉浸在短视频情境中，增强自己对下一条短视频的好奇心，最终增强了用户黏性。

个性化的短视频分发使得营销更加精准。这是因为短视频平台已经根据每个用户最常访问的短视频类型对其进行了标记，因此商家可以通过短视频平台的分发机制将内容发送给对自己最感兴趣的用户。

3. 分散化

短视频平台通常采用分散的内容制作机制。短视频平台没有设置任何特权，并不断寻找新的和有趣的内容，流行才是王道。谁能制作出最热门的短视频，谁就能获得最多的浏览量。"PGC + UGC"的内容制作模式，即专业产生内容与用户内容参与相结合，鼓励用户边看视频边创作。这种方式促进了用户的参与，有助于保持用户的热情，并确保创作作品的高质量。

### 4. 软性植入

将品牌或产品的功能属性、理念文化等融合在短视频中，不仅能将品牌信息准确地传递给目标用户，还能避免由于广告太过硬性而引发消费者的反感。生动有趣的内容可以提高目标用户的接受度和忠诚度，增强用户黏性，具有较高的用户体验价值。

## 10.1.2　短视频营销内容的类型

短视频具有直观、软性植入、互动性强和多元化的特点，适合用于开展营销活动，经济成本低且效率高，是个人及企业都可以选择的营销方式。营销人员在进行营销前需要了解短视频内容的表现类型，并选择合适的形式进行营销。

### 1. 图文形式

图文形式是最简单、成本最低的短视频表现形式，通常只有一张底图，图中配有一些文字。这种形式的短视频在抖音等短视频平台上很流行，但由于图文形式的短视频没有人设，无法植入产品信息，因此流量变现能力较差。

### 2. 模仿形式

模仿类型的短视频制作相对于原创视频要简单很多，只需要在同类比较热门的短视频的基础上进行修改或创新，但要注意模仿不是抄袭。若想提高短视频的播放量，应避免简单模仿，而需形成个性标签。

### 3. Vlog 形式

Vlog 形式的短视频借助"写日记"的形式将生活中的琐碎时间，用手机、相机等记录，再经过剪辑、配乐、添加字幕发布，通过生活故事吸引用户；也可以分享一些小技巧，用于解决生活中可能遇到的问题、尴尬情况等，以实用的角度吸引用户。值得注意的是，Vlog 并不代表可以拍成流水账，一定要有明确的主题。

### 4. 解说形式

解说型短视频一般是对电影、电视剧、动漫，甚至是游戏片断等内容进行解说。要求先找好需要解说的短视频素材，厘清解说思路，剪辑短视频，再配上字幕和解说。这类短视频可以以幽默风趣的风格，为用户呈现不同视角的影视作品；也可以以优雅缓慢的语调，将电影故事娓娓道来；还可以集合不同风格，对不同类型的影视剧进行解说，形成自己的风格。

### 5. 幽默吐槽形式

这类短视频一般针对日常生活中一些具有争议性的话题及社会现象进行吐槽。这类短视频需要营销人员具有较强的语言组织能力，能够用幽默的语言及表达形式，对某些社会现象进行吐槽，从而吸引用户的注意，积累粉丝，打造个人 IP。

### 6. 才能展示

这种形式需要参与短视频内容创作的人员具有一定的才艺基础，如舞蹈、脱口秀等。这类短视频制作简单，成本相对较低，但需要打造清晰的人设和辨识度，不断为用户提供有价值的内容，以获得用户的认可，增强用户黏性。此类短视频的变现能力较强。

### 7. 情景剧形式

情景剧形式的短视频就是通过表演把想要表达的核心主题展现出来，运用情节、人物清晰地表达主题，调动用户情绪，引发情感共鸣，在短时间内吸引用户关注。但是这类短视频需要配备专业团队和演员，制作难度高，营销投入大。

## 10.1.3　主流短视频平台

短视频作为营销的媒介，发展过程非常迅速，众多短视频平台如雨后春笋般出现，短视频的发展历程如图 10-1 所示。

| 2009年8月<br>微博 | 2013年<br>小影 | 2015年5月<br>小咖秀 | 2015—2017年<br>虎牙、斗鱼、YY.一直播、<br>花椒直播等直播平台在<br>不同领域表现突出 | 2017年<br>快手、抖音短视频<br>彻底爆发 |

图 10-1　短视频的发展历程

在我国，2011 年，制作、分享 GIF 动图的工具 GIF 快手上线；2012 年，GIF 快手从工具应用转型为短视频平台；2013 年，腾讯微视等短视频平台上线，短视频进入了新的发展阶段；2014 年和 2015 年，美拍和小咖秀分别上线，短视频行业形成了"百家争鸣"的局面；2016 年，抖音、梨视频等上线；2017 年，短视频进入爆发时期；到 2020 年，短视频行业逐渐形成了以抖音和快手为代表的"两超多强"的态势，它们吸引了大量的内容制作团队，这些团队都想在短视频领域中占据一席之地。

考虑到各个短视频平台既有共性功能又有各自的特点，下面主要介绍目前短视频行业中的主流平台，即抖音、快手、西瓜视频等的特点。

### 1. 抖音

1）平台发展简介

抖音隶属于北京字节跳动科技有限公司，是一款于 2016 年 9 月上线的音乐创意短视频社交软件。用户可以通过抖音拍摄短视频作品并上传，让其他用户观看的同时，也能够在线欣赏其他用户的作品。抖音在上线初期的重点是打磨产品，不断优化产品性能和体验，初步寻求市场，这为后期其用户的爆发式增长打下了基础。

2）平台运营定位

抖音是一个专注于年轻人音乐短视频创作分享的社区平台。抖音应用人工智能技术为用户创造多样的玩法，用户可以通过平台选择歌曲，拍摄音乐短视频，形成自己的作品。抖音用户主要可以分为内容生产者、内容次生产者和内容消费者三类。

（1）内容生产者。这类用户通常属于"网红"用户，他们处于每个 App 的前端。在抖音平台，这类用户在音乐和短视频制作上都有很高的热情和专业度，能够打造个人品牌，甚至构建商业矩阵，而且个人能够投入大量资源进行粉丝运营和社群运营。

（2）内容次生产者。这类用户通常追随内容生产者，通过模仿内容生产者发布的作品制作出自己的作品。他们希望有机会表达自我，让更多的其他用户熟知。

（3）内容消费者。这类用户往往没有很强烈的意愿表达自我，更多的是在平台观看精彩的作品，填补自己的碎片时间，给生活增添乐趣。这三类用户的特点与目标如表 10-1 所示。

表 10-1　三类用户的特点与目标

| 用 户 分 类 | 特　　　点 | 目　　　标 |
| --- | --- | --- |
| 内容生产者 | 热情、专业 | 个人品牌、商业矩阵 |
| 内容次生产者 | 模仿、渴望表达 | 增加知名度 |
| 内容消费者 | 表达意愿低 | 填补碎片时间 |

根据这三类用户的特点与目标，抖音短视频主要打造的板块包括：首页的推荐，系统根据用户的喜好或好友名单自动推荐的内容；同城内容推荐，用户可以看到周边同城用户的作品；关注页，汇聚了账号关注的抖音账号，用户可以看到关注的账号按时间发布的作品；消息页，包含粉丝信息、收到的赞、提到自己的人及对作品的评论；个人页，用户可以看到自己的主页、粉丝数量和作品栏。

抖音短视频平台除了具备短视频的共有特点，即短、平、快外，还有自己独特的特点，具体如下：第一，抖音采取霸屏阅读模式，用户的注意力被打断的概率降低；第二，抖音几乎没有任何时间提示，让用户忽略时间的流逝；第三，抖音所有的按钮设计都是尽量不让用户跳转出主界面。抖音是一款创造"沉浸式娱乐"的 App，过去只有网络游戏才会有这样的设计。

3）平台特色玩法

抖音短视频平台的特色玩法主要有以下三类。

（1）拍摄作品和故事。抖音是一个音乐短视频社区平台，更多复杂功能会倾向于短视频的制作，而故事主要是指拍摄的长视频。"长视频—故事类"和"短视频—作品类"是分开的，抖音推荐的视频更多的是基于短视频推荐算法，长视频还没有得到很大的推广，这也符合抖音视频定位。

（2）直播。抖音目前只为一部分用户开启直播功能，主要用于培养更多 IP。同时，直播是基于推荐算法的，用户只会看到自己关注的 IP 直播和经常看其短视频内容的人的直播。

（3）"热搜"和热门话题。用户在首页点击顶部的搜索栏，就可以看到抖音"热搜"和热门话题。图 10-2 展示了抖音热搜榜、搜索界面和主题活动的介绍页。

图 10-2　抖音热搜榜、搜索界面和主题活动的介绍页

## 2. 快手

### 1）平台发展简介

快手短视频是北京快手科技有限公司旗下的产品。2011 年 3 月，GIF 快手诞生，它是一款用来制作和分享 GIF 动图的手机应用；2012 年 11 月，GIF 快手从纯粹的工具应用转型为短视频平台，帮助用户记录和分享生活。2014 年 11 月，GIF 快手完成品牌升级，去掉名字中的"GIF"，正式更名为"快手"。

快手短视频最初是一款处理图片和视频的工具，后来转型为一个短视频社区。快手强调人人平等，是一个面向所有普通用户的产品。在用户数量爆发式增长期间，快手在产品推广上没有刻意地策划活动，一直依靠短视频社区自身的用户和内容运营，聚焦于社区文化氛围的打造上，并依靠社区内容的自发传播，在对社区用户和内容的运营上也没有表现出特别的方法和手段。

### 2）平台运营定位

在快手推出之后，市场相继推出了美拍、小咖秀等短视频社区应用，短视频社区应用满足了用户分享、评论的自我表达和娱乐消遣的需求。在每天都有新奇事情发生的今天，人们的注意力越来越分散。在这种情况下，快手依然能保持用户的高黏性和高复用性，主要是因为其运营方面的以下三个定位。

快手满足了被主流媒体和主流创业者所忽略的人群——普通人的需求，而非"网红"的需求。快手成了一个为普通人提供记录和分享生活的平台。

快手坚持不对某一特定人群（如"网红"）进行运营，不与明星和"网红"主播签订合作协议，也不对短视频内容进行栏目分类或对创作者进行分类。

从快手创始人宿华对快手的定位——"强调人人平等，不打扰用户，是一个面向所有普通人的产品"可以看出，快手是一个用户用短视频的形式记录和分享生活的视频平台，用户主要用它来记录生活中有意思的人和事，并展示给所有人观看。

用户通常会将快手和抖音短视频平台进行对比。快手和抖音的特点对比如表 10-2 所示。

表 10-2　快手和抖音的特点对比

| 对比项目 | 快　手 | 抖　音 |
|---|---|---|
| 产品定位 | 记录、分享和发现生活 | 音乐、创意和社交 |
| 目标用户 | 三、四线城市和农村用户居多 | 一、二线城市和年轻用户居多 |
| 人群特征 | 自我展现意愿强，好奇心强 | 碎片化时间多，对音乐有一定的兴趣 |
| 运营模式 | 规范社区、内容把控 | 注重推广、扩大影响 |

3）平台特色玩法

快手短视频平台的主要玩法有以下三类。

（1）拍摄作品。快手页面首先显示"发现栏"，目的是将短视频创作者最新发布的短视频个性化地推荐给用户。"个性化"的意义在于让用户以最低的成本接触到感兴趣的内容。"最新"的意义在于短视频创作者可以发布最新录制的视频，而观看的用户会接收到没看过的、感兴趣的内容。

（2）直播和对决。快手目前对所有用户均开放直播功能，快手官方每天提供 20 个免费关注名额，100 个亮心，鼓励用户多开直播。主播在直播的同时，快手还提供了主播对决小游戏和观众投票环节，每一次对决的时长是 4 分 50 秒，对决失败的一方要接受相应的惩罚。

（3）同城推荐。用户在首页点击"同城"可以看到同城的快手短视频创作者发布的短视频或同城主播的直播画面，并且页面会显示用户与短视频创作者或主播的距离，增强了互动性。快手平台也拥有一些不同主题的音乐或短视频风格，不同的用户可以根据不同的主题拍摄短视频。快手三种玩法策略的官方宣传如图 10-3 所示。

图 10-3　快手三种玩法策略的官方宣传

3. 西瓜视频

西瓜视频是北京字节跳动科技有限公司旗下的一款个性化推荐视频平台。2016 年 5

月，西瓜视频前身头条视频上线。2017 年 6 月，头条视频用户量突破 1 亿人，日活跃用户量超过 1000 万人，头条视频更名为西瓜视频。2018 年 2 月，西瓜视频累计用户人数超过 3 亿人，日均使用时长超过 70 分钟，日均播放量超过 40 亿条。

在短视频领域，如果说抖音和快手平台是在竞争竖屏视频市场，那么西瓜视频争夺的就是横屏市场。短视频创作者为西瓜视频平台提供内容，同时获取收入分成。短视频制作者为西瓜视频平台提供内容，同时获得流量。用户为西瓜视频平台提供流量，同时获得内容。三者之间形成闭环，彼此赋能并推动彼此增长。西瓜视频具有如下特点。

1）横版短视频。横版短视频之所以仍然存在市场：一是因为有大量的专业制作团队依然采取横版构图，从拍摄工具到镜头语言有着一套非常成熟的制作流程；二是因为横板短视频在题材范围、表现方式、叙事能力等方面比竖版短视频更有优势。

2）拥有众多垂直分类，专业度高。西瓜视频可以被视为视频版的今日头条。在西瓜视频中，95%以上的内容属于职业内容生产和专业内容生产。

3）从视频时长看，西瓜视频平台上的视频时长多为 2～5 分钟，可以完整地讲述 1 个故事；而抖音平台的视频以 15～60 秒时长为主。从中可以看出，虽然碎片化阅读、短时长消费是移动互联时代用户的习惯，但这并不意味着完整的内容形态缺乏市场空间。

4）海量的影视和综艺短视频资源。西瓜视频可以更好地满足用户对影视和综艺节目的需求。

## 10.2　短视频营销策划

### 10.2.1　短视频选题策划

短视频选题的开发和策划应该首先确定短视频内容的定位。内容定位是指明确短视频的内容方向和目标，是在服务于用户群体的基础上，通过内容本身来进行人设完善和优质信息输出。在开始短视频营销策划前，应该明确什么样的选题能够吸引消费者的注意力。优质的选题通常应该体现出这样的特征：①能够引起共鸣和认同。这种定位方式通常体现为热点式选题。由于从众心理使得用户不由自主地与多数人保持一致，追逐热点是吸引用户观看的最简单途径。②引起好奇心和思考。介绍用户未知领域或新鲜、新奇的内容，或在视频封面、开头等设置刁钻问题，通过用户对真相的追求来吸引用户观看。③需求刺激。通过吸引用户的现实或潜在需求使得用户从视频中获取价值，包括情绪价值、认知价值等。

同时，在进行选题策划时，营销人员应注意以下几点。

#### 1. 基础利用导向

"资源"是指短视频创作人员拥有的人力、财力、物力等各种物质要素。短视频创作者对这些要素进行有效整合，使其成为制作短视频的有利条件。考虑到短视频依赖创作者的创造能力，短视频选题范围应聚焦短视频创作者已充分掌握的能力。

### 2. 兴趣激发导向

兴趣能够点燃短视频创作人员持续工作的热情，支撑短视频创作者在某个方向深耕，持续产出短视频内容。不同于专业性的高门槛，短视频创作者试图判断自己能否在选定的领域保持成功，可以先挑选同行业的优秀账号，分析其内容深度和价值属性，判断自己的兴趣能否支持稳定持续的内容产出。

### 3. 适当调整选题

短视频创作者刚开始设计视频时面临试错的风险，可能在短期内存在失败的可能性。可以借鉴的经验处理方式是，先持续发布短视频 10 天以上，密切关注数据，通过短视频在平台的表现来进行预估和调整，进而判断是继续深入还是调整选题方向和内容风格。在此过程中，短视频创作者要衡量成本和短视频最终播放量、账号粉丝量的对比情况。经过试错，短视频创作者基本上能够把握账号的走向和市场情况，也可顺势正式开始布局短视频的选题方向。

## 10.2.2 短视频内容策划

尽管短视频制作的复杂性和技术性低于专业视频，但仍需在确定主题后，认真构思短视频营销所需的具体内容，然后正式制作用于具体营销目的的短视频。具体做法如下。

### 1. 构思内容

短视频营销的关键点是内容，内容的好坏直接决定了短视频的传播速度和影响力。由于短视频的时长较短，所以在构思短视频内容时，要确保可以在短时间内完成故事主题、情节或创意的叙述，保持短视频的完整性，将产品和品牌信息完整地嵌入短视频中，且不影响用户对短视频的观看和理解。

### 2. 设计剧本

无论是哪一种类型的短视频，都应提前设计一个完整的剧本。有情节、有逻辑、有观看价值的短视频才能够给用户留下更加深刻的印象。短视频应通过对人物、对白、动作、情节、背景、音乐等元素进行设计，准确地向用户传达短视频的视觉效果和情感效果，从而引起用户的好感和共鸣。

### 3. 选择角色

如果短视频需要通过角色来传递信息，那么角色的选择一定要符合短视频和品牌的定位，能够体现产品或品牌的特质，使得短视频的内容与推广内容相互匹配。

此外，考虑短视频的时长往往集中在 1～2 分钟，如何在有限的时间内精简概括地创作出内容，对创作者来说是一个较大的挑战。那么如何紧扣视频的核心要点，通过文案快速吸引用户的注意力？下面将主要针对视频文案的开头、中间、结尾进行具体分析。

1）视频开头内容——黄金 3 秒

短视频开头的文案是至关重要的部分。具体而言，如何最大化利用视频初始 3 秒的黄金时间，吸引用户眼球，是内容策划的关键命题。在视频开头可以通过设置悬念，给用户留下疑问的方式，让用户通过视频的后续内容探明答案到底是什么、究竟会发生什么事情、解决方案是什么等，如"生活小妙招：夏日空调怎样快速清洗"等。

2）视频中间内容——增加完播率

视频中间部分要求尽可能短小精悍，避免长篇叙事，构建符合"短、平、快""短、精、深"特点的内容，一定程度上可以增加视频的完播率。

3）视频结尾部分——引发用户关注、互动

在视频的最后，可以通过文案引导用户进行点赞、关注、分享等行为。具体可体现为：①引导关注，如"加关注，下次更新早知道"；②引导点赞，如"认同的朋友们给我点个赞"；③引发评论互动，如"还想知道什么内容，评论区告诉我"。

## 10.2.3　短视频整体优化

随着移动互联网的普及和网络技术的不断发展，短视频创作已经成为当下最受欢迎的内容创作方式之一。然而，在如此激烈的竞争中如何快速提升流量，成了各大短视频平台需要考虑的问题。对短视频，可从以下几个方面探讨整体优化方案。

1. 提高短视频响应速度

用户体验是衡量一家企业或产品是否成功的重要指标之一。在短视频平台上，用户体验包含了多个维度：网站响应速度、视觉设计、交互设计等。其中最关键的是网站响应速度。快速加载是保证良好用户体验的基础。如果一个网站打开时间过长，那么很可能会让用户选择放弃浏览。因此，在优化网站前我们首先要考虑如何提高页面载入速度。具体来说，可以采取以下几种措施。

1）减少 HTTP 请求次数

HTTP（超文本传输协议）请求数量对于网站的性能有着非常大的影响。因此，我们需要尽可能地减少 HTTP 请求次数来提高页面加载速度。具体的措施包括合并脚本和样式表文件、压缩图片和其他静态资源。

2）CDN 加速

CDN（内容分发网络）可以将网站的内容分发至全球各地的服务器，从而提高访问速度。通过使用 CDN，可以使用户在任何地方都能够快速访问网站。在优化网站响应速度后，需要考虑如何改善用户的视觉和交互体验。比如，在网站设计中要注意以下几点：①简洁明了。短视频平台上的视觉设计需要简洁、明了，避免过多花哨的元素干扰用户浏览视频。同时，在页面布局上也要注意排版合理、信息清晰。②交互设计优化。良好的交互设计能够极大地提升用户体验。短视频平台可以采用这几种方法来改善交互体验：加入分页功能，让用户更加便捷地查看视频；设计搜索框和分类标签，帮助用户快速找到自己感兴趣的内容；增加视频播放速度调节功能，满足不同用户对于播放速度的需求。

2. SEO 优化

SEO 优化（搜索引擎优化）是指通过优化网站结构和内容，从而提高网站在搜索引擎中的排名。对于短视频平台来说，SEO 优化同样非常重要。①关键词优化。关键词是 SEO 优化的基础。短视频优化需要找到用户最关心的问题，并在网站中使用这些关键词进行优化。比如，在短视频平台中，可以在标题、标签等位置使用与视频内容相关的关键词，以便让搜索引擎更好地理解我们的内容。②内容质量。搜索引擎越来越注重网站内容质量和用户体验。因此，应该尽可能地提供高质量的短视频内容，并采用用户友好的界面设计来吸引更多用户。

### 3. 外部链接建设

外部链接是指将其他网站链接到我们自己的网站。如果其他网站的权威性比较高并且与我们自己的网站相关，则可以带来更多流量。因此，在 SEO 优化中，外部链接建设也非常重要。

## 10.3 短视频营销推广

### 10.3.1 精准定位用户群体

短视频营销的本质是消费者注意力配置的竞争。如何给消费者留下独特的印象，取决于如何构建准确的用户群体定位。不同于传统营销管理的粗放式定位，短视频营销十分依赖于细粒度数据的精准定位。定位短视频营销的用户群体，可以结合数据特征和用户画像进一步识别。

#### 1. 确定用户信息数据分类

用户信息数据一般分为静态信息数据和动态信息数据两类。静态信息数据是用户的固有属性，是构成用户画像的基本框架，主要包括用户的基本信息，如社会属性、商业属性、心理属性等。这类静态信息数据无法穷尽，如姓名、年龄、性别、家庭状况、地址、学历、职业等，需要创作人员根据创作需求自主对应。动态信息数据是用户的网络行为，包括搜索、收藏、评论、点赞、分享、加入购物车、购买等。动态信息数据的选择也要符合产品的定位。

#### 2. 确定用户使用场景

短视频创作者只确定用户的信息标签类别还无法完全对用户形成全面了解，还应进一步将用户特征融入一定的使用场景，这样才能更加具体地体会用户的感受，透视用户形象。短视频创作人员可通过经典的"5 W 1 H"确定用户使用场景，如表 10-3 所示。

表 10-3　短视频用户使用场景

| Who | 观看短视频的用户 |
| --- | --- |
| When | 观看短视频的时间 |
| Where | 观看短视频的地点 |
| What | 用户选择观看什么样的短视频 |
| Why | 行为背后的深层动机，如关注、点赞、转发 |
| How | 短视频创作者可以与用户的动态、静态场景结合，洞察用户使用产品时的具体场景 |

3．数据获取与整合

通过确定短视频用户数据类型和使用场景类型后，短视频创作者需要采集数据，并将数据进行初步整合。

1）数据采集

确保你能够获取到各个短视频平台上的用户数据。不同平台可能提供不同的数据接口或数据下载功能，你需要根据各个平台的规定和接口文档来采集用户相关数据，例如观看量、点赞数、评论数、分享数等。

2）数据整合

将采集到的用户数据进行整合，将不同平台上的数据进行统一格式化处理，以方便后续的数据分析和比较。

4．刻画短视频用户画像

短视频创作人员将整合后的相关数据综合分析后，能够形成短视频营销所需的针对性用户画像。

1）用户属性分析

分析用户的基本属性信息，例如年龄、性别、地域等。这些信息可以通过用户注册信息或其他来源获得。通过统计和分析这些基本属性信息，可以了解到你的用户主要集中在哪些年龄段、性别比例如何以及地域分布情况等。

2）行为数据分析

分析用户的行为数据，例如观看行为、互动行为等。你可以统计和分析用户观看视频的时长、观看视频的类别偏好、用户的互动参与程度等。这些数据可以帮助你了解用户对于不同类型的视频的喜好和兴趣点，从而更好地定位你的视频内容。

3）用户参与度分析

分析用户的参与度，例如点赞、评论和分享等。通过统计和分析用户的互动行为，可以了解到用户对你的视频内容的喜好程度和传播效果。

4）用户留存分析

分析用户的留存情况，即他们是否继续关注并观看你的视频。可以通过跟踪用户的关注情况和互动行为来分析用户的留存率，从而了解用户的忠诚度和黏性程度。

5）用户画像细分

根据以上分析结果，将用户进行画像细分，划分不同的用户群体。可以根据用户的属性、兴趣、行为等维度来进行画像细分，以便更好地满足不同用户群体的需求和推送相关内容。

## 10.3.2　巧妙利用推广技巧

优质的短视频内容需要足够多的用户接受，以促进短视频在营销周期内的曝光率，增强品牌或产品在市场中成为爆款的可能性。为了吸引更多的用户观看短视频，达到从短视频平台引流的目的，通常可以通过如图 10-4 所示的几种方式对短视频进行推广。

1．多渠道分享

短视频平台大多具有分享功能，可以利用这一功能将短视频分享到更多的平台上，

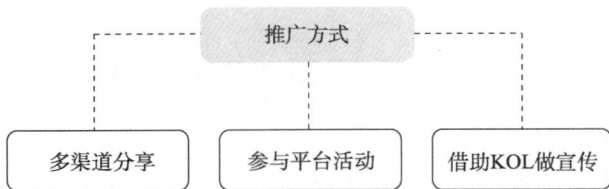

图 10-4　短视频的推广方式

让更多的用户看到。如果短视频有足够的吸引力，自然会得到越来越多的用户的关注和认可，其成为爆款的概率就会大大增加，运营的效果也会更好。常用的渠道有站内好友、微信朋友圈、微博等。

2. 参与平台活动

短视频平台本身是一个巨大的流量池。创作者积极参与短视频平台发起的各种活动，展示自己的短视频，这样短视频账号及其内容就可能被更多的用户看到并关注。

短视频创作者怎样才能获得短视频平台的活动信息，并参与活动呢？以抖音为例，短视频创作者可以通过"消息"—"服务通知"—"活动通知"查看平台活动，如图 10-5 所示。

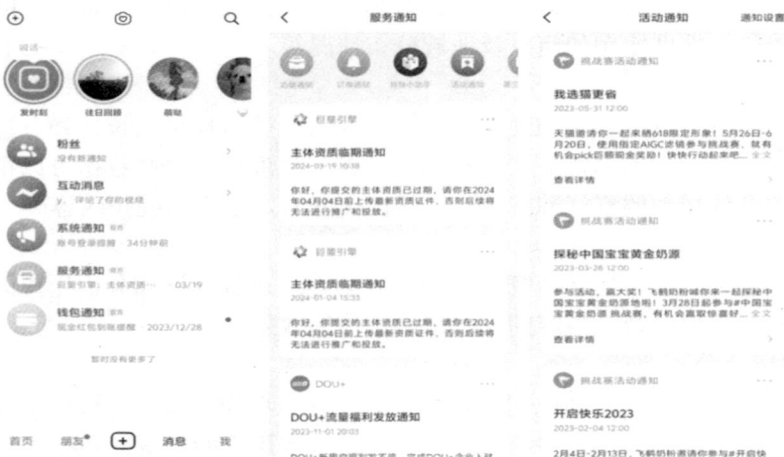

图 10-5　查看平台活动

参加短视频平台活动的用户不计其数，竞争非常激烈，有亮点的短视频才有更大的概率被平台推荐，从众多短视频中脱颖而出。怎样才能让短视频更具亮点呢？创作者可以从以下 3 个方面入手，如图 10-6 所示。

图 10-6　短视频营销推广的亮点方式

### 3. 借助 KOL 做宣传

KOL 在市场营销中通常被定义为：拥有更多、更准确的产品信息，且为相关群体所接受或信任，并对该群体的购买行为有较大影响力的人。选择借助 KOL 推广短视频是因为 KOL 的粉丝黏性很强，粉丝在价值观等方面都很认同他们，所以 KOL 的推荐是带有"光环"的，粉丝们通常会细读、点赞。KOL 掌握众多资源，短视频创作者可以有针对性地选择利用，如图 10-7 所示。

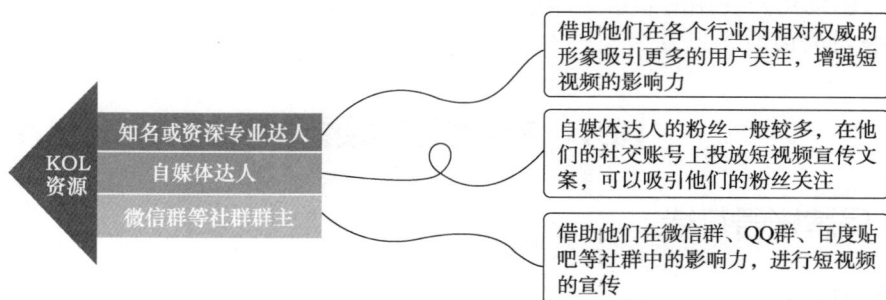

图 10-7　KOL 推广资源分布

## 10.3.3　构建多平台推广矩阵

随着短视频行业的快速发展，大量短视频平台应运而生。短视频平台作为短视频的载体，在短视频运营过程中起着至关重要的作用。短视频运营者在选择平台时，不能局限于一个平台，通常需要根据自身特点，结合各平台的特点和运营规则选择合适的平台，构建平台间相互衔接的推广矩阵，最大化地为短视频营销带来流量和用户量的增长。

### 1. 选择合适的平台

短视频平台在不断发展、迭代变化中逐渐形成了字节系、快手系、腾讯系、百度系等多个派系。按照运营属性的差异，短视频平台可分为四大类：工具型、内容型、社区型和垂直型，如表 10-4 所示，其中工具型和内容型平台最为常见。

表 10-4　短视频平台分类

| 工具型 | 不注重社交及传播，侧重短视频的拍摄、美化、剪辑和特效制作，有效降低短视频拍摄的技术门槛，如快剪辑、剪映等 |
|---|---|
| 内容型 | 侧重短视频内容，受欢迎程度较高。常见的短视频平台都属于此类，包括抖音、快手、西瓜视频等 |
| 社区型 | 注重社交功能，鼓励用户互相"围观"作品，用户可以在平台内互动，如拍短视频等 |
| 垂直型 | 一般注重某个领域，注重细分领域的内容型短视频平台较多，如 Keep 健身等 |

### 2. 重视月活跃用户

月活跃用户是短视频运营者在选择短视频平台时需要考虑的一个重要指标，通常月活跃用户越多，代表该短视频平台的用户越活跃。目前，短视频行业竞争激烈，其中字节系、快手系多产品占据头部阵营，在短视频双巨头导致的竞争压力下，其他平台的用户留存成为难题。

3. 增加用户时长

用户时长反映的是短视频平台的深度营销能力。根据《QuestMobile 中国移动互联网 2021 半年大报告》显示，短视频平台涵盖内容较为丰富多样，与娱乐直播、带货直播等密切融合，驱动用户使用时长进一步增加，其中，头部应用日均使用时长 30 分钟以上的用户占比超过六成。

# 10.4　抖音短视频营销

## 10.4.1　品牌账号打造

1. 品牌认证

营销人员可通过申请抖音官方认证，以自媒体认证、企业认证和机构认证的身份在抖音平台与抖音用户进行沟通，传递品牌理念，提高品牌短视频的识别度。其中，个人认证和企业认证可直接在手机上进行申请，个人认证适合账号主体为知名度较高的公众人物、领域专家和网络名人，企业认证适合账号主体为具有营业性质的企业或企业旗下的品牌；机构认证则需在 PC 端抖音官方网站进行申请，适合账号主体为国家机构、媒体及其他知名的非营利性机构。

在进行个人认证或企业认证时，营销人员须先登录抖音账号，完成一系列基本操作和设置，操作步骤大致如图 10-8 所示。

图 10-8　抖音官方认证步骤

已进行认证的抖音账号，拥有加 V 认证，搜索置顶权益。其中，加 V 认证是抖音平台对抖音账号身份真实性的确认，标志着该账号的可信度、权威性。个人认证为黄 V，企业认证和机构认证为蓝 V。搜索置顶权益是指用户在搜索品牌时，抖音会将已认证的加 V 账号显示在第一位。搜索置顶能够提高抖音账号的曝光率，为抖音账号带来更多关注。

除此之外，企业认证的机构还拥有全平台认证、权益转化、营销工具、粉丝管理和数据监测等多项功能特权。其中，全平台认证是指抖音短视频与今日头条 App 等保持身份和权益同步，同时拥有官方认证标识，使得不同平台的用户对品牌拥有同一认知；权益转化是指认证成功的账号拥有链接跳转和销售转化等服务，能够为企业带来更多展示机会和访问量；营销工具、粉丝管理和数据监测则是帮助企业进行抖音营销的分析工具。

2. 品牌文化

在打造品牌账号时，营销人员可通过将品牌文化融入短视频内容中，运用品牌文化的表达，缩短与用户之间的距离，提高用户的购买转化率。一般而言，品牌能够使用挑战赛和品牌拟人化等方式传播品牌文化。

1）挑战赛

挑战赛是由抖音小助手或品牌账号创建的挑战内容，营销人员可结合自身品牌文化的特点，发起短视频录制挑战，吸引更多用户参与，扩大品牌文化的传播范围。

2）品牌拟人化

品牌拟人化是常见的品牌文化传播方式，即营销人员结合品牌文化，以品牌的拟人形象与用户进行沟通，给用户留下深刻的品牌印象。

3. 品牌粉丝

粉丝是保持和提高品牌账号影响力的重要因素，品牌账号只有当拥有一定数量的粉丝后，才能通过与粉丝之间的互动，增强粉丝的黏性，达到更好的营销效果。下面将从互粉互赞、回复评论、抖音红包和粉丝痛点 4 个方面，对利用品牌粉丝提高品牌账号影响力进行介绍。

1）互粉互赞

这种方式是抖音账号快速吸引用户、吸引粉丝，并与粉丝进行互动的方法之一。互粉互赞能够让粉丝觉得自己被关注和重视，进而拉近其与品牌账号的距离，吸引更多用户的关注，获得用户的喜爱和支持。需要注意的是，互粉用户应该选择在抖音中较为活跃、自带粉丝数量的用户，品牌账号可以借助该用户的影响力，扩大自身账号的传播范围，以自身的短视频内容吸引更多用户，达到更好的营销效果。

2）回复评论

回复粉丝评论是常见的粉丝互动方式，有效的评论回复可以增强粉丝黏性，让品牌形象深入粉丝内心，强化用户对品牌的认识，吸引更多用户成为品牌粉丝。在对粉丝评论进行回复时，营销人员需要根据账号定位、品牌形象，斟酌用语，以强化用户对品牌的认知，完善品牌人格，确保互动有效。

3）抖音红包

红包能够调动粉丝的积极性，为抖音账号带来更多的关注度。抖音红包的领取，需要用户提前关注红包发送账号，能够增强用户参与活动的积极性，提高抖音账号的影响力。

4）粉丝痛点

抓住粉丝痛点，可以提高粉丝对抖音账号的满意度，增强粉丝黏性，提高粉丝的留存率。一般来讲，营销人员可以从情感化、细节化和换位思考的角度出发，抓住粉丝痛点。其中，情感化是指通过抖音账号注入情感，建立粉丝和账号之间的情感连接，将粉丝的情感共鸣转化为粉丝痛点；细节化是指抖音账号发布的短视频能够从细节上给予粉丝惊喜，满足粉丝的期待，给粉丝留下深刻印象；换位思考是指抖音营销人员从粉丝的角度出发，分析粉丝需求，根据粉丝喜好制作短视频，以满足粉丝需求，获得更多关注。

## 10.4.2　内容打造

在企业营销活动中，当短视频营销发挥着越来越重要的作用时，只有优质的内容才能帮助企业在抖音平台吸引更多的流量。特别是随着抖音平台的快速发展，入驻抖音的短视频账号越来越多，短视频的同质化程度也越来越高。因此，优质的短视频内容能够在很大程度上帮助企业抖音账号增强吸引力。下面将从内容创作方向、内容搬运和内容打造方法3个方面进行介绍。

### 1. 内容创作方向

利用抖音短视频进行营销时，营销人员需要选择适合的内容创作方向，结合自身账号的定位创作短视频内容，提高营销效果。抖音营销应先确定抖音短视频内容的目标用户群体，然后根据该群体的特征，构建常见的、有戏剧性冲突的场景，再从中选择合适的场景，对短视频内容进行创作。基于目标用户群体，从音乐、舞蹈、美妆、美食、草根文化5个方向，对短视频进行创作，下面分别对其进行介绍。

1）音乐

音乐类的短视频在抖音平台占了较大的比重。因此，音乐创意能够在抖音平台获得不错的营销效果。营销人员可选择音乐创作、歌声展示、弹奏乐器等多种手段，进行音乐类短视频的创作。例如，抖音账号"摩登兄弟"便是通过音乐创作成为抖音达人的。

2）舞蹈

在抖音平台，除了音乐类短视频，舞蹈类短视频也是吸引用户关注的重要方式。营销人员可以借助抖音特效、创意或电音、二次元等不同元素，打造独具特色的抖音舞蹈短视频，以获得人气。例如，抖音账号"代古拉 K"通过在抖音发布舞蹈视频，吸引了大量抖音用户关注。

3）美妆

作为能够提高用户"颜值"的化妆术，不管是在哪个平台，美妆都能够吸引相当多用户的关注。营销人员可从美妆教程、美妆好物、平价替代等不同的角度，进行抖音营销，吸引用户的注意。但需要注意的是，在推荐美妆用品时，营销人员应根据实际情况，将物品的优缺点及自身使用感受均表达出来，以供用户挑选合适的产品，而不应蓄意美化推销。

4）美食

食物作为人类生存的必需品，对于许多用户也极具吸引力。在利用抖音进行营销时，营销人员可以选择与美食相关的内容，通过美食推荐、美食制作教程，吸引用户的注意。

5）草根文化

草根文化可以理解为根植于民间的大众平民文化。营销人员可以通过观察生活的趣事，记录生活，将趣味性内容制作成短视频，发布到抖音平台，以拉近与用户的距离，建立更深层次的用户关系，积累粉丝数量，提高账号影响力。

2. 内容搬运

在抖音进行营销时，营销人员可以通过搬运有趣的内容，丰富抖音内容，以吸引更多用户关注。常见的内容搬运渠道有视频网站、微信公众号、影视剧和名人故事。

1）视频网站

营销人员可以在浏览视频网站时，将看到的有趣视频搬运到抖音上，分享给更多用户，但需要注意的是，该类短视频必须征得原视频作者的授权，才能进行搬运。

2）微信公众号

营销人员可以关注一定数量的微信公众号，将其作为自身的素材库，选择有趣的微信公众号文章内容，制作成短视频。

3）影视剧

常用的影视剧内容搬运方式有：剪辑精彩瞬间、分析剧情、影视解说、人物剪辑等。这类短视频可以借助影视剧的人气，为抖音账号带来关注度。

4）名人故事

通过讲述知名人士的故事，引发用户讨论，吸引用户关注。

3. 内容打造方法

进一步地，要打造优质的抖音短视频内容，了解并掌握一定的内容打造方法是极其重要的，以下将对优质选题法、合理代入法、四维还原法、直入主题法、情节反转法、嵌套故事法、现身说法和系列视频法 8 个内容打造方法进行介绍。

1）优质选题法

拥有良好的选题，可以使抖音营销达到事半功倍的效果。一般来讲，营销人员可选择痛点程度高、用户基数大的选题，并对其进行反复打磨和优化。首先，痛点程度高。选题的痛点程度决定了短视频的打开率，痛点程度应从用户角度出发，选择更容易引起用户共鸣的选题，为短视频内容吸引更多的关注。其次，用户基数大。选题的用户基数大小能够影响短视频的后期传播范围，基数越大的选题，短视频的传播范围越广。在进行抖音营销时，可以适当地选择更大众化的题目，作为短视频的主题，以快速积累粉丝数量。最后，反复打磨和优化。在选择短视频的主题时，并不是直接选择就可以达到很好的营销效果，营销人员需要对主题进行反复的打磨和优化，即在原始主题的基础上，不断地对其进行解析、细化，从中选择出更为优质的主题，再进行短视频的创作，这样才能打造出更吸引用户注意的短视频内容。

2）合理代入法

在创作短视频时，往往会对背景、场地等进行选择、布置，但如果每个短视频都使用新的背景、场地的话，不仅会使短视频的成本增加，还会使营销人员疲于准备。因此，可以合理利用同一背景、场地，将不同视频内容的场景带入其中，节省创作准备时间和成本。

3）四维还原法

四维还原法是指对爆款视频从内容、用户兴趣、用户群体和策划逻辑 4 个方面进行全方位模仿还原。这种方法可以借助爆款视频的热度，为自己的短视频提高曝光度，吸引更多用户的关注。其中，内容还原是指将爆款视频用文字从各方面进行描述，将其细节、信息等全方位记录下来，并进行展现；用户兴趣还原需要营销人员针对爆款视频的评论区进行分析，通过评论区中用户的评论，寻找用户对该爆款视频的兴趣点。用户群体还原是对评论区用户进行深层了解，营销人员需要分析评论区用户，解析用户群体的相关信息，确定视频的目标用户，为后期创作该类视频奠定基础，以便确定目标用户群体的兴趣点。策划逻辑还原需要营销人员揣摩爆款视频在构思视频内容时的想法，从视频出发，分析制作视频的思路，推敲其策划思路，为自身创作视频内容提供新的启示。

4）直入主题法

抖音以短视频为核心，其视频长度往往在 15 秒以内，要想吸引用户的眼球，就必须在视频的前 3～5 秒内，迅速引起用户的兴趣，因此，短视频的内容必须"短小精悍"，才能够在制作时更好地把握住时间和节奏。

5）情节反转法

该方法是指在短视频内容中，通过前后剧情的反转，产生对比、反差等，以造成喜剧效果或调动用户的情绪，吸引用户关注。常见的喜剧效果反转有：短视频前期，人物或动物给人一种凌厉的感觉，但画面一转，却突然变成蠢萌。调动用户情绪的反转有：短视频前期，主角遭受背叛，后期通过努力"打脸"背叛者。情节反转往往是通过用户期望的结局，满足用户的心理需求，以吸引用户关注账号；或通过意想不到的情节，为用户的生活带来乐趣，使用户愿意关注账号。

6）嵌套故事法

这种方法可以增加短视频内容的信息量，引导用户探究短视频内容细节，吸引更多用户参与讨论，为抖音短视频带来更多流量，扩大传播范围，增加影响力。在叙述故事时，可先制作整个故事的框架，然后找到故事的嵌入点，制作第二个故事的框架，并根据短视频的长度和内容深度，确定故事数量，将故事情节细化、完善，以丰富短视频内容，增加戏剧性。

7）现身说法

这种方法是指利用自身经历或真实处境进行创作，提高短视频内容的说服力以及可信度，增强传播效果。例如，定位于美妆推荐的抖音账号，可通过截取及加速视频的方式，将某底妆产品从上妆到睡前卸妆整个过程的持妆效果以短视频的形式展示出来，以证明该底妆产品持久的特点。需要注意的是，这种方法局限性较高，效果相对其他几种方法并不突出。

8）系列视频法

系列视频是指定位相同、短视频内容主题相同的视频。系列视频可以加深用户对抖音账号的印象，强化个人品牌，通过同一主题，收获对该主题感兴趣的忠实粉丝。营销人员还可以将同一系列的视频制作成合辑，以方便用户查看相关内容。

## 10.4.3　营销方法

1. 抖音推荐算法

抖音推荐算法是指抖音对平台上发布的视频进行自动分配精准流量的手段。通过算法机制，抖音能够让每一个产出优质视频的抖音账号具备与平台知名账号公平竞争的机会，可以控制各类低质量短视频的推送，进而不断淘汰低俗、劣质的短视频内容。抖音推荐算法可分为流量池、叠加推荐和热度加权。

1）流量池

在流量池内，不同视频作品拥有不同的曝光率。抖音系统会根据视频内容质量，给视频分配基础的曝光率。当视频点赞率、评论率和转发率达到一定程度后，系统会自动提高视频的曝光率。营销人员可通过完善抖音账号的基础数据，如绑定手机号、微博账号等，提高抖音官方推送概率。

2）叠加推荐

叠加推荐是指当视频达到一定数值基础后，抖音系统会自动判定视频受用户欢迎，进而对视频进行加权，提高视频的播放量。叠加推荐的重要考量因素包括点赞量、评论量、转发量、完播率等。

3）热度加权

热度加权各项数据的相对重要程度由高到低依次为转发量、评论量、点赞量。通常而言，一条热门视频的热度往往保持一周，周期较短。因此，为了不断获得热度加权，营销人员必须以较稳定的速度不断产出优质内容。

2. 建立营销矩阵

在进行抖音营销时，营销人员也可以通过注册多个抖音账号，联合多个账号的影响力，建立个人品牌。在利用相关抖音号进行推广时，营销人员需要注意以下 4 个方面。

1）抖音账号间定位不同

尽管不同抖音账号的营销人员或团队来自同一公司或机构，但是账号间的定位却不能相同，否则无法起到不同抖音账号之间互相促进粉丝增长的效果。除此之外，抖音账号定位不同，所能吸引到的用户类型也会不同，在进行互相推广时，起到的效果也会更好。需要注意的是，抖音账号的定位并不是必须完全不同，应至少在某个特定领域上不同。例如，某公司在打造美妆类抖音账号矩阵时，A 账号用于化妆品测评，B 账号关注美妆教程系列，C 账号可用于发布仿妆视频。

2）保持账号的稳定输出

在抖音主账号上对其他账号进行推广时，虽然可以将主账号的粉丝引流到其他账号上，利用这部分被引流的粉丝，使其他账号快速发展，但这些账号粉丝规模的增长并不能仅仅依靠主账号的不断引流。在利用主账号进行推广时，营销人员应注意推广的频率，并保证其他账号短视频内容的稳定输出，因为只有在通过短视频内容吸引粉丝、留住粉丝的情况下，账号才能更好地保持流量增长。

3）进行关联账号的联合营销

当其他账号借助主账号的推广成长起来后，这些账号就可以和主账号产生协同作用，提高整体账号的影响力。但并非任何类型的账号都可以和主账号产生协同作用。只有与主账号关联性强的账号，才能更好地与主账号形成内容矩阵，进行互相推广，吸引更多粉丝。

4）利用首页进行推广

抖音首页介绍不仅能够将账号定位、基本信息等展示给用户，还能够用于推广该抖音账号或其他抖音账号。但需要注意的是，利用首页介绍推广账号时，这个用于展示其他账号信息的抖音账号，必须拥有一定数量的粉丝，而且定位要足够清晰，能够使用户在第一眼就明白该账号的主要内容。在对其他账号进行介绍时，也应将账号信息简单明了地展示，以吸引用户的注意力。

3. 利用其他平台

企业要提高抖音账号的影响力，除了建立营销矩阵，还可以利用其他平台吸引用户关注自己的抖音账号，再通过优质的短视频内容，留住用户，形成忠实粉丝，增加抖音账号的粉丝数量。一般来说，常用的其他平台有音乐平台、视频平台、微博和微信。

1）音乐平台

抖音短视频往往需要借助符合短视频内容的背景音乐进行联合营销，因此，营销人员可在主流的音乐平台对抖音账号进行推广。一般来说，营销人员可通过发布抖音热门歌曲歌单、发布翻唱音频等吸引用户。需要注意的是，不管是通过哪种办法，都需要营销人员保持作品的活跃状态，这样才能留住粉丝。

2）视频平台

扩展阅读 10.2 "Mob 研究院" 2023 年短视频行业研究报告

营销人员可结合几个相同主题的、连续性的短视频制作为一个合集，发布到其他视频平台，以吸引该视频平台用户的注意；也可以在视频平台的热门视频、红人视频下方进行评论，推广自己的抖音账号。

3）微博

利用微博平台对抖音账号进行推广时，营销人员可利用与短视频内容相关的热门话题、超级话题，以及微博账号本身的影响力，将短视频内容扩散给更多用户，吸引用户的关注，并将其引流到抖音平台，成为抖音账号的粉丝。当然，营销人员也可以通过与定位相符的用户进行互粉的方式，增加抖音账号的粉丝数量。

4）微信

用于抖音账号推广的微信平台主要是微信朋友圈，营销人员可以将自己的抖音短视频发布到微信朋友圈中，吸引微信好友的注意，使其转化为抖音粉丝，但由于微信朋友圈只局限于微信好友的注意，其能够为抖音账号带来的粉丝数量往往受限。

## 本章小结

短视频营销是当前快速崛起的营销方式，可以通过短小精悍的视频内容，吸引潜在客户的眼球，提高销售量和品牌曝光度。了解短视频营销是学习新媒体营销非常重要的部分。本章首先对短视频营销基础知识进行了介绍，并详细描述了短视频营销的内容策划、运营模式及营销整合方式，然后基于抖音等短视频平台的营销活动进行了深入介绍，以使读者对于短视频营销产生较为完整的认知。

## 关键术语

短视频（Short Video）
算法推荐（Algorithm Recommendation）
个人 IP（Personal IP）
传播策略（Communication Strategy）
营销矩阵（Marketing Matrix）

## 课后习题

1. 短视频营销有哪些特点？
2. 请分别简述抖音、快手、西瓜视频等短视频平台的营销特色玩法及运营策略。
3. 短视频营销与传统营销相比，有哪些明显的优势？

## 即测即练

自学自测　　扫描此码

## 第 11 章

# 直播营销

## 学习目标

1. 了解直播营销的概念、特点及优势。
2. 掌握直播营销的策划流程和技巧。
3. 掌握直播风险的控制与防范。

## 案例导入

### "初代网红"直播首秀①

2020 年 4 月 1 日晚 8 点，被誉为"中国第一代网红"的罗永浩如期出现在了抖音直播间。罗永浩直播带货首秀大获成功，抖音官方发布的数据战报显示，整场直播持续 3 个小时，支付交易总额超 1.1 亿元，累计观看人数超 4800 万人，创下了抖音平台目前已知的最高带货纪录。

为了吸引网友的关注，罗永浩直播带货首秀向网友发送了总额为 70 万元的红包，并在最后宣传剃须刀时刮去了胡子，加之此前疯狂推广，可以说是做足了噱头。另外，在直播过程中，小米中国区总裁卢伟冰、搜狗 CEO 王小川也来到直播间互动，增加了人气。罗永浩直播首秀带货共涉及 22 个品牌，超 1.1 亿元的成交额也算是一个漂亮的成绩单。罗永浩做出承诺："早期我们只跟知名品牌合作，尽量保证不出现有问题的产品，万一出问题，也会优先确保消费者权益。"根据预告，罗永浩将以一周一次的频率在抖音上做直播带货。

立足互联网的直播形式由来已久，随着国内众多新媒体平台开通在线直播功能，网络直播快速成长为热门的营销方式。截至 2022 年，重点监测电商平台累计直播场次超 1.2 亿场，累计观看超 1.1 万亿人次，直播商品超 9500 万个，活跃主播近 110 万人。本章主要讲述直播

---

① 新浪科技. 罗永浩直播首秀成绩单：3 小时带货破 1.1 亿元 [EB/OL]. (2020-04-01) [2025-02-26]. https://tech.sina.com.cn/i/2020-04-01/doc-iimxxsth3150105.shtml.

营销的相关概念、开展直播营销的整体思路及直播营销的策划方法等。

# 11.1　直播营销入门

## 11.1.1　直播营销的概念

直播是指与广播电视节目的后期合成、播出同时进行的播出方式。"直播"概念由来已久，在以广播和无线电视为代表的传统媒体平台便已出现以访谈、晚会、竞赛、新闻等形式进行的直播。

广义的直播营销，指企业在现场随着事件的发生、发展进程同时制作和播出节目的营销方式。该营销方式以直播平台为载体，以达到品牌曝光度或产品销量增长为目的。

直播营销不断受到企业或个人关注，很大程度上归功于其具备的三个主要特点。

1. 即时性

直播可以同步看到事件的发生、发展和结果，第一时间反映现场的状态，为用户了解信息提供了直观、即时的方式。特别是对于投票、资讯、发布会等形式的直播来说，用户可以在了解最新进展的同时，参与同步互动。

2. 真实性

在直播过程中，企业可以将自己的生产、服务过程展示出来，更容易获得用户的信任。

3. 互动性

企业能够通过直播对商品和品牌进行深入、详细的讲解，同时可以安排专业人员回答互动区用户的提问，使用户的问题得到及时解决。用户之间也可以针对直播当中发现的问题进行发言互动，真正实现企业与用户、用户与用户之间的互动。

## 11.1.2　直播营销的优势

互联网环境下的直播营销，能够使企业以更低的营销成本、更广的营销覆盖、更直接的销售方式、更有效的营销反馈来达到更好的营销效果。

1. 更低的营销成本

传统营销的渠道主要有电视、广播、楼宇、展位等传播媒介，使用成本从几万至几百万不等，营销资源并不充裕的中小企业只能望而却步。直播营销的设备限制少、固定投入较低，直播场景可由企业自主建设，是目前成本较低的营销方式之一。尤其是对于个人电商而言，通过一部手机便能完成一次直播营销。

2. 更广的营销覆盖

对于一般的营销方式，用户在查看信息的同时需要自己在脑海中构建场景，而直播营销可以直接将产品的形态、使用过程等直观地展现给用户，将其带入营销的场景，达到全方位覆盖用户认知的效果。

### 3. 更直接的销售方式

直播营销可以更加直观地通过主播的说辞来传递各种优惠信息，同时在现场开展促销活动，极大地刺激用户的消费热情，提高营销的效果。

### 4. 更有效的营销反馈

在确定目标产品的前提下，企业开展营销活动的目的是展现产品价值，实现盈利。在这个过程中，企业需要不断优化产品和营销策略，对产品进行升级改进，使营销效果最大化。直播营销是强有力的双向互动模式，可以在主播直播内容的同时，接收用户的反馈信息，如弹幕、评论等。这些反馈中不仅包含产品信息的反馈，还有用户的现场表现，这也为企业未来开展直播营销提供了改进的空间。

## 11.1.3 主流的直播平台

### 1. 按照传播形式分类

#### 1）传统型直播平台

一般对娱乐和体育项目进行直播，即信号转播。实际上这是媒介融合的表现，传统的电视媒体将同样的内容转接到网络媒体上，观众在收看过程中仍不能与传播主体互动，与以往的电视并无本质区别。

#### 2）新型直播平台

将利用音视频录制、器材录制的现场情况转化成数字信号，通过计算机或手机上传至网络直播平台。这种直播平台具有强交互性，传播内容具有较高的双向流通性。具有实时、快速、内容多样化、表现形式丰富、交互性强、传播场景化、受众可划分等特点。

### 2. 按照传播内容分类

#### 1）娱乐内容类直播平台

内容主要包括秀场直播、户外直播等，以映客直播、YY 直播等直播平台为代表。这种直播平台运营成本较低，收益来源基本依靠观众打赏。秀场直播是网络直播发展初级阶段最重要的内容，一开始它相当于直播的核心内容。主播通过直播平台将自身某方面的长处展现给观众，吸引观众的关注并获取打赏。户外直播将观众带出直播间，走向室外，直播的地点也许是城市，也有可能是荒野。户外直播满足了观众的猎奇心理，或者做了一些观众想做却没有机会做甚至不敢做的事情；同时每天的户外直播内容也不尽相同，始终给予观众新鲜感，能够达到很好的节目效果。

#### 2）游戏内容类直播平台

游戏内容类直播平台一般是指具有游戏解说、评测、电竞比赛等内容的直播平台，以斗鱼、虎牙直播等平台为代表。以"交互"体验为核心，包括主播与观众的互动、观众与观众的互动。游戏内容类直播平台拥有高人气的主播以及无法取代的赛事资源，同时还有参与意愿强烈的观众，这是其他类型的直播无法替代的。

#### 3）电商类直播平台

电商类直播平台是近两年兴起的直播平台类型，一般内嵌于电商平台中，以淘宝、

京东、蘑菇街为代表。电商类直播是一种为了销售产品而将产品
的生产过程和使用场景直播给观众的直播类型，这类产品一般包
括电器、服装、箱包、彩妆等适合直播的产品。电商类直播能够
更为形象地将产品的功效和价值展现给观众，观众以此判断该
产品能否满足自己的需求。

扩展阅读 11.1《2023 年中
国直播电商行业研究报告》

4）企业类直播平台

这类直播平台是指为企业搭建专属直播间，提供视频直播渠
道以及服务的平台，以微吼直播、目睹直播、云犀直播为代表。企业类直播平台的应用
场景非常广泛，适用于产品营销、会议、典礼、企业年会、产品发布会、员工培训等与
行业相关的场景。

# 11.2 直播营销策划流程

## 11.2.1 确定目的

任何一场直播都必须围绕直播目的展开，直播团队可以通过产品分析、用户分析、
营销目标三个层面提炼直播目的。首先，直播团队通过产品分析梳理出产品的优势与劣
势，宣传产品优势，并尽可能避免在直播过程中暴露产品劣势；其次，直播团队应借助
用户分析挖掘用户需求，在直播策划过程中，围绕用户需求设计互动环节及主持人台词；
最后，直播团队在企业自身年度或月度目标中找到与直播契合的关键点。企业营销目标
通常包括整体目标、阶段性目标、市场目标和销售目标等，而直播团队无法只通过一场
直播就完成所有营销目标，因此需要在直播营销策划前，找到企业营销目标的某个点，
利用直播进行单点突破。完成以上产品、用户、目标三方面的梳理后，直播团队需要紧
密围绕这些要素，用简要的语言概括直播目的。

### 1. 产品分析

梳理出产品的优势和劣势。直播团队在策划直播主题时，可以从"产品形态与成分"
和"产品功能与效果"两个维度进行分析。产品形态与成分包括产品形状、产品尺寸、
主要结构、结构成分等。例如，护肤产品可能的优势在于"纯天然""植物精华"等。产
品功能与效果包括产品性能、容量、口味等。例如，美容产品可能的优势在于"美白"
"抗衰老"等。

需要强调的是，直播团队在进行产品分析并提炼优势时，必须结合"直播"的场景，
不能脱离直播进行产品分析，即在直播平台，这款产品有哪些优势？由于场景不同，同
样的产品特点，一定情境下线下的优势可能会成为其在直播平台的劣势。因而，直播团
队在进行产品分析后，需要提炼出产品关键词、产品亮点，在直播策划时将产品信息巧
妙融入直播环节，使届时观看直播的用户自然而然地接收。

### 2. 用户分析

企业开展直播营销需要对用户进行分析。用户分析主要由两个部分组成，包括用户

属性特征分析和用户行为特征分析。

1）用户属性特征分析

用户属性特征分析是用户分析的基础，用户属性主要由固定属性和可变属性组成。固定属性可视为伴随用户一生的固定标签，如"性别""出生地域"等。可变属性即短时间内用户保有的特定标签，如"婚姻状况""收入水平""受教育程度"等。

2）用户行为特征分析

直播团队策划一场优质的直播营销活动，需要分析用户的行为特征，然后反向模拟用户行为过程，并在用户的每一步行动中设计营销卖点。需要注意的是，这种用户行为特征分析特指直播情境下的用户行为特征。直播团队需要列出用户观看直播过程中可能涉及的一系列动作。此外，用户在互联网活跃的位置和状态会直接决定直播前期广告投放位置，用户的社会角色会直接决定直播的语言风格，主播通常会有不同的用词习惯和语言风格。

### 3. 营销目标

企业的营销目标往往不止一个，如年度目标、季度目标、月度目标等。这些目标不能简单地通过一场直播就全部实现。直播团队在策划直播时，需要找到各个营销目标与直播契合的关键点，然后通过直播将其逐步实现。直播团队在分析营销目标时，要尽可能做到明确、规范和科学，遵循 SMART 原则。SMART 原则如图 11-1 所示。

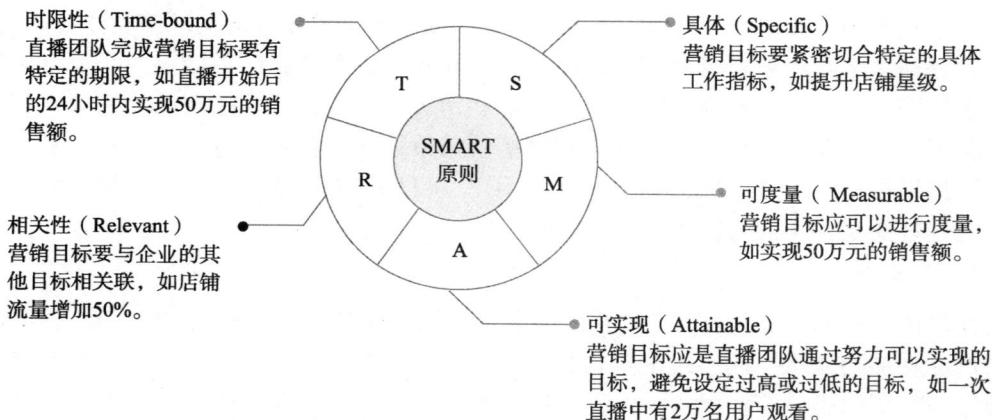

图 11-1　SMART 原则

## 11.2.2　策划脚本

### 1. 了解直播脚本的作用

脚本可以帮助梳理直播的流程，解决直播中遇到的一些问题和突发状况，能够帮助直播人员在遇到问题时根据脚本快速做出调整。同时，优质的脚本还能帮助直播获得更好的反响。其作用主要表现在以下方面。

1）梳理直播的流程

一份优质的直播脚本，有利于主播梳理直播活动的流程，把控直播活动的节奏。当

194

然，主播必须在直播开始前撰写好合理的直播脚本，只有做好充分的准备工作，主播才能熟悉直播活动的具体内容和直播产品的具体特点。

2）管理主播的话术

直播脚本能够较好地把控直播节奏，清楚地知道在什么时间段做什么、说什么，有哪些环节已经完成、哪些环节暂未实施。在明晰直播节奏后，主播便可将主要精力集中在直播话术上，使用各种衔接语句、话术完美地展现直播商品的卖点和促销活动的价值，提升直播营销效果。

3）总结直播的效果

主播下线并不意味着直播活动完全结束。直播活动的最终环节是复盘直播数据。直播营销脚本应在主播下播后呈现后台的直播数据，并在数据分析人员的支持下分析数据状态，从而挖掘本次直播活动的亮点，发现存在的一些薄弱环节。

2. 认识直播脚本的类型

对直播营销而言，直播脚本通常分为单品直播脚本和整场直播脚本。

1）单品直播脚本

单品直播脚本主要是指针对单个商品的脚本。从直播的实际情况看，由于一场直播一般会持续 2 个小时以上，大多数直播间都会推荐多款产品，所以应以单个商品为单位，规范商品的解说，突出商品卖点。因此直播会为一场直播制作多个商品直播脚本，每个脚本大多以表格的形式展现，内容包括产品品牌、产品卖点、促销活动信息、催单话术等。比如，服装产品的单品脚本，应当详细描述衣服的品牌、版型、尺码、面料、颜色、促销价格等信息。

2）整场直播脚本

整场直播脚本是以整场直播为单位，规范正常直播活动的节奏、流程和内容。整场直播脚本的要素主要包括：直播主题、主播、预告文案、时间、地点、商品数量、场控和直播流程（时间段）。

## 11.2.3  做好推广宣传

企业在对直播活动进行宣传推广时，可结合多种宣传方式，在多个平台进行宣传。一般来说，企业直播活动的宣传推广可分为线上宣传和线下宣传两个部分。

1. 线上宣传

线上宣传可分为广告宣传、软文宣传、视频宣传等。

1）广告宣传

广告宣传主要是企业利用官方平台，直接对直播活动进行宣传推广。常见的官方平台有企业官方网站、认证微博、官方微信公众号等，企业可直接在这些平台上将直播时间、平台、主题等信息展示出来。

2）软文宣传

软文宣传是指企业将直播活动信息植入文章中，通过文章吸引用户注意，最后引出直播信息的宣传方法。需要注意的是，软文需选择目标用户较活跃的平台进行投放，并且应该在文末引导用户关注直播间。

3）视频宣传

视频宣传是指企业通过宣传片形式，对直播活动进行宣传推广。这种方式能够较好地吸引用户注意，实现更好的宣传效果。

除此之外，企业还可以通过问答平台，在回答用户问题时，对直播活动进行宣传；或者通过直播平台的"推送""提醒"等功能，将直播活动信息传递给直播间的粉丝，进行预热。

2．线下宣传

企业可在线下门店、体验店、专卖店等，以发放海报、宣传单等方式，借助直播活动的亮点环节或优惠策略等，对直播活动进行宣传推广，吸引用户了解直播活动。但需注意的是，在线下进行宣传时，线下工作人员应该充分了解直播的流程，以便对用户进行介绍。

## 11.2.4　筹备直播活动硬件

目前主流的直播设备分为手机和电脑，其中手机在美妆、户外、吃播等方面的直播中使用频率高、范围广，而电脑则往往用于游戏直播等。下面将分别从手机和电脑两个方面介绍直播设备。

1．手机直播设备

1）智能手机

用于直播的手机需要有较高的 CPU（中央处理器）配置、较好的摄像头以及较大的内存，以保证直播画面的清晰和流畅。

2）网络连接

直播过程中，无论是室内直播还是室外直播，都应该保证无线 Wi-Fi 或随身移动 Wi-Fi 等网络信号流畅。

3）电容麦克风

电容麦克风可以避免普通麦克风收音延迟、收音范围小、灵敏度低及音质差的缺点，能够使用悬挂架吊在高处，避免遮挡直播画面。

4）声卡

声卡分为外置声卡和内置声卡，外置声卡可以防止电磁干扰，其音质更佳，但内置声卡由 PCI 或 PCI-E 接口供电，在传输方面更为专业。使用手机进行直播时，主播需要配备外置声卡。

5）监听耳机

监听耳机能够使主播监听自己的声音，还能避免公放或音响的声音产生噪声污染。目前市场主要以半封闭、全封闭和入耳式三种耳机为主。

6）补光灯

补光灯能够对主播的面部进行打光，一般为 LED（发光二极管）暖灯或暖白灯，主播可根据常用直播地址的光线选择补光灯。

7）手机支架

手机支架能够固定手机，调节主播与摄像头的距离。一些专业的直播支架还能够连接不同的直播设备。如果是一些生活类的室外直播，主播可选择自拍杆作为手机支架。

2. 电脑直播设备

利用电脑进行直播营销，需要准备以下设备。

1）电脑

例如在游戏直播中，需要购置 CPU 和显卡要求较高的电脑，其他类型的直播，则可相对降低电脑配置。需要注意的是，如果是笔记本电脑，其屏幕尺寸应在 15 英寸以上，这样才能更好地显示直播间信息。

2）摄像头

常用摄像头包括高清摄像头和美颜摄像头两种，高清摄像头拍摄清晰，细节还原度高，也更真实；美颜摄像头大多自带快速自动美颜功能，这类摄像头操作简单，能够对主播的面部进行快速美化。

3）麦克风支架

麦克风支架是用于支撑麦克风的工具，主播可根据自身需求选择是否购买。除此之外，在用电脑进行直播时，电容麦克风、监听耳机和补光灯也是必要的，声卡可只选择内置声卡，外置声卡则根据主播需求选择是否购买。

# 11.3 直播营销的重要技巧

## 11.3.1 打造个人 IP

互联网背景下的直播营销，通常依靠自媒体形式将个体包装为网络达人，进而通过网络影响力创造价值。这些网络达人依赖自媒体渠道不断提高个人影响力，再通过不断的内容输出打造具有鲜明个人标志的个人品牌，积累庞大的粉丝群体，最终为直播营销提供流量和商业变现。无论依托于哪一类型的自媒体进行直播营销，只要能够坚持提供高质量的内容服务，营销人员就可能打造出个人 IP。

## 11.3.2 预热及维护直播间氛围

优质的直播预热不仅能调动直播间气氛，更能展现主播风采、赢得观众认可；而一个糟糕的开场，能将直播间气氛降至冰点，让观众从一开始就对直播失去兴趣。因此，直播的开场要尽可能引发观众的兴趣，调动观众的积极性，特别是可以抛出一些直播的亮点，引导观众邀请亲朋好友进入直播间。因此，一场直播的开场的首要目标就是引发观众的兴趣，尽可能让更多人看到直播。常见的直播开场预热方式有直白开场、提问开场、故事开场、任务开场和福利开场等，直播开场预热方式如表 11-1 所示。

表 11-1　直播开场预热方式

| | |
|---|---|
| 直白开场 | 直接告诉观众直播的相关信息，包括主播个人信息、直播主题、时长、流程等；或者在开场中提前介绍直播中的精彩环节，如才艺、抽奖、彩蛋、发红包等，吸引观众 |
| 提问开场 | 主播在直播开场时通过提问的方式了解观众，增强观众的参与感。一方面，这可以让主播更快地了解观众的喜好，更好地调整直播内容；另一方面，提问可引导观众思考与直播相关的问题 |
| 故事开场 | 相较于枯燥的开场白，故事开场更具有趣味性，更容易让观众产生兴趣；而且，故事开场可以将观众带入直播所需的场景，能更好地开展接下来的直播环节 |
| 任务开场 | 主播在直播开场时给观众一个小任务，通常这些小任务伴随奖励，主播可以让获奖的观众提出要求，或者向其赠送小礼品等 |
| 福利开场 | 福利开场是速度最快、活跃气氛最有效的方法，许多带货主播在开场过程中，经常使用抽奖方式，充分调动观众的积极性，包括安抚其他刚进入直播间的观众的情绪 |

### 11.3.3　吸引和维护粉丝

#### 1. 直播互动四象限

直播营销的即时性和参与性使得营销活动更具交互感。用户能够发弹幕与主播互动，发表评论。毫无互动性的直播，会导致用户流失，直播效果自然会受影响。直播活动中的互动由发起和奖励两个要素组成。其中，发起决定了互动的参与形式和玩法，奖励则直接影响互动的效果。直播活动的互动分类如图 11-2 所示。

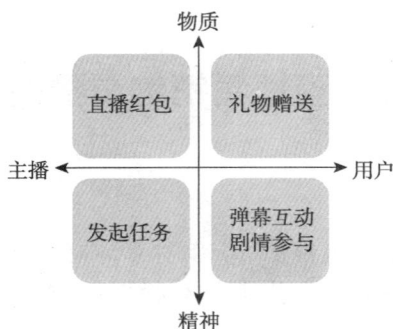

图 11-2　直播活动的互动分类

图 11-2 中所示横轴为发起轴，纵轴为奖励轴，由发起轴和奖励轴分隔出四个象限，包含了直播互动维护和吸引粉丝的四大策略。首先，第一象限（右上角区域）代表用户发起互动，以物质作为奖励。用户通过直播平台的礼物系统，送给主播礼物，礼物形式根据平台而定。其次，第二象限（左上角区域）代表主播发起互动，以物质作为奖励。主要以直播红包的形式现场赠送红包或抽奖后快递寄送等价礼物。再次，第三象限（左下角区域）代表主播发起互动，给用户某种精神奖励，主播可以在直播中邀请用户一起完成某项任务，用户完成后，主播统一授予用户某种称号等。最后，第四象限（右下角区域）代表用户发起互动，给主播某种精神奖励。在直播中，用户通过弹幕参与讨论，通过与主播共同设定剧情参与直播的下一步开展，以及具有代表性的用户对主播或主办

方给予支持等，都足以说明用户良性的参与和互动对直播活动大有裨益。

**2. 直播互动的方式**

直播活动的过程主要是对直播内容的详细展示，除了全方位、详细地展示产品信息外，还可以展示一些互动活动，如弹幕互动、参与剧情、连麦互动、发起任务等。

1）弹幕互动

弹幕是一种在直播中以字幕形式呈现的评论，与直播内容同在一个页面中。弹幕实时在直播页面中呈现，用户在观看直播时能够看到其他用户和自己发送的弹幕。弹幕往往针对直播内容进行情感抒发与交流互动，比较短小精悍，但是能比较准确地表达意思，形成影响力和促进情感交流。

直播弹幕更进一步，不仅提供了即时反馈、实时互动，好的弹幕还会使内容得到升华，并且快速传播，形成一个新的宣传阵地。因此，主播在直播时要多看弹幕，在弹幕中寻找话题，借此开展互动。主播可以围绕某个用户的留言、评论、所提的问题进行回应，以促进用户讨论。

2）参与剧情

参与剧情通常适合户外直播，通过邀请网友参与直播内容的下一步策划与执行，增强用户的参与感，同时还能借助用户的创意增加直播的趣味性。若采纳了用户的意见，可以给参与的用户一些奖励，提高用户的积极性。例如，一些主播在直播时，会征询粉丝意见，选择热度较高的建议，进行下一步活动。

3）连麦互动

连麦是当前直播互动的有效方式之一，特别是与主播现场连麦，在一定程度上可以为自己带来人气。直播连麦的主要作用是通过互动来提高直播间的人气，有效增加双方直播间观看、互动和停留人数。

主播和观众进行连麦互动，一方面能够给观众带来更直接的参与感，有利于提高直播平台用户活跃度和增强用户黏性；另一方面可以让观众根据自己的关注点就有关商品进行提问，为观众塑造临场感，激发观众的购买欲望。

4）发起任务

在直播中发起任务是指让用户按照指定的方式，在指定的时间内完成一系列任务的行为，如邀请用户进入一个微信群，在微信群中讲述自己的故事；邀请用户在某个帖子或微博下评论；号召用户一起做出与主播相同的动作，并分享到社交媒体等。发起任务可以快速把用户聚集起来，形成合力，给用户带来成就感和满足感。

## 11.3.4 构建直播间场景

在对直播活动进行宣传推广时，企业应该针对直播活动需要用到的场地、背景等进行准备，避免直播时间临近而未做好充分准备的窘迫局面。直播场地一般分为室内场地和室外场地，企业可根据直播活动主题及需求进行选择。

**1. 室内场地**

室内场地包括办公室、发布会、直播室等，适合产品体验、培训、见面会等直播主题。室内场地需要根据企业的营销目的，进行简单装修，以增强直播间氛围，提高效果。同时为了保证直播的收音效果，直播现场应保持较为安静的状态或减少现场人数。

2. 室外场地

室外场地包括广场、公园等，企业可根据直播活动的特点来选择具体场地。

### 11.3.5　关注重要信息点

直播与互联网录播节目或网络视频不同，直播完全即时地呈现在用户面前，主播任何不当的动作或不合时宜的表达，都会被用户发现。一场精彩的直播活动，主要需要注意以下 3 个方面的重要信息点。

1. 反复强调营销重点

直播活动的即时性和流动性使得在直播时间段内都有可能进入新用户，为使用户了解直播的目的，主播应注意强调营销信息的重要内容，如品牌、产品、价格、活动时间等。

2. 增加互动，减少自娱自乐

直播不是单向沟通，用户希望主播予以回应，主播也需要多利用过渡性的语言进行引导。一场直播活动往往会持续 2~3 个小时，大部分用户会因为时间太长而失去看完直播的耐心，此时，主播需要增加和用户互动的频率，调动直播的气氛，使用户感到有趣，从而坚持观看下去。

3. 掌握直播节奏

在直播过程中，用户发布的评论往往是不可控的，尤其是部分用户对主播的指责、批评是无法避免的。这要求主播掌握好直播的节奏，有选择性地与用户互动，积极回应用户的表扬；对于用户善意的建议，酌情采纳；对于正面的批评，主播可以幽默化解或坦荡认错；对于恶意攻讦，主播应不予理会，避免影响自己的直播状态。

## 11.4　直播营销注意事项

### 11.4.1　选品技巧

1. 垂直账号定位选品

直播营销团队应该根据账号定位去选品。比如，美食类型账号，选品可以选择一些美味的小零食等；宠物类型账号，可以选择有关宠物的商品，比如猫粮、狗粮、宠物小零食等。这意味着不管是达人主播还是商家主播，选品都要与主播的人设标签相匹配。

此外，应对用户负责，主播在直播间推荐商品之前，最好亲自使用一下自己准备推荐的产品，这样才能够确保其产品性能实至名归，可以满足用户需求，并可以给用户讲解使用经验等。在原本不熟悉的产品领域，主播更要事先对商品性能、使用方式有所了解，以规避直播过程中可能发生的失误。

## 2. 选择性价比高的产品

选品需要重视产品的性价比。第 45 次《中国互联网络发展状况统计报告》数据显示，全国 72.4% 的网民（约 6.5 亿人）月收入不足 5000 元，这意味着直播营销面对的绝大多数用户群体非常关注产品的价格与质量的平衡。选品的性价比应体现在：第一，价格亲民；第二，符合顾客实际需要；第三，产品质量好、评价高。如日常生活类产品价格最好在 50 元以下，价格可以是 9.9 元、19.9 元、39.9 元，突出商品的性价比。

## 3. 应季热销产品

选品应该关注不同产品的使用季节。每个季节对应的选品重点不同，直播团队可以选择每个季节所对应的必需品，比如，夏天选择颜值高又便捷的遮阳伞、小风扇，冬季选择防寒保暖的羽绒服等衣物。

## 4. 复购率高的产品

复购率较高的产品通常具有较高的使用黏性，比如纸巾、洗脸巾等，这些属于高度垂直的基础关联产品，一旦某些产品成为用户的习惯性需求，就会形成持续性购买。

## 5. 生活必需品

选品应当重视如牙膏、毛巾、洗漱用品等生活必需品。尽管这些产品的售价可能相对较低，但是受众人群广，极为庞大的市场需求构成了稳定的市场规模。而且，选品搭配生活必需品往往能够帮助直播增加流量。

## 6. 其他平台的热销产品

选品可以关注电商平台如淘宝、天猫、京东等销量火爆、好评率高的产品，因为这些产品的持续热销代表着用户的认可和市场占有率。

## 11.4.2 突发情况应对

由于直播直接将现场情况呈现在用户面前，没有后期剪辑和加工，因此企业在进行直播前，必须做好突发情况应对方案。否则一旦出现失误，不仅无法达到营销的目的，反而会损害企业的市场形象。

在直播前，企业必须对以下几个方面的突发情况充分注意。

## 1. 环节设置

企业策划直播营销活动时，必须对各个环节进行反复推演，尤其是涉及"转发抽奖""扫码领取红包"等环节时，应采取措施防止奖品或红包被恶意领取，导致大量用户无法获得，从而引发用户争议。

## 2. 软硬件测试

为了达到良好的网络直播效果，企业需要在直播前对所有相关软件、硬件进行反复排查和测试。一方面，需要熟悉直播软件的使用及各环节软硬件的配合，防止操作失误；另一方面，需要对网站、服务器进行反复测试，防止由于大批用户涌入而造成服务器瘫痪。

### 3. 主持词审核

现阶段直播平台用户规模不断扩大，直播平台已成为用户进入社交、娱乐等场景的重要入口，因此相关部门也开始对此进行重点管理。企业方面则必须对主持人或主播的主持词进行严格审核，防止由于主持人或主播"信口开河"而违反相关规定甚至违反法律。

### 4. 弹幕监控

通常主持人或主播的发言可以被提前审核，但直播现场用户发表的弹幕无法在直播前进行预估，只能依靠现场管理。企业在直播平台通常可以设置"房管"，直播间主播发言的同时，房管能够监督用户发表的弹幕，对于发表不当言论的用户，可以禁止其继续发言。

### 5. 侵权检查

企业直播营销通常需要物料支持，包括背景板、贴图、玩偶、吉祥物等。对于此类物料，企业在直播前必须仔细检查，防止使用涉及版权保护的物料，引发官司。企业在直播营销开始前，必须检查平台资质，否则无论企业直播营销的策划多优质，都会因直播平台本身的违规而导致直播关闭。

## 本章小结

直播营销能够更加立体地展现品牌文化和产品形象。本章通过分析直播营销的优势，介绍了不同类型的直播营销平台，展示了直播营销的策划流程和运营技巧，呈现了直播营销应注意的事项和风险防范措施，帮助读者了解和掌握直播营销的基础概念及实践知识。

## 关键术语

直播平台（Live Streaming Platform）
主播（Anchor）
公会（Guild）
流量池（Traffic Pool）
互动（Interaction）

## 课后习题

1. 直播营销是什么？有哪些特点？
2. 直播营销的优势有哪些？
3. 简述直播营销活动的主要流程。

4. 直播营销有哪些重要技巧？

5. 直播营销中有哪些注意事项？

即测即练

自学自测  扫描此码

# |第 12 章|
# 其 他 工 具

## 学习目标

1. 了解搜索引擎营销的概念、优势和模式。
2. 掌握问答平台的分类、特点，了解典型的问答平台。
3. 了解 App 营销的概念及特点和模式。

## 案例导入

### "热媒体" 正在崛起①

随着收听播客日益成为年轻人的生活方式，在喜马拉雅，播客主通过声音，在通勤、开车、家务、休闲、运动、睡前等诸多场景陪伴人们的生活，与他们的听友们建立了紧密的情感连接。

喜马拉雅和播客主用声音开启了一种全新的"种草"方式，将品牌与用户的沟通拓展到音频播客领域。这种互动方式让消费者更加贴近生活，让他们在购物决策中获得真实而有价值的产品推荐。例如一次"618 夏日好物节"活动吸引了超过 300 万听众的参与，15.8 万听众在活动中表达了自己的生活态度。

《末日狂花》是喜马拉雅上一档新播客，聚焦都市女性消费议题，三位播客主通过内容积攒了一批高黏性女性听友。在此次喜马拉雅 618 播客种草活动中，《末日狂花》一期节目带货金额约 18 万元，上线当天即突破 10 万元。同时，其种草商品均来自喜马拉雅商城，完成了播客内容创作、播客种草转化在喜马拉雅站内的路径闭环。

当耳朵被用于"专注感知"时，声音媒介（比如播客）被定义为"热媒体"，因为这时大脑需要调用更多注意力去理解并获得共鸣，因此造就了声音媒介在品牌传播中的巨大潜力和优势。有意思的声音、有深度的内容……在喜马拉雅，越来越多的播客正在通过别具魅力的声音强化"听觉针"效应，通过优质的内容输出，加深品牌信息触达用户的深度，进而赋予品牌更大的商业化增长空间。

---

① 中国商务网. 年轻人在喜马拉雅边听边买，播客成为营销种草新方式[EB/OL]. (2023-06-21) [2025-02-26]. http://business.china.com.cn/2023-06/21/content_42418724.html?f=pad&a=true.

# 12.1 知识分享类新媒体

## 12.1.1 搜索引擎

随着我国互联网的发展和网民的增加，搜索引擎已经成为人们生活和工作中不可或缺的互联网工具之一。它在帮助人们快捷方便地找到所需信息时，也逐渐受到企业的青睐，并成为企业进行品牌推广和产品销售的一种重要途径。

### 1. 搜索引擎营销的概念

作为一种新兴的营销模式，"搜索引擎营销"的概念最早是由 GoTo 公司提出的。从用户的角度来说，搜索引擎营销是指根据用户使用搜索引擎的方式，利用用户检索信息的机会，尽可能地将营销信息传递给目标用户。从企业的角度来说，搜索引擎营销是指企业通过提升企业网站的自然排名、推出付费搜索广告等与搜索引擎相关的行为，使企业网站在搜索引擎上显著列示的营销手段，其目的是吸引目标用户访问企业网站。实务界一般将搜索引擎营销视为网络营销的重要组成部分，通过页面优化和投放广告来提升企业网站在搜索结果页面中被用户关注的概率。我们认为，搜索引擎营销就是企业网站通过改变自身在搜索结果页面中出现的位置，利用搜索引擎推广产品或服务的营销活动。

### 2. 搜索引擎营销的优势

搜索引擎营销的迅速发展源于其独特的优势，具体包括以下 4 个方面。

#### 1）受众广泛且精准

将搜索引擎作为一种营销工具的原因在于搜索引擎对潜在用户的吸引力。除了庞大的潜在用户群，搜索引擎营销最大的优势是受众的精准性。在搜索引擎营销模式中，用户是主动搜索相关信息的，这些用户比传统营销模式中的用户更有可能转化为消费者。用户在搜索时所使用的关键词反映了他对某种事物或者某个事件的关注，这种关注正是搜索引擎的价值所在，也是搜索引擎营销存在和成长的关键。

#### 2）方便快捷

激烈的市场竞争使得企业分秒必争，早一步行动就可能为企业带来巨大的利润空间，搜索引擎营销也正是以其高速的特征而得以发展。搜索引擎营销的做法是在编辑好相关的广告内容和选择好关键词后，就可以为这些关键词购买排名，用户在搜索这些关键词时就会看到排名靠前的企业的营销广告链接。在向搜索引擎提交竞价广告时只需要填写一些必要的信息，如企业及其账户的信息、关键词及其描述和落地页等即可发布。只要事先准备好，这个过程只需要几个小时，甚至几分钟。

#### 3）投资回报率高

很多企业倾向于使用投资回报率来评价营销活动的效果，即目标是用最少的钱达到最好的宣传和推广效果。搜索引擎营销是迄今为止效果最好、投资回报率最高的营销模式。搜索引擎营销的投资回报率高还体现在竞价排名按照每次点击付费，这些都是在用户产生兴趣之后产生的费用。在这个过程中，用户的点击行为是实际发生的，并不是预测得到的。

4）可控性强

搜索引擎营销的可控性主要体现在 3 个方面，即对广告内容、广告时间和广告成本的控制。首先是广告内容，它是由搜索引擎广告主自己控制的，广告主有修改和优化广告内容的权限；其次是广告时间，广告主还可以选择一天内最合适的时间来投放自己的广告；最后是广告成本，广告主花在搜索引擎营销上的成本可以简单地由点击量和每次点击付费的价格得到。广告主如果发现在搜索引擎营销上所花的费用已经超过预算，就可以立即停止投放广告，减少损失。

3. 搜索引擎营销的模式

搜索引擎营销的模式大致可以分为 4 种：搜索引擎优化、关键词广告、搜索引擎登录和竞价排名。其中关键词广告、搜索引擎登录和竞价排名属于付费搜索引擎营销。

1）搜索引擎优化

搜索引擎优化是指通过了解各类搜索引擎如何抓取互联网页面、如何进行索引以及如何确定其对某一特定关键词的搜索结果排名等技术，来对网页进行相关的优化，提高企业网站在搜索结果页中的排名，从而提高网站访问量，最终提升网站的销售能力或宣传能力的技术。搜索引擎优化又可细分为网站内容优化、关键词优化、外部链接优化、内部链接优化、代码优化、图片优化等。搜索引擎优化的应用不仅能让网站在搜索引擎上有良好的表现，还能让整个网站看上去高效简洁，从而使目标用户能够直奔主题，发挥出最佳沟通效果。

2）关键词广告

关键词是指用户在搜索信息时使用的特定的词。关键词一般可分为品牌关键词和属性关键词两种。品牌关键词包括企业名称、提供的产品或服务的名称等。属性关键词则是企业产品或服务的卖点和企业的宣传口号等。关键词就好比搜索引擎营销的心脏，一个好的关键词可以为企业带来大量的流量和潜在用户，但一个不好的关键词也可以耗尽企业的营销成本。

关键词广告是指在搜索引擎中相关关键词的搜索结果页面显示广告内容，实现精准定位投放，企业可以根据需要更换关键词，相当于在不同页面轮换投放广告。

3）搜索引擎登录

搜索引擎登录是早期搜索引擎营销的重要内容。付费进入搜索引擎的索引库，就能保证站点的网页被搜索引擎搜索到。搜索引擎登录并不能保证网页在某个关键词的搜索结果中获得很好的排名，但是能使站点获得良好的可见性，站点内容得到更全面的展示。从长期来看，如果广告主购买数量相同的关键词，希望获得近似的广告排名，那么搜索引擎登录比竞价排名更经济一些。搜索引擎登录分为免费和付费两种，但是现在提供免费登录服务的网站比较少。

4）竞价排名

竞价排名是目前搜索引擎营销中最常用的模式。竞价排名是指企业为某个特定的关键词设定一个价格，从而获得较好的位置排名。事实上，获得较好的排名是搜索引擎营销的最终目的之一。竞价排名既可以快速又经济地评估广告宣传的效果，又可以快速更新、终止等。这种模式受到了企业极大的欢迎，百度也正是依靠提供竞价排名服务而迅速崛起的。

### 4. 典型搜索引擎——百度知道

2005 年 11 月，百度知道正式发布，其宣传口号是"总有一个人知道你问题的答案"，充分体现了知识共享的价值。百度知道可以看成对百度搜索引擎的补充。以往的搜索引擎只能提供已经存在的知识，而百度知道可以把人们头脑中的知识变现，并被其他用户进一步搜索和利用，实现了用户与合作网站等多方利益的共赢。百度知道 App 分为问答、视频、直播和日报等板块。

#### 1）问答

问答属于百度知道的基础板块。问题被提交到百度知道平台上，其他用户就可以进行回答，平台将回答者提供的答案反馈给提问者。提问者如果对答案不太满意，可以追问或者继续等待其他用户的回答。若在一定的有效期内没有获得满意答案，提问者可以通过追加悬赏分的方式来继续阐述问题，进行追问。获得满意答案后，提问者选取最佳答案并通过追加悬赏分和评语的方式感谢最佳答案的回答者，相应的问题回答者将获得相应的奖励即提问者提供的悬赏分，并且问答会进入平台中，供其他用户浏览。

#### 2）视频

在进行软件功能设计时，百度知道更倾向于提高用户使用软件的频率，增强用户黏性。参考抖音吸引用户的方式，利用瀑布流的浏览方式使人们在平台上停留的时间更长。百度知道在视频板块主要采用了短视频的呈现方式，内容包括教育科学、社会民生、体育运动、医疗健康、商业理财、文化艺术、游戏、娱乐休闲等。这一板块的内容与问答没有太大的联系，主要是各种生活情境下信息的输出。

#### 3）直播

直播是对文字问答的一种补充，也是培养社区知识"网红"的一种方式。直播往往可以比文字传达出更多的信息量，具有更高的沟通效率。直播分为视频和音频两种，在百度知道平台中，音频直播占比更高。但音频直播不会显示讲义或其他与流程结构相关的内容，听众容易对知识结构产生混淆，并产生理解误差，因此需要主播遵循一定的知识传播方法，并拥有强大的控场能力。在直播的过程中，主播可以通过与用户互动来了解用户想知道或没听懂的问题，并进行更加详细的讲述。通过这种方式，主播可以展现自己的专业技能，逐渐在平台中树立自己的专业形象，并成长为知识"网红"。

#### 4）日报

日报板块是对百度知道在线问答结果导向的补充。与微信公众号的推文类似，日报一般由专业团队进行知识的汇总和输出，以文章的形式对热点问题进行全面的介绍与分析，质量普遍高于一般的问答。这种知识分享方式不仅可以吸引更多用户，提高软件的使用率，还可以有效提升平台质量，完善平台形象。

## 12.1.2 问答平台

随着我国网民数量的不断增加，通过网络渠道获取的知识量相较于其他渠道所占的比重越来越大，并利用互联网技术实现了跨地区传播。互联网不仅增加了信息含量，也改变了知识传授双方的角色。受众既是知识的接收者，也是知识的传播者，集体的智慧得到了充分的发挥。知识问答平台的出现不仅解决了知识获取问题，实现了互联网的社交属性，还打破了传统的信息传播模式。在这种时代背景下，知识问答平台以传播知识、共享知识为主要目的，逐渐发展起来。

### 1. 问答平台的分类

#### 1）按照平台分类

按照平台类别可以将问答平台分为 3 类：网页版问答平台、社区化问答平台、客户端问答平台。

网页版问答平台是最早的知识问答平台，主要代表有百度知道、新浪爱问等。用户可以在网页端完成问题的提问与解答，也可以通过在网页中搜索关键词找到相关问题的答案。这种中心式的信息传播模式，在一定程度上提高了知识的曝光率，可以有针对性地解决用户的不同问题。但网页版问答平台缺少分享与传播方面的鼓励，传播者与接收者之间的互动较少，知识的传播范围有限，传播速度缓慢。

社区化问答平台是互联网领域的一个创新应用，主要代表为知乎、Quora 等。作为一个公共的知识平台，社区化问答平台通过关注话题、问题以及用户的所有问答来获得问题的最佳答案和全面的相关知识，并利用信息聚类使用户建立社交关系。除此之外，平台的讨论区能够提高知识问答内容的专业度，鼓励式的分享按钮扩大了知识的传播范围。通过社区里用户的多次传播，平台逐渐形成网状的信息传播模式，信息传播速度明显加快。

客户端问答平台是指通过客户端进入问答界面进行问题的提出与讨论，主要代表为喜马拉雅 FM、分答等付费语音或视频 App。客户端问答平台依托"大 V""网红"、业内知名人士等的吸引力来进行知识传播与分享，用户通过付费方式获得知识，具有很强的明星与红人效应。用户长期在互联网上是以免费的方式获取知识，其问答的随意性会导致知识信息在一定程度上良莠不齐、真假混杂。同时，用户对于高质量知识的需求也在不断增加，并愿意通过付费的方式获得自己想要的高质量知识，由此产生了知识付费模式。这种以客户端形式出现的知识付费问答平台在知识传播方面优于其他两类平台，并且在吸引用户的参与和知识的传播方面都具有重要的贡献。

#### 2）按照终端分类

按照终端分类，问答平台可分为 PC 端与移动端两类。PC 端问答平台是移动端问答平台的基础。两种问答平台在互动模式、知识信息的传播模式上都具有高度的相似性。可以说，高速发展的互联网技术将问答平台整体迁移到移动端。除此之外，移动电子设备的出现打破了信息传播空间与时间的界限，移动端问答平台使问题的提出与回答都变成即时性的操作。随时随地解答用户提出的问题，对于问答平台来说是一个新的进步。语音问答是移动端特有的问题回答形式，根据移动端的特点，将更加便捷的语音载体作为问答基础，便于用户在任何情况下接收知识信息。

### 2. 问答平台的特点

#### 1）开放性

问答平台的参与门槛较低，只需要拥有终端设备以及基本的网上操作技能就可以进行知识的获取和分享。各行各业的用户不论身在何处，只要掌握某个方面的知识和经验就可以在问答平台上发表自己的看法。这打破了传统媒体时代知识的传播和分享被少数人垄断的现象，具有一定的开放性。

2）包容性

问答平台具有一定的包容性，用户可以对自己感兴趣的各类话题进行探讨，既可以探讨工作和学习中遇到的问题，也可以探讨家庭关系、社会关系中的各种问题；既可以探讨与娱乐圈相关的问题，也可以探讨国内外的各种事情；既可以探讨文学小说，也可以探讨科幻小说。用户在平台上可以畅所欲言、各抒己见。

3）互动性

互动性是互联网新媒体区别于传统媒体的又一大特点。随着科技的发展，互联网提供了用户表达自己看法的途径，人们也愿意与持有不同观点的人进行沟通和交流，以此强化自身对社会、对世界的认知。同时，一个专家发表的深刻见解能够引来与他有共同专业知识和背景的人的关注，能够帮助他结交到志同道合的朋友，或者认识日常生活中接触不到的人。

用户在问答平台上提出问题后，其他用户可以对此进行回答，同时也可以点赞、评论和转发。这种高互动性的交流方式可以促进话题的深入探讨，并集合众人的经验与知识储备，对某一话题进行多角度分析，实现知识共享和价值共创。不仅如此，很多问答平台具备的直播、私信等功能，也大大提高了互动程度。在直播中，用户可以实时提出问题与主播进行沟通交流。

4）专业性

各类问答平台都有一大批具有深厚专业知识背景的群体，他们在现实社会中有一定的知名度，回答的质量往往较高，其掌握的专业知识和见解会对其他用户产生很大的影响。同时，平台也存在用户认真的回答会得到众多其他用户赞同的现象，一些名不见经传的人，通过许多高质量的回答或文章，逐渐获得越来越多的人的认可，并成为这个领域的 KOL，这不仅满足了用户展现自我价值的需求，同时也帮助了很多的人。

3. 典型问答平台——知乎

1）知乎简介

知乎是一个中文互联网高质量问答社区和创作者聚集的原创内容平台，于 2011 年 1 月正式上线，以"让人们更好地分享知识、经验和见解，找到自己的解答"为品牌使命。知乎聚集了中文互联网科技、商业、影视、时尚、文化领域最具创造力的人群，已成为综合性、全品类、在诸多领域具有关键影响力的知识分享社区和创作者聚集的原创内容平台。

截至 2020 年 12 月，知乎上的总问题数超过 4400 万条，总回答数超过 2.4 亿条。在付费内容领域，知乎月活跃付费用户数已超过 250 万，总内容数超过 300 万，年访问人次超过 30 亿。知乎平台以问答业务为基础，经过近十年的发展，已经发展为综合性内容平台，覆盖"问答"社区、全新会员服务体系"盐选会员"、机构号、热榜等一系列产品和服务，并建立了包括图文、音频、视频在内的多元媒介形式。

知乎用户受众性别男女比例为 53：47，基本均衡。知乎用户人群的受教育水平较高，大学本科以上学历的用户占比近 80%。知乎平台用户的日平均浏览时长超过 60 分钟。相当长的时间里，知乎都是一个长图文平台，更准确地说，是一个以文字为主的平台。对于知乎用户而言，文字内容的吸引力不输给短视频内容。而这部分用户一般被认为具备更高的"受教育水平"。如图 12-1 所示，知乎的用户画像表现为：男女均衡、高学历、"沉迷"长文字内容。符合这三个特点的一般也是高收入和高消费人群。

## 高学历、高收入、高消费，追求品质生活的目标人群

图 12-1　知乎用户群体画像

2）知乎营销策略

（1）引爆话题营销。吸引用户在知乎评论转发。一般分为实时性热点问题、常规性热门问题。新话题炒作。所谓新话题炒作，其实就是在知乎平台上制造营销话题。上了知乎热门就能在短时间内吸引数十万、上百万人次的浏览。

（2）运用专业"大 V"引流。知乎营销可以在推出新品牌的时候，邀请"大 V"用户或者业内专家参与讨论，有了热度才会有人观看，也才会有更多的人知道你的品牌。热度有了以后接着就是进行二次传播了。例如，知乎 Live 可以帮助品牌进行实时互动，邀请专家、明星来为品牌做宣传，让消费者更快、更清楚地了解品牌。

（3）推荐精准内容营销。把最优回答推送到相应的站内和站外流量工具，帮助用户的答案被更多的人看到，也帮助消费型用户能够看到一天中最精华简洁的内容。软文质量也是价值所在，对于用户，你的内容是否能够帮他解决问题，是否能够在最短时间内吸引住他才是最重要的。例如，知乎问答可以让用户及时获取有价值的信息，品牌可以利用这个平台来塑造自己的形象，增加品牌知名度。

（4）专业化垂直营销。知乎最开始的用户主要来自互联网，专业单一。为了使平台发展成综合性平台，网站着力邀请了电影、科技、电脑、美食、健身、摄影等多个领域的权威人物入驻。所以品牌在进行营销的时候，要注意目标用户的喜好，细分用户爱好，在用户感兴趣的话题下给予回应。同时明白，各行各业，多种多样，都可以满足你的营销目的。

（5）用户管理。知乎在用户管理上，从最原始的问答功能逐渐补充了匿名、举报、反对、没有帮助、折叠、禁言、封号等一系列管理功能，还严格地规定了一系列回答的

书面表达的细节规范，并提供了公共编辑功能。所以营销人员在回答的时候要注意自己的语言，斟酌词句，嵌入自己的营销内容，不要违反平台规范，迎合相关目标用户的喜好。

（6）知乎账号整体形象。打造知乎的人物形象，形成账号的相关独立品牌。定位营销方向和目标人群，结合自身经验，尽量大众化，具有亲和力和可信度。例如，知乎社群可以帮助品牌进行用户营销，品牌可以利用此平台与用户进行深入交流，增强知乎账号的用户黏性。

（7）知乎账号装饰。账号装饰得越专业越好。要做得现实一点，让人感觉更加亲近，为后续引流做好铺垫。完美的账号装饰可以给自己的营销带来更好的效果。例如，知乎服务可以帮助品牌提供真实、及时的客服服务，让用户更好地了解品牌，从而提升品牌的知名度。

（8）通过软文等形式进行推广。通过关键词搜索排名靠前、流量大的问题，以及容易被网络用户关注的问题，在进行营销推广时就可以利用软文形式回答该问题，要在最短时间内抓住用户的注意力，然后将答案置顶，置顶的回答能轻易吸引较高的浏览量，给营销的产品带来更好的关注度。例如，知乎广告具有流量大、精准投放、收益高等特点，品牌可以利用此平台投放更有针对性的广告，以达到更好的营销效果。

（9）图文呼应。用户通常偏好有趣的图片，回答时图文并茂，可以提高读者的兴趣以及增加文章的趣味性，从而增加回答的阅读量和点赞数。例如，知乎专栏是一个集文章发布、推广、经营等功能于一体的平台。营销人员可以利用此平台编写图文结合的宣传文章，提升品牌的知名度。

# 12.2　App 营销

随着互联网技术和移动终端的不断发展，智能手机的普及率也在迅速提高，现在人们通过手机、平板电脑就可以进行购物消费。手机 App 开发成本较低、目标人群广泛、基础人数多，可以系统全面地展示企业产品信息，便于企业随时随地与消费者互动。为了迎合市场的发展，各互联网企业都已经开始使用 App 进行企业营销推广，建设自己的移动客户端，满足消费者的个性化需求。对于企业来说，App 营销能显著提升企业知名度，加深消费者对企业品牌的了解，开拓营销新渠道，扩大影响力，并能使企业及时了解消费者信息，从而为他们提供优质服务，提高其忠诚度。

## 12.2.1　App 营销的概念

App 营销是企业利用移动互联网，在第三方应用平台上发布应用程序，吸引用户下载使用，以此开展发布产品、宣传活动或服务、提供品牌信息等一系列营销活动的营销模式。简单来说，App 营销即应用程序营销，是指企业通过智能手机、平板电脑等移动终端上的应用程序来开展营销活动。

## 12.2.2　App 营销的特点

作为一种新兴的营销模式，App 营销在营销的渠道、方式、工具以及策略等方面的确有别于传统营销模式，有着独特的营销特点，主要包括以下4点。

### 1. 成本低廉

相较于电视、报纸、网络，利用 App 营销的成本十分低廉。成本主要包括开发一个适用于本品牌的 App 和初期的部分推广费用。尽管成本低廉，但一旦用户将其下载到手机上，它就可以有效利用用户的碎片化时间，增强用户黏性，促进销售。这种新兴的营销模式的效果是电视、报纸和网络所不能比拟的。

### 2. 营销精准

传统营销模式在定位方面存在一定的局限性，而 App 营销可以通过量化指标进行精确的市场定位，如采用先进的通信技术、数据库技术等，和用户进行良好的沟通，使得营销达到可控、可量化的状态。同时，App 营销可以满足用户个性化的需求，帮助企业建立稳固的用户群体，推动企业快速稳定发展。

### 3. 展示全面

在传统的市场营销活动中，企业传递的信息在很大程度上受制于大众媒体的广告版面和播出时段，不能对产品进行全面、立体的展示。而 App 营销能够全面介绍产品信息，让用户在做出消费行为前就可以感受到产品的魅力，缓解用户对产品的抵触情绪，刺激用户的购买欲望。此外，产品信息全方位不间断地传递，有助于加强用户对产品和企业的认知，并提高企业的服务水平和市场知名度。同时，App 与移动支付的融合，可以使得营销和销售一体化，提高产品销量。

### 4. 互动性强

在移动互联网时代，人人都是媒体人，人人都有传播、分享、讨论信息的权利。而对于 App 来说，用户会主动下载 App，自愿接受 App 传递的信息，并进行筛选、评论和转发。在某些类型的 App 里，用户还可以将自己拍摄、编辑的视频发布到平台上进行传播。随着传播技术的发展，从前处于被动地位的"受众"变成了具有主动权的"用户"。用户对传播者传递的产品信息不仅具有消费权，还拥有选择、分享和自制的权利。不仅如此，App 还可以直接利用移动互联网或者运营商服务，实现用户与企业的沟通，如打分、评价等，企业也可以及时获取用户的使用反馈情况，快速调整和优化产品或服务。

## 12.2.3　App 营销模式

### 1. 广告营销模式

App 营销中的广告营销模式是指广告主策略性地将品牌或产品信息融入 App 中，给用户留下深刻印象，来实现一定的广告效果的模式。具体来说，就是将广告投放到第三方 App 上，借助用户规模较大、具有行业相关性的 App 来推广企业自己的营销广告。这种模式突破了传统广告的限制，将广告融入移动 App 的内容里，不但可以产生良好的营销效果，而且受众面广、成本较低、见效较快。

广告营销模式是最基本的营销模式。在 App 中加入动态广告栏，当用户点击广告栏时，后台就会让用户进入此条广告所对应的网站，接着用户就会看到与此条广告相关的产品信息介绍、参与规则或弹出下载某 App 的弹窗等。这种营销模式操作起来十分简单，只需将 App 广告投放到一些用户使用量较大的移动应用平台上，就可以达到相对较好的广告宣传和推广效果。但这种营销模式的弊端也是十分明显的。由于现在各大 App 平台上的广告不断增加、广告质量良莠不齐，大量用户在阅读此类广告时产生了厌烦的情绪，很可能因此而对企业、产品产生不好的心理评价，即对未来可能的风险和利益产生消极的预判。因此，广告营销模式只适合短期的 App 产品信息传播，并不适用于产品的长期发展和企业的品牌建设。

### 2. 用户参与模式

用户参与模式的 App 营销近年来普遍受到了广告主的青睐。该模式将广告主的营销目标与用户需求相结合，通过开发有创意的 App 来吸引用户主动参与体验互动，从而达到有效营销的目的。这一模式在调查研究目标消费群体的相关需求属性的基础上，结合产品或品牌的特点开发符合自身定位的 App，并将其投放到各大应用商店，供用户免费下载。通过下载、安装并使用这些 App，用户能够在有趣的体验中了解品牌的相关信息和最新动态，逐步提高对企业和品牌的好感度，同时利用反馈和分享通道，方便用户二次传播。

### 3. 网站移植模式

网站移植模式多用于购物类、社交类网站的手机 App。它以移动终端为载体，将成熟的传统网站移植到移动终端，开发符合移动终端平台页面的 App。用户通过此类 App 可以随时随地浏览网站、获取产品信息、进行快捷支付、开展社交活动等。这种模式相对于传统网站的最大优势在于快速便捷、服务务实，它能有效地覆盖用户碎片化时间的购物、社交需求，是扩大品牌影响力、进行自营销的重要补充渠道。通过这一模式，品牌得以网罗移动互联网上的活跃用户，对营销活动进行跨媒体整合。该模式的广告主以电商品牌居多，如淘宝 App。

## 12.2.4 典型电商 App 营销

### 1. 小红书简介

小红书是一个分享生活方式的社区型 App。它成立于 2013 年初，原型为"小红书社区"，当时的目标人群都是年轻人，内容大多为分享出国旅行经验和美妆购物；后期增添了更多的内容方向：运动、酒店、餐厅、旅游等。2014 年年底，它转型为电商类 App "小红书商城"。

如图 12-2 所示，小红书使用人群以一线城市、31～35 岁、女性群体为主。按地域划分，其中以一线城市为主的使用人群约占总使用人数的 44.6%，这类用户大部分具备高学历、高收入，综合消费能力强，是未来消费的主导人群。值得注意的是，目前不发达区域的用户已成为互联网的主力人群，市场空间潜力巨大；中高端消费人群在小红书占比最大，主要以 25～35 岁人群为主，约占 62%，这个人群的特征是消费能力、购买能力非常强，是未来的消费主力军；女性群体约占 86%，内容精准垂直定位在美妆类。

使用人群年龄分布 使用人群地域分布 使用人群性别分布

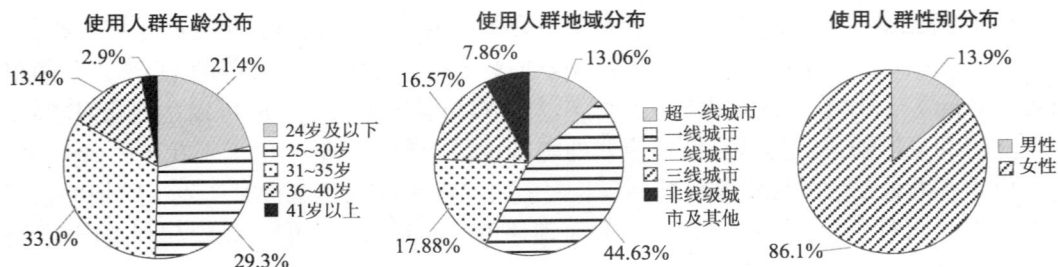

图 12-2　小红书受众特征描述

小红书上的受众人群购买意向极高，种草的成功率极高，它可以完成激发兴趣、建立信任、产品销售三个环节。它的门槛较低，"图片＋文字"的效果非常突出。小红书的信息流广告主要分为图文笔记和视频笔记两种类型，呈现方式相同，点击信息流广告可跳转到原生笔记页，再点击商品链接可跳转到商品详情页/店铺页。另外一种形式是从信息流广告页跳转至评论详情页。

**2. 小红书营销策略**

**1）个性化推荐策略**

UGC 是小红书采用的关键内容生成和推荐模式。通过网络社区，消费者能够快速地进行信息识别，包括产品的相关信息、收藏经典文章，以及消费者的消费爱好。小红书在内容上采取标签化手段，对购买笔记的内容实现差异化设计，既体现出地区差异性，又按照品牌和具体的用途等进行分类，有效提高了消费产品的识别速度。不仅如此，小红书将充分收集消费者的评论，以及点赞、心愿单等，及时对产品进行升级更新，以满足消费者的个性化需求，因此能够实现精准的产品推荐，提供个性化的产品购买和选择指导。

**2）口碑营销策略**

小红书在推广产品或品牌过程中，采用的是口碑营销策略。小红书的口碑是建立在真实的用户评价基础上的，消费者在购买商品前，一般都会浏览其他消费者的评论，这对于缺乏购买经验的消费者而言，无疑是一种有效的借鉴。从先前消费者的评论中，凭借自己的阅读感悟形成购买判断，以决定是否购买该商品。小红书通过构建电商与用户之间的桥梁，由此满足消费者的信息获取与购买需求，改变了传统营销模式，从价格比较营销策略向口碑营销策略转变，从而形成了小红书独特的口碑营销策略。

**3）红人推荐策略**

明星推荐是小红书的一大特点，同时推荐的商品被轻松赋予了带有明星专属推荐的标签，根本不用考虑其点赞、排名等问题，自然吸引用户跟风购买。而且在明星的小红书推荐笔记里并没有很多商业气息，更多的是偏向于个人化的推荐。这些个人化的产品通过明星以图文、视频等形式的笔记推荐出来，增加了用户对品牌的信任度，进而转化为品牌的直接购买力。

此外，小红书的网红霸屏模式将高质量干货内容推出来，为品牌营造"现象级刷屏"。首先通过大数据分析、目标人群画像及同行竞品关键词数据来构思并发起话题，接下来邀请多位网红一起发布种草笔记，吸引更多网红参与进来，形成独特的 UGC 氛围；同时让网红与粉丝进行互动，借助粉丝的力量来将话题影响力扩大至最大化，再根据小红书平台的内容推荐机制来将话题推至热门，通过层层联动霸屏后，将品牌商品购买链接植入网红种草笔记中进一步提高购买率。

# 12.3　长视频类新媒体

长视频一般指时长超过半个小时的视频，以电影、电视剧、综艺节目为主。由于时长长、内容多、制作成本高，长视频主要由专业公司或专业人士完成制作，而视频平台则多起到视频发行、上传、引流等作用，其版权的获得至关重要。

## 12.3.1　长视频平台的营销模式

当前，我国视频平台通用的运营模式主要有 4 种：视频广告、视频会员服务、视频版权、网络自制内容。视频行业经过十几年的探索与改革，这些运营模式现已基本步入成熟阶段，视频平台在成熟运营的基础上也获得了丰厚的收益。

### 1. 视频广告

广告作为视频产业最基本也是最重要的运营模式之一，成功帮助视频平台度过了早期的盈利艰难期，成为支撑平台良好运营的重要利润来源。现阶段视频广告的发展打破了传统的广告传播方式，在互联网技术成熟和网络自制剧受热捧的条件下不断推陈出新。平台联动"边看边买""花式"植入产品等方式，将"用户"与"产品"更紧密地连接在了一起，为视频平台带来了不菲的收入。

### 2. 视频会员服务

视频会员服务开启了用户的网络视频付费之路，在经历了低谷期、上升期和探索期的发展后逐渐沉淀下来，视频付费现已成为网络视频行业举足轻重的利润源头。如今，各大长视频平台纷纷找到了自身吸引付费会员的内容优势，如优酷视频的独播电视剧、爱奇艺的自制内容、腾讯视频的院线大片等。

### 3. 视频版权

视频版权是视频行业内老生常谈的话题。近年来，在国家政策保护、长视频平台和版权方维权意识坚定、网络视频用户付费意愿增强的三重力量推动下，视频版权问题得到了一定程度的改善。

如今长视频平台在资源版权方面，更注重对优质 IP 的运营，包括对优质小说 IP、游戏 IP 的外部购买和优质内容 IP 的内部自制。但仍存在发展困境，如利益驱动下的内容盗播和盗链、资源争夺带来的天价版权费等。长视频平台的版权问题仍需政府、司法部门、长视频平台、用户等多方共同努力解决。

### 4. 网络自制内容

网络自制内容作为网络视频行业内容运营的新兴宠儿，从诞生之初就充满爆发力，近年来快速发展，从数量到质量都创造了不错的成绩。对长视频平台来说，优质的自制内容降低了版权购买带来的大量支出，拥有深度可挖掘的营销空间，更是发展付费会员的重点运营方向。网络自制内容现已成为各大长视频平台差异化发展的核心竞争力。

### 12.3.2　典型长视频营销

1. 哔哩哔哩简介

哔哩哔哩（Bilibili，简称 B 站）于 2009 年 6 月创建，是目前中国年轻人喜爱并聚集的一个文化社区和视频平台，早期是以 ACG（动画、漫画、游戏）为内容制作的视频网站，通过动画漫画等吸引二次元群体，用户在上面制作和上传各种与动画、漫画、游戏相关的视频，剪辑成鬼畜、MAD（发疯的）或者直接扮演成里面的人物（Cosplay）进行表演。相较于其他传统的视频网站，哔哩哔哩最大的特点就是它的实时弹幕系统，在以往的视频软件还停留在视频端口下方的留言评论功能的时候，哔哩哔哩的弹幕就已经出现，用户可以在任一时间点发送弹幕，还能看到同一时间点其他人发的弹幕，打破了时空的限制，形成一种奇妙的观看体验，同时还能知道在这个时间点有多少人跟你一样在看这个视频。这种独特的观看方式让用户形成了一种社区的观影体验，独特的二次元文化和极具互动的观看方式，让哔哩哔哩形成了一个以二次元社区文化为特色的网站。

哔哩哔哩还有一个主要的特点：UGC（用户参与内容生产）。哔哩哔哩大部分视频都是由用户自己制作上传。在其他主流媒体平台不断花高价买入各种版权的时候，哔哩哔哩以这种低成本的 UGC 模式获得了大量的流量。同时，在哔哩哔哩制作视频的用户被称为"UP 主"，在早期"UP 主"们通过动画、漫画、游戏等内容吸引用户点击，通过对动画、漫画、游戏中的人物形象进行衍生表演和二次创作，鬼畜成为其中最有特色的一种视频方式。用户通过高度同步和快速重复的素材配合背景音乐的节奏，宛如抽搐一般，以达到洗脑和喜感的效果，被人们津津乐道。随着 B 站的不断发展，成为 UP 主的形式和 UP 主所制作的内容也越来越丰富，不再局限于动画、漫画和游戏，还包括音乐、生活、舞蹈、时尚、科技、数码、广告等多个分区。

2. 哔哩哔哩营销策略

1）关注二次元和"Z 世代"群体

哔哩哔哩初期主要受众群体是二次元群体。由于哔哩哔哩严格的会员制度，该平台保留下来的用户对哔哩哔哩的忠诚度和归属感非常高，二次元群体的会员几乎被完整地保留。随着注册人群和用户规模不断扩大，哔哩哔哩将受众群体重新定位至"Z 世代"群体，该群体是指 1995 年至 2010 年出生的群体。这部分群体生活在互联网快速发展的时代，对新事物具有较强的接受能力和包容性，富有创造力。同时，该部分群体的网络付费意愿较大，而且消费能力较强，这意味着哔哩哔哩未来的营销推广潜力巨大。

2）原创视频和新人激励计划

原创视频是哔哩哔哩平台的显著特色。哔哩哔哩发展至今，已成长为 UGC 创作平台中的佼佼者。由于成为"UP 主"的门槛较低，任何拥有哔哩哔哩平台账号的用户都能上传创作的视频，同时平台依据用户的点击数、弹幕数量、留言互动的频率、收藏和关注转发次数对"UP 主"进行收益分配。同时，为了保证视频的数量和质量，B 站有专门的新人激励计划，新用户上传的制作视频根据播放量、弹幕等互动情况进行排名，给予奖金分红，这种良性的竞争也促进了许多"UP 主"制作出一系列内容丰富的视频。

3）网页端与客户端相结合

哔哩哔哩初始只采用网站形式进行运营，随着移动互联网大潮兴起，移动终端不断普及，哔哩哔哩顺应时代发展步伐，建立了移动客户端满足用户使用需求。目前哔哩哔哩同时拥有网页端版、PC 客户端、iPad 客户端版本，在其中任何一个客户端都能够上传和剪辑视频，大大便利了用户使用和"UP 主"视频创作。

4）线上活动与线下活动相结合

哔哩哔哩从创立至今，每年都固定有线上和线下的活动来维护自身建立起来的社区文化氛围。从 2011 年开始，"拜年祭"作为哔哩哔哩最主要的春节节目，一直保持到现在，被人们称为"二次元春晚"。它用一种年轻人喜爱的方式来过年，主要体现过去一整年里年轻群体的形象特征，包括一些二次元的 ACG 内容，也有一些电影元素。这种二次元线上活动，让哔哩哔哩集中了很大一部分的用户群体。在跨年上，哔哩哔哩更是举行了与电视媒体同级别的跨年晚会，邀请了大量的明星和自己平台的"UP 主"进行表演，主要是对动画、动漫、国风等元素进行演绎，4400 多万的播放量和 130 万条弹幕的完美成绩，让哔哩哔哩成功出圈，并且很有可能以后每年都将延续下去，成为 B 站的另一个特色活动。

除了线上活动之外，为了维持良好的社区氛围，哔哩哔哩每年将举行两次大型的线下活动，分别是 Bilibili Macro Link（BML）和 Bilibili Word（BW）。BML 是一场大型的线下聚会，跟现场演唱会类似，一般会邀请一些虚拟歌手进行演唱，如洛天依等，以演唱表演为主，是一场线下与自己喜欢的虚拟偶像和"UP 主"近距离交流的聚会。BW 则以展览会为主，展馆内有大量的游戏和周边商品。BW 以互动为主，通过展览二次元物品，成为许多二次元线下聚集的活动。

📖 本章小结

本章按照搜索引擎营销、问答平台、App 营销的顺序详细讲述了搜索引擎营销的概念、优势及模式，问答平台的种类、特点以及典型的问答平台，App 营销的概念、特点及模式，使读者对这 3 类新媒体营销模式有较为完整的认知，并初步了解这 3 种营销模式的运作方法，懂得如何利用它们进行营销。

📖 关键术语

社区化问答平台（Community-based Q&A Platform）
搜索引擎营销（Search Engine Marketing）
App 营销（App Marketing）
关键词广告（Keyword Advertisement）

**课后习题**

1. 搜索引擎营销的特点有哪些？

2. 简述 App 营销的主要模式。

3. 简述问答平台如何进行分类及其主要类型。

4. 知识分享类新媒体在营销中扮演什么角色？请结合文中内容，简述其在新媒体营销中的重要性。

5. 长视频平台的营销模式与传统电视广告有何不同？

**即测即练**

自学自测　　扫描此码

# 参 考 文 献

[1] [美]加里·阿姆斯特朗，科特勒，马克·奥普雷什尼克. 市场营销学[M]. 北京：中国人民大学出版社，2017.

[2] [美]艾瑞克·奎尔曼. 社群新经济时代：生活与商业行销模式大进化[M]. 洪慧芳，译. 北京：财信出版社，2010.

[3] 车诚，戚晓琳，马万祺，等. 移动社交网络营销效果的影响因素实证研究[J]. 中国管理科学，2017，25（5）：145-149.

[4] 程明，龚兵，王灏. 论数字时代内容营销的价值观念与价值创造路径[J]. 出版科学，2022，30（3）：66-73.

[5] 池毛毛，刘姝君，卢新元，等. 共享住宿平台上房东持续参与意愿的影响机理研究：平台网络效应的视角[J]. 南开管理评论，2019，22（4）：103-113.

[6] 邓倩. 新媒体营销研究综述与展望[J]. 科学决策，2020（8）：67-88.

[7] 董鑫. 抖音短视频平台的品牌营销策略研究[J]. 新闻爱好者，2020（3）：61-63.

[8] 方滨兴，贾焰，韩毅. 社交网络分析核心科学问题、研究现状及未来展望[J]. 中国科学院院刊，2015，30（2）：187-199.

[9] [美]菲利普·科特勒，加里·阿姆斯特朗. 市场营销原理[M]. 北京：清华大学出版社，2009.

[10] 费显政，肖登洋. 移动端应用软件图标的触觉心象对消费者偏好的影响研究[J]. 管理世界，2020，36（7）：153-171.

[11] 冯璐菲，陈新荣. 浅谈电视剧短视频营销的特点、问题及对策[J]. 中国广播电视学刊，2022（6）：86-88.

[12] 傅慧芬，赖元薇. 消费电子品品牌社交媒体内容营销策略研究：基于联想、华为、HTC、三星微信公众号的内容分析[J]. 管理评论，2016，28（10）：259-272.

[13] 高海涛，段京池. 中国出版企业的网络直播营销：现状、问题与对策：基于淘宝直播的实证分析[J]. 中国编辑，2021（5）：54-57+61.

[14] 高鹏，李纯青，褚玉杰，等. 短视频顾客灵感的触发机制及其对顾客融入的影响[J]. 心理科学进展，2020，28（5）：731-745.

[15] 高燕. 新媒体时代短视频营销模式的反思和重构：以抖音短视频平台为例[J]. 出版广角，2019（8）：62-64.

[16] 郭彬彬. 新零售社群营销发展模式：现状、问题及未来发展建议[J]. 商业经济研究，2020（20）：63-66.

[17] 郭慧馨，葛健，孟凡哲. 基于大数据的广告公司新媒体营销策略研究[J]. 商业经济，2020（12）：46-48+108.

[18] 郝森森，唐吉平，张安然. 企业移动 App 用户信息披露意愿提升策略研究[J]. 情报科学，2018，36（12）：145-149.

[19] 郝书俊，陈存霞. 基于互联网社群商业价值的企业营销创新探究[J]. 商业经济研究，2021（11）：78-81.

[20] 何建民，叶景，陈夏雨. 营销内容特征对消费者购买产品态度及意愿的影响[J]. 管理现代化，

2020，40（6）：82-85.

[21] 贺爱忠，蔡玲，高杰. 品牌自媒体内容营销对消费者品牌态度的影响研究[J]. 管理学报，2016，13（10）：1534-1545.

[22] 侯璐璐. 网易云音乐 App 市场发展探讨[J]. 出版广角，2020（12）：82-84.

[23] 贾瑞雪，李卫东. 基于社交网络演化的政府形象认知传播机制：以上海"12·31"外滩拥挤踩踏事件为个案[J]. 公共管理学报，2018，15（2）：28-42+154-155.

[24] 蒋慧敏，许祥云. 消费升级背景下新零售社群营销的发展逻辑及策略[J]. 商业经济研究，2020（8）：89-92.

[25] 季玉群，吴秋怡. 信息传播链视角下国产艺术电影的网络营销及其价值提升[J]. 艺术百家，2016，32（5）：124-128.

[26] [美]科特勒，凯勒. 营销管理[M]. 上海：格致出版社，2016.

[27] 李冬琴. 从关系与价值角度看社群营销的可持续发展：以拼多多为例[J]. 投资与创业，2021，32（14）：184-186.

[28] 李立. 信息时代背景下微博营销的模式与价值分析[J]. 商业经济研究，2016（10）：49-51.

[29] 李梦楠，贾振全. 社会网络理论的发展及研究进展评述[J]. 中国管理信息化，2014，17（3）：133-135.

[30] 李若玥，牛昆. 基于聚类分析的品牌微博粉丝类型探讨[J]. 时代经贸，2022，19（6）：109-113.

[31] 李艳丹. 知识付费营销对出版行业的启示：基于"得到"App 的研究[J]. 出版广角，2018（8）：51-53.

[32] 李叶子，张曼婷. 微信传播信任机制的影响因素研究：基于青年微信用户的数据[J]. 今传媒，2017，25（12）：17-19.

[33] 李育辉，庞菊爱，谭北平. 人工智能与人类的创造力比较研究：基于专家和消费者的双重视角[J/OL]. 商业经济与管理，2023（10）：1-13.

[34] 刘芳，李秋华，刘春红. 多屏共生时代中视频的效能重构：以西瓜视频为例[J]. 中国传媒科技，2023（6）：91-94.

[35] 刘青，郭嘉如. 基于 SICAS 模型的公共图书馆短视频营销策略研究[J]. 图书馆工作与研究，2023（1）：5-13.

[36] 刘秀. 中国新媒体营销价值趋势分析[J]. 商业经济研究，2020（13）：63-66.

[37] 刘洋，董久钰，魏江. 数字创新管理：理论框架与未来研究[J]. 管理世界，2020，36（7）：198-217+219.

[38] 马晓君，徐晓晴，范祎洁，等. "公开表达的顾客契合"如何驱动跨境电商企业绩效提升：基于顾客群体传染效应的视角[J]. 南开管理评论，2023，26（5）：226-237.

[39] 梅婕，唐宇梅，卢少平，等. 基于用户参与的卷烟零售终端社群营销策略研究[J]. 中国市场，2023（16）：140-143.

[40] 乔辉，麻天骁. 新媒体营销与运营（慕课版）[M]. 北京：人民邮电出版社，2021.

[41] 孙凡，宋瑜婧. 个人信息对企业发展的影响机制研究：基于网络营销平台的视角[J]. 中央财经大学学报，2018（3）：120-128.

[42] 孙永波，丁沂昕，高雪. 移动 App 营销模式对消费者购买意愿的影响[J]. 商业研究，2018（2）：9-18.

[43] 孙永波，高雪. 移动 App 营销研究评述与展望[J]. 管理现代化，2016，36（1）：82-85.

[44] 孙泽红. 基于大数据技术优势的电子商务精准营销分析[J]. 商业经济研究，2023（7）：77-79.

[45] 田长乐. 短视频社交应用在电影营销中的优势与困境[J]. 当代电影，2019（4）：115-118.

[46] 田野，刘昱. "互联网＋"背景下微博营销的特点和策略分析：以小米公司为例[J]. 电子商务，

2020（7）：70-72.

[47] 万兴，杨晶. 从多边市场到产业平台：基于中国视频网站演化升级的研究[J]. 经济与管理研究，2015，36（11）：81-89.

[48] 王晰巍，毕樱瑛，李玥琪. 社交网络中意见领袖节点影响力指数模型及实证研究：以自然灾害"7·20"河南暴雨为例[J]. 图书情报工作，2022，66（16）：24-35.

[49] 王昕. 智能营销传播的实践困境及伦理反思[J]. 中国新闻传播研究，2022（5）：225-236.

[50] 王兴元，刘赟. 如何调动微博粉丝的群体兴奋？企业微博内容类型与发布时间的影响研究[J]. 管理评论，2022，34（6）：162-172.

[51] 王永贵，王帅，胡宇. 中国市场营销研究70年：回顾与展望[J]. 经济管理，2019，41（9）：191-208.

[52] 卫军英. 网络营销传播的价值三原则[J]. 杭州师范大学学报（社会科学版），2015，37（5）：111-115+121.

[53] 吴瑶，肖静华，谢康，等. 从价值提供到价值共创的营销转型：企业与消费者协同演化视角的双案例研究[J]. 管理世界，2017（4）：138-157.

[54] 奚路阳，程明. 审美、情感与价值性：数字时代内容营销创意转向的内在逻辑与路径[J]. 教育传媒研究，2023（2）：55-58.

[55] 向斌，宋智一. 一体化网络口碑传播机理研究：以大疆为例[J]. 管理案例研究与评论，2017，10（3）：310-326.

[56] 肖开红，雷兵. 意见领袖特质、促销刺激与社交电商消费者购买意愿：基于微信群购物者的调查研究[J]. 管理学刊，2021，34（1）：99-110.

[57] 肖梦涯. 推荐算法+短视频：非遗营销耦合创新[J]. 贵州社会科学，2021（2）：141-147.

[58] 谢庆红，付晓蓉，李永强，等. 企业家微博对企业品牌形象的影响及作用机制[J]. 营销科学学报，2013，9（4）：101-119.

[59] 宣晓，段文奇，柯玲芬. 用户网络对双边平台市场竞争的影响机理研究[J]. 软科学，2017，31（8）：99-103+108.

[60] 闫幸，常亚平. 企业微博互动策略对消费者品牌关系的影响：基于新浪微博的扎根分析[J]. 营销科学学报，2013，9（1）：62-78.

[61] 闫幸，吴锦峰. 二次元短视频营销策略对顾客投入的影响[J]. 中国流通经济，2020，34（12）：40-50.

[62] 燕道成，李菲. 制造熟客：社交媒体时代网络情感营销的意旨：以社区团购"团长"为例[J]. 现代传播（中国传媒大学学报），2021，43（7）：129-134.

[63] 阳银娟. 网络营销能力对企业创新绩效的影响研究[J]. 科研管理，2017，38（5）：12-19.

[64] 阳镇，陈劲. 互联网平台型企业社会责任创新及其治理：一个文献综述[J]. 科学学与科学技术管理，2021，42（10）：34-55.

[65] 杨珩. 大数据时代的新媒体营销升级策略研究[J]. 现代商业，2020（32）：31-32.

[66] 杨强，霍佳乐，江燕伶，等. 如何讲述产品缺点：种草短视频的信息双边性对消费者关注行为和购买行为的不对称影响[J]. 南开管理评论，2023，26（6）：48-62.

[67] 叶琼伟，张谦，杜萌，等. 基于双边市场理论的社交网络广告定价分析[J]. 南开管理评论，2016，19（1）：169-178.

[68] 殷言言，苗蕴慧，张圣男. 微商的信任机制研究[J]. 现代商业，2015（12）：27-28.

[69] 张春玲，范默苒. 消费者购买决策过程如何影响短视频社交平台内容营销效果：基于"抖音"38个农产品案例的fsQCA分析[J]. 现代财经（天津财经大学学报），2023（9）：54-70.

[70] 张静，王敬丹. 新媒体时代下的短视频营销传播：以抖音为例[J]. 杭州师范大学学报（社会科学版），2020，42（4）：113-120.

[71] 张美娟，刘芳明. 数媒时代的内容营销研究[J]. 出版科学，2017，25（2）：8-13+28.

[72] 赵旭隆，陈永东. 智能营销：数字生态下的营销革命[M]. 上海：上海文艺出版社，2016.

[73] 赵旭隆，陈永东. 准免费获客：智能营销工具让获客成本趋近于零[M]. 上海：上海文化出版社，2021.

[74] 赵雪红. 信息时代下的新媒体营销策略分析[J]. 新媒体研究，2015，1（1）：64-65+46.

[75] 郑舒曼. 人工智能在市场营销领域的应用与挑战[J]. 信息系统工程，2022（11）：80-83.

[76] 郅宏宇. 新零售背景下社群营销的发展模式及创新路径[J]. 商业经济研究，2022（12）：81-83.

[77] 钟瑞贞，谭天. 短视频商业营销模式探究[J]. 电视研究，2021（2）：47-49.

[78] 周凯，徐理文. 基于5T理论视角下的企业微博营销策略及应用分析：以欧莱雅的微博营销为个案研究[J]. 图书与情报，2012（5）：120-127.

[79] 周懿瑾，陈嘉卉. 社会化媒体时代的内容营销：概念初探与研究展望[J]. 外国经济与管理，2013，35（6）：61-72.

# 教师服务

　　感谢您选用清华大学出版社的教材！为了更好地服务教学，我们为授课教师提供本书的教学辅助资源，以及本学科重点教材信息。请您扫码获取。

## ≫ 教辅获取

本书教辅资源，授课教师扫码获取

## ≫ 样书赠送

**市场营销类**重点教材，教师扫码获取样书

清华大学出版社

E-mail: tupfuwu@163.com
电话：010-83470332 / 83470142
地址：北京市海淀区双清路学研大厦 B 座 509

网址：https://www.tup.com.cn/
传真：8610-83470107
邮编：100084